移动互联网企业商业模式创新研究
——基于价值网络重构的视角

欧晓华　著

科学出版社
北　京

内 容 简 介

移动互联网的发展给世界经济和人们的生活带来了深刻变革。网络经济环境下，价值创造和价值实现的分离使移动互联网企业的价值网络开始进行重构，新的商业模式层出不穷。本书遵循商业模式创新的核心逻辑，分析移动互联网产业价值链的变化规律，构建移动互联网企业价值网络重构模型和三类不同移动互联网企业的商业模式，应用结构方程模型的方法深入剖析商业模式创新的影响因素，提出移动互联网企业商业模式创新路径，并基于 NK 模型建立了兼具诊断和风险防范功能的创新评价体系。

本书适合高校教师、在校研究生和研究机构人员，以及企业管理者和互联网从业者阅读使用。本书既可以提升相关人员的理论知识水平，又可以作为指导其管理和工作实践的蓝本。

图书在版编目（CIP）数据

移动互联网企业商业模式创新研究：基于价值网络重构的视角/欧晓华著. —北京：科学出版社，2018.4

ISBN 978-7-03-057094-9

Ⅰ. ①移… Ⅱ. ①欧… Ⅲ. ①移动网－网络公司－商业模式－研究 Ⅳ. ①F490.6

中国版本图书馆 CIP 数据核字（2018）第 067884 号

责任编辑：朱大益 任加林 王 惠 / 责任校对：王万红
责任印制：吕春珉 / 封面设计：耕者设计工作室

科学出版社 出版
北京东黄城根北街 16 号
邮政编码：100717
http://www.sciencep.com

三河市骏杰印刷有限公司印刷
科学出版社发行 各地新华书店经销
*

2018 年 4 月第 一 版 开本：B5（720×1000）
2018 年 4 月第一次印刷 印张：11 1/4
字数：224 000

定价：68.00 元

（如有印装质量问题，我社负责调换〈骏杰〉）
销售部电话 010-62136230 编辑部电话 010-62139281

前　言

本书以价值网络重构理论为基础，以商业模式创新为核心，综合运用归纳与演绎、文献梳理与理论研究、实证研究与案例研究等多种研究方法，在复杂性科学理论、双边市场理论和系统理论等多个领域的基础上，对移动互联网企业的价值网络重构和商业模式创新进行了比较系统和深入的研究。

首先，以移动互联网产业价值链的演变规律和价值模块化为基础，分析移动互联网企业价值网络的重构动因，借助复杂性科学理论，从核心能力流的提取、价值网络子系统的催化和复制，以及最终形成具有自组织特征的新的价值网络几个方面，总结移动互联网企业价值网络的重构流程，构建了移动互联网企业价值网络重构模型，并分别从稳定化表达、结构化表达和效应化表达三个不同方面进行了深入挖掘。移动互联网企业价值网络重构是其商业模式创新的网络化承载，通过剖析价值网络重构可以揭示移动互联网企业商业模式创新的原动力和演化过程，为最终进行商业模式创新奠定基础。

其次，根据移动互联网企业的特点及其商业模式的本质，总结移动互联网企业商业模式的构成要素，对移动互联网企业的商业模式进行了分类研究，构建了基础层移动互联网企业商业模式、应用层移动互联网企业商业模式和终端层移动互联网企业商业模式。

再次，从宏观环境、企业自身两个方面分析影响移动互联网企业商业模式创新的因素，从相关研究文献中归纳这些影响因素之间的关系，结合价值网理论、双边市场理论、系统理论和创新理论等构建出移动互联网企业商业模式创新的概念模型；运用结构方程模型的方法验证假设，得出宏观环境直接影响企业资源和价值网络重构，价值网络重构是移动互联网企业商业模式创新的网络化承载，而价值创新是移动互联网企业商业模式创新的战略化表达和内在机理的结论。

最后，在分析移动互联网企业价值创造机理、价值实现机理和价值维持机理的基础上，从内外两个方面完成了移动互联网企业价值网络重构和商业模式创新的对接，构建了商业模式创新的基本框架。基于该框架，对移动互联网企业从商业模式创新思维、创新动力、创新路径和创新评价四个方面进行商业模式创新研究。在开放性思维的指导下，分析了三类不同移动互联网企业商业模式的创新动力、分类构建的不同类别的创新路径。利用价值共赢性六个方面的评价指标，基于 NK 模型对移动互联网企业的商业模式创新进行了有效性评价和适应度评价。这种事前评价的体系可以有效预防和控制移动互联网企业商业模式创新的风险，减少因创新失误而带来的损失。同时，通过苹果公司和阿里巴巴公司两个案例，检验了本书提出的移动互联网企业商业模式创新思维、创新动力和创新路径，实现了理论分析和实践检验的结合。

本书具有一定的理论意义和现实意义，既丰富了商业模式创新的理论体系，又为现实中移动互联网企业商业模式的创新提供了借鉴，有一定的创新性。

由于著者水平、学识有限，书中难免存在疏漏和不妥之处，敬请读者批评指正。

著　者

目　　录

第 1 章　绪　　论

1.1　概　　述

1.1.1　问题的提出

在管理学研究的领域中，学者们和企业家们共同关注的新的热点之一就是商业模式创新。目前，商业模式已经是移动互联网产业谈论较多的话题之一，基于移动技术和互联网技术的各种新兴商业模式层出不穷。许多移动互联网企业通过各种方式进行商业模式的创新，以应对下一代网络和新一代信息技术所带来的经济和市场环境的快速变化。其中，最令人瞩目的成就当数苹果公司的商业模式创新，苹果公司创造了一个属于新经济时代的卓越商业模式，成为移动互联网时代的领航者。

本书研究的移动互联网企业以移动互联网时代为背景，以新一代网络技术和信息技术（物联网、云计算、4G 等）研发、应用和服务为标志，从事软件开发、硬件开发、数据库技术开发、系统集成、信息服务等业务，包括应用新技术的原有移动互联网企业和新兴移动互联网企业，如微软公司、苹果公司、谷歌公司、腾讯公司、小米公司等。原有移动互联网企业在面对新技术和新业务时，存在是复制原有商业模式还是创新商业模式的选择困境；新兴移动互联网企业凭借新型业务或服务，运用创新型的商业模式快速进入市场，但如何在技术快速变迁的动态竞争环境中站稳脚跟并持续赢利是其应思考的问题。在创造顾客价值的过程中，最明显的一个变化趋势是个体公司间日益激烈的竞争不断转变为网络组织间的竞争，创造价值的活动不断由个体公司的行为向网络成员的努力转变[1]，建构价值网络发展为企业商业模式创新的关键手段之一。

商业模式是一种创造顾客价值并实现企业价值的艺术。由于竞争压力和技术变迁的推动，具有网络型特征的企业商业模式创新的核心逻辑呈现出颠覆性的变化。特别是在当今网络经济的背景下，顾客价值创造和企业价值实现不再具有高度的一致性，两者的分离导致价值创造系统的利润空间急剧压缩，且这种分离对企业或市场容量具有典型的牛鞭效应，随着分离程度的增加，产出呈现剧烈的波动趋势。虽然从网络角度和价值角度研究企业商业模式的文献越来越多，但是大多数观点或聚焦于网络整体价值而非参与者个体利益，或过分强调顾客价值创造而忽视了企业价值的实现。

那么究竟怎样才能达到顾客价值创造和企业价值实现的统一呢？这是移动互联网企业创新商业模式必须要突破的新问题，而价值网络重构是商业模式创新的重要方式之一，移动互联网企业可以通过重构外部网络关系，改变原有价值网络的结构，达到顾客价值创造和企业价值实现的逻辑统一，表现在企业层面就是商业模式的创新。然而，移动互联网企业如何通过价值网络重构进行商业模式的创新？其内在关系机理是什么尚不清楚。基于相关理论和文献的分析研究可知，商业模式创新的实质是重新建构企业的价值逻辑，创造顾客价值的同时实现企业价值。因此，这个问题可以分解为以下两个问题：一是移动互联网企业的价值网络是如何解构和重构的；二是重构会以怎样的路径影响移动互联网企业的商业模式创新。本书基于以上两个问题进行探讨，主要研究：

1）移动互联网企业商业模式创新的源头和影响因素。商业模式创新源于新理念的形成，新理念能够帮助企业发现并提出新的顾客价值主张，以便深入研究商业模式创新的影响因素。

2）移动互联网企业商业模式创新的过程，即探讨商业模式的构成要素如何在创新过程中协同演化并形成良性互动，深入剖析成功商业模式创新的共同特征，明确成功商业模式创新的路径。

3）移动互联网企业商业模式创新评价与决策，即建立科学合理的商业模式创新评价指标体系和决策系统，解决如何评价既有商业模式的效率和效益，以及商业模式创新方案的可行性和有效性问题。

4）移动互联网企业商业模式创新的结果，即成功实现商业模式创新的企业如何防范模仿者和复制者的竞争，保持长久持续的竞争优势。

本书利用规范分析和实证分析相结合的方法进行研究，从价值网络的重构视角寻求突破口，为移动互联网企业的商业模式创新开辟了一条新的路径，以期为移动互联网企业的商业模式创新方式提供理论指导。

1.1.2 研究背景

1. 理论背景

近年来，网络性和开放性问题在管理研究和实践中受到广泛关注，开放式创新、网络与社会创新（network and social innovation）备受青睐，鉴于社会分工的日益深化、组织间合作的不断增加及科技发展的强力支撑，网络式、开放式组织形式层出不穷，如网络联盟、虚拟组织等[2]。随着信息技术和电子商务的发展，组织边界日益模糊，大大增加了交易和协作创造价值网络增值的可能性，网络式、开放式商业模式（network and open business model）应运而生，相关研究已受到国外学者的高度关注。

Chesbrough[3]曾对开放式商业模式（open business model）进行了研究。美国加州大学伯克利分校的技术管理专家一致预测，企业创新的下一波浪潮是开放式商业模式，即通过积极整合外部创意、技术和资源加速内部创新及其市场化，同时出售内部未充分利用的创意、技术和资源获得新的收入。可以预见，利益相关者间的共同价值创造（co-creation of value）、共同价值传递（co-delivery of value）和共同价值获取（co-capture of value）将是网络式、开放式商业模式的基本架构[4]。网络式、开放式商业模式揭示了一种错综复杂的价值逻辑环，位于各环节的利益相关者之间，围绕顾客价值主张相互影响、共同作为，致力于推动这一循环反复进行，释放协同效应以求共生同存。网络式、开放式商业模式的本质、构成要素、实现途径、价值评估和维系（关系管理）等问题应受到国内学者的重视。此外，基于开放性前提，如何构建此类商业模式的模仿壁垒，以避免竞争对手的快速复制将成为重要的研究课题。

2. 实践背景

在白热化竞争的“红海”市场中，企业家们逐渐认识到了商业模式创新的重要性。在实践中，很多企业能够通过商业模式创新创造一片属于自己的“蓝海”市场，如迈克尔·戴尔因为创造的“零库存商业模式”，产品实现外包，节约了10%的成本，这曾使戴尔公司成为个人计算机市场的佼佼者；诺基亚依靠为用户创造整体解决方案和品牌创新的商业模式一度在市场上占有绝对的领先优势；微软公司从系统整体设计的角度进行“系统锁定”，占据操作系统市场数十年，市场占有率达到 90%以上[5]。但是怎样才能使这种创新更加持久，不会因为竞争对手的复制和模仿而丧失持续的竞争优势呢？很多凭借商业模式创新获得成功的企业最终并不能长久保持领先优势，其主要原因在于企业家们仍然停留在直觉和经验困境中，并没有理论的升华，使创新成为企业的新常态下的基本职能。

商业模式创新具有“化腐朽为神奇”的功效，它的影响力可以和改变人类的伟大技术发明媲美。整个行业格局可能因商业模式创新而发生改变，客户价值、赢利模式、关键资源和关键流程四个密切相关的要素构成了一个完整的商业模式。值得一提的是，运用新经济时代商业模式的一个典型代表是苹果公司。苹果公司基于其划时代的创新，运用新的商业模式避免了传统商业模式的弊端，成为移动互联网时代的佼佼者[6]。

运用新的商业模式后，苹果公司完成了从小众化向大众化的转型，但仍然封闭，自成一体，把核心资源和核心能力牢牢掌控在自己手中。产业中最核心的，也是利润最高的设计、渠道和销售环节都被苹果公司牢牢地控制在手中，而苹果公司的硬件、操作系统和 iTunes、App Store 等平台只能用于苹果产品，不能与其他品牌产品共享。因此，苹果公司的产品卖得越火，赢利能力越强，也就代表着其在行业内的实力越强，意味着苹果公司一步步的壮大。

21 世纪新经济形式的出现使商业模式得到了主流社会的关注。网络社会的发展使一些企业如 Facebook、盛大网络获得了巨大成功，这些企业的成功凭借的就是商业模式的创新[7]。随着网络经济和信息技术的进一步发展，商业模式被推到社会舞台的前列，并且有些投资人将其作为衡量一个上市公司尤其是互联网公司是否合格的标准。移动互联网企业发展中最具经济潜力的就是商业模式创新。

实践中无数典型的案例说明，商业模式创新是企业家永恒的话题之一。无论是全新的创业型公司还是市场上已获得成功的企业，都需要创造市场和财富。大量先行者的成功经验表明，若要在市场竞争中立于不败之地，则应持续不断地进行商业模式的创新，提出时刻围绕顾客价值的新主张，不断整合价值网络上的关系和资源，在给顾客创造价值的同时实现企业价值。所以商业模式的创新不只是小范围的改变，或在已形成的商业模式上进行修改，而是一种全新的非常规的模式实现企业价值网络的重构[8]。

1.1.3 研究意义

1. 进一步研究的理论意义

20 世纪 80 年代以来，管理理论和实践中出现了许多新的理论和方法，但这些理论和方法只涉及企业的某个方面或某个层面，并没有从战略的高度改变企业组织整体的模式。因此，当企业处于超竞争的环境中，企业的价值创造方式从链式转变为网络化时，对商业模式创新的理论研究，可以从前人所创立的管理理念和方法切入，寻找突破口和创新点，拓展商业模式创新的研究空间，延伸其现有的研究价值，构建全新的管理理论研究的新领域。理论层面的研究可以使企业家们更准确地认识商业模式创新规律，用于指导企业实践。

2. 进一步研究的实践意义

在企业管理实践中，商业模式在法律领域中称为经营方法，以新商业模式为核心的发明申请和授予数量与日俱增。亚马逊公司的点击订购（one-click）和戴尔公司的按订单生产（build-to-order）等先后获得了美国专利，后者是商标局商业模式范围的专利[9]。在不久的将来，商业模式是否创新会成为评判企业竞争力的标准之一。

很多传统的领域和行业已经被商业模式创新所颠覆，无论是高科技企业还是传统企业，商业模式对于企业管理决策和核心竞争力保持都起着决定性的作用。很多传统企业经过了几十年甚至上百年的发展，历经技术变革和市场环境的变化，原有价值创造逻辑正面临着创造性破坏，商业模式决定了企业能否在市场上立足或寻求长久的发展优势。对于很多高科技企业来说，技术创新并不意味着商业模式创新[10]。如今，移动互联网深刻改变着世界，使企业处于超竞争环境中，从原有的关注竞争对手的商业逻辑，转变为关注顾客价值创造的商业范式，表现在企业实践中就是商业模式创新。

因此，我们必须从企业管理实践的需要出发，通过一系列成功个案或典型模式，演绎或推理各类商业模式是如何产生的、需要哪些条件、产生的基本规律，以及如何运用科学的评价方法。探讨创新的商业模式系统化理论和分析工具，对于当今任何企业的管理决策和管理实践来讲都具有重大而深远的意义[11]。

1.2 研究思路及方法

1.2.1 研究思路

本书以移动互联网企业价值网络重构为切入点展开研究。第一，紧紧围绕重构的视角，分析移动互联网企业价值网络解构和重构过程，总结移动互联网企业的价值网络重构模型，在此基础上深入剖析移动互联网企业商业模式创新的内在价值机理。第二，将移动互联网企业分为三类，即基础层移动互联网企业、应用层移动互联网企业和终端层移动互联网企业，分析现有移动互联网企业商业模式的表现形式，通过分类、典型案例研究及聚类分析的方式，对三类不同移动互联网企业的商业模式进行构建，展现其个性化的特征。第三，在理论挖掘和文献综述的基础上提炼移动互联网企业商业模式创新的影响因素，并进行理论推导，提出研究假设，构建概念模型，利用结构方程模型（structural equation modeling，SEM）的方法验证假设。第四，基于价值网络重构的移动互联网企业商业模式创新系统，从创新思维、创新动因、创新路径和创新评价四个方面进行商业模式创新研究。第五，基于价值网络重构提出三类移动互联网企业商业模式创新方式，并运用案例进行验证，以期为移动互联网企业进行商业模式创新提供一些借鉴。本书从理论和实践两个方面进行研究，既避免顾客价值创造和企业价值实现的分离，又控制和转化企业商业模式创新失败的风险和负效应。

以上研究内容的设计遵从发现现实问题、寻求理论支撑、设计解决方案、提出解决方法的研究思路，并按照这一思路将研究内容细化为五大模块。其研究思路和具体内容见图1-1。

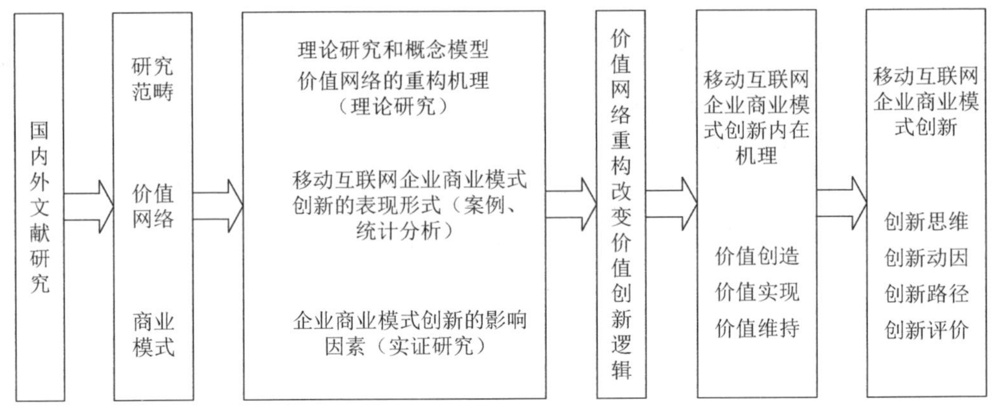

图1-1 研究思路和具体内容

1.2.2 研究方法

本书采取的研究方法主要包括文献归纳法、定性分析法、统计分析法、案例研究法和实证研究法。

1）文献归纳法主要用于基础理论的文献综述部分，拟从资料收集、整理入手，对文献涉及的相关问题进行初步分类、归纳，并在跟踪新的研究成果的基础上完成文献综述。

2）定性分析法主要对相关理论（复杂性科学理论、双边市场理论、系统理论和创新理论等）进行归纳和演绎，对商业模式创新的问题从理论本质上进行解析，提出假设，构建模型。

3）统计分析法主要通过聚类分析的方法，选取有代表性的上市公司作为样本，设计变量，收集数据，进行聚类分析，进而对企业商业模式不同的表现形式进行分类与研究。

4）案例研究法主要通过对典型的企业商业模式创新案例进行分析，构建出三类不同的移动互联网企业商业模式，以支撑本书的研究结论。

5）实证研究法是在文献研究和理论推导的基础上构建概念模型，运用SEM的方法，经过设计问卷、采集数据、进行数据分析，检验假设，得出结论。

研究内容和研究方法见图1-2。

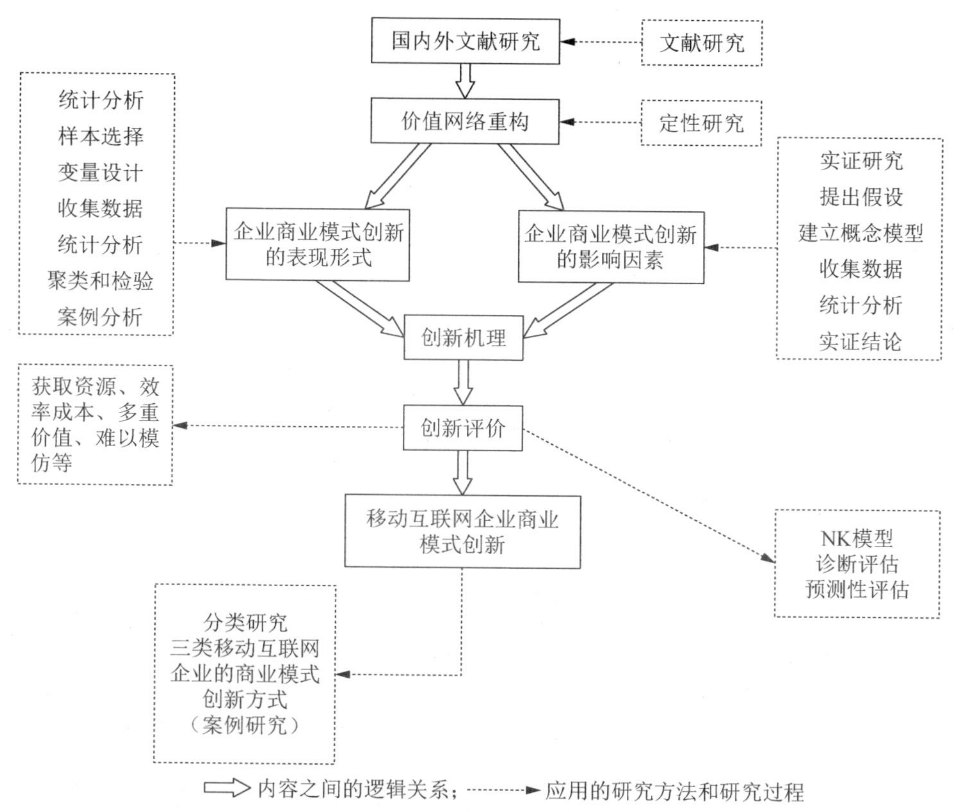

图 1-2 研究内容和研究方法

1.3 研究内容

1.3.1 研究的主要内容

本书主要的研究内容包括以下五个方面。

（1）移动互联网企业价值链解构与价值网络重构研究

基于复杂性科学理论，从产业融合、技术驱动、市场驱动、资本驱动和政策驱动等方面解析移动互联网企业价值网络重构的动因；从传统价值链解构入手，分析企业价值模块的形成，而价值的模块化过程就是新价值链形成的过程，通过整合价值模块的方式重新构建移动互联网企业价值网络，网络成员之间“面对面”合作、“背对背”竞争，形成“优胜劣汰”的价值生态系统；重构过程包括厘清移动互联网企业核心价值流、催化和复制价值模块，以及构建具有自组织特征的新型价值网络；价值网络重构的结果是在整体网络价值最大化的基础上，实现客户价值和企业价值的统一，形成锁定效应、规模效应、范围效应、网络效应和正反馈效应等。

（2）移动互联网企业商业模式的分类与构建

首先通过对应用下一代网络和新一代信息技术的原有移动互联网企业和新兴移动互联网企业商业模式的个案分析，归纳总结成功的商业模式创新方面的共性；然后选取移动互联网行业中的上市公司，设计变量，进行样本聚类分析；最后对不同的商业模式类别进行比较分析，并用现实中的典型案例对聚类的结果进行验证。

（3）移动互联网企业商业模式创新的内在价值机理研究

移动互联网企业价值网络重构改变了移动互联网企业的价值关系和价值结构。价值网络重构是移动互联网企业商业模式创新的网络化承载，商业模式的内在核心逻辑是价值创造、价值实现和价值维持，通过价值网络重构的方式进行商业模式创新主要是在重构移动互联网企业价值创造的过程中，改变原有的价值实现方式，以实现持续高效的价值维持机制。所以围绕价值创新这个核心，重塑价值模式是移动互联网企业商业模式创新的内在和本质要求。

（4）移动互联网企业商业模式创新的影响因素研究

从宏观环境、企业自身两个方面分析影响移动互联网企业商业模式创新的因素，从相关研究文献中归纳总结这些影响因素之间的关系，结合价值网理论、双边市场理论、系统理论和创新理论等构建移动互联网企业商业模式创新的概念模型，通过价值创新的战略范式推导新的商业模式，并提出相关的研究假设。在概念模型的基础上设计量表，将可观测的指标转化为问卷，进行样本采集，实施调研，收集数据。在得到数据后首先对数据进行质量分析，检验其可靠性和可信度；进行 SEM 分析，包括各变量之间的相关关系和影响效果；对分析结果进行讨论，验证假设。

（5）重构视角下的移动互联网企业商业模式创新研究

价值网络重构是移动互联网企业商业模式创新的方式。本书通过分析移动互联网企业商业模式创新的内在价值机理和影响因素，将内外两个层面有机结合起来，实现移动互联网企业价值网络重构和商业模式创新框架与层次上的对接。移动互联网企业商业模式的创新包括创新思维、创新动因、创新路径和创新评价四个部分的内容。创新评价主要是针对移动互联网企业原有商业模式的诊断和创新型商业模式的预评估，从评价指标的设计和评价方法的选择两个方面进行研究，以提高移动互联网企业商业模式创新成功的概率，防范商业模式创新的风险。

1.3.2 研究重点和难点

本书研究的重点是如何通过价值网络重构实现移动互联网企业商业模式的创新。本书围绕该重点问题，根据需要对移动互联网企业商业模式的具体表现形式进行总结和分类，从价值网络重构的视角分析移动互联网企业商业模式创新的内在价值机理，结合影响因素进行客观的实证分析，提出基于价值网络重构的移动互联网企业商业模式创新体系。在进行商业模式创新的同时，要防范移动互联网企业商业模式创新带来的风险，提高创新成功的可能性。

由于移动互联网企业个体特征的差异，提出一套普遍适用且可操作性较强的商业模式创新体系并非易事，因此对这一难点的解决是研究质量的决定因素，也是本书的重点和难点。

1.3.3　基本观点

移动互联网的发展使移动互联网企业的创新成为常态。移动互联网企业创新分为技术创新和商业模式创新，但是任何新兴技术落地都需要商业化，商业模式对移动互联网企业的影响力越来越明显，尤其是在网络经济改变了传统的价值逻辑，移动互联网企业价值创造和价值实现不再具有高度一致性的情况下。基于此，研究移动互联网企业的商业模式创新问题就显得十分必要。商业模式创新的实质是价值逻辑的重构，而移动互联网企业的价值逻辑已经从传统的链式向网状转变，所以从价值网络重构的视角研究移动互联网企业的商业模式创新问题有了可行性的前提和基础。但是，如何通过科学的方法消除移动互联网企业的个体差异，建立一套科学客观的移动互联网企业商业模式创新体系，既可以诊断现有商业模式存在的问题，又可以对创新型商业模式进行预估，提高创新型商业模式实施成功的可能性，降低创新风险，是移动互联网企业商业模式创新的研究难点。本书的研究意义在于基于价值网络重构提出移动互联网企业商业模式创新体系，为解决移动互联网企业的商业模式创新问题提供全新的思路和视角。

1.4　研究对象和核心概念界定

1.4.1　研究对象

移动互联网将移动通信和互联网结合起来，使其成为一体，是互联网的技术、平台、商业模式和应用与移动通信技术结合并实践的活动的总称。4G时代的开启及移动终端设备作用的凸显必将为移动互联网的发展注入巨大的能量和带来前所未有的飞跃。从事移动互联网业务的企业数量和用户数量增长速度快，因此本书选择移动互联网企业作为研究对象。具体的研究对象范围界定如下。

移动互联网企业有广义和狭义之分，广义上的移动互联网企业是指以网络为基础，利用网络平台提供服务，从而获得收益的企业。其本质是以营利为目的，由不同的要素资产组成的一个相对完整的并具有持续经营能力的系统。这个系统有别于其他传统的企业特点和经营方式，它直接依赖互联网或与其相关的产品或服务，并从中获得收入。按照移动互联网产业中的协作关系，移动互联网企业可分为以下三种类型。

第一类是基础层移动互联网企业。这类企业主要提供通信环境、网络设备、操作软件等网络运营所必需的基础设施，其所提供的产品是网络最基本的硬件和整个网络产业运营的基础。这类企业包括基础网络设备提供商，如华为、惠普等。

第二类是应用层移动互联网企业。这类型企业主要从事网络应用设备的生产和开发，提供技术性咨询、技术服务、技术创新等服务，其产品是网络开发、网络软件等，如 IBM、微软等。

第三类是终端层移动互联网企业。这类企业指门户网站和专门提供网络商务服务的网站，如新浪、阿里巴巴等。

以上三种类型的移动互联网企业之间存在着密切关系。基础层移动互联网企业是基础，它构建了网络整体的大环境，为应用层、终端层移动互联网企业提供服务；应用层移动互联网企业在整体网络的基础上提供衍生服务，主要服务于终端层移动互联网企业；终端层移动互联网企业是基础层和应用层移动互联网企业的主要市场，它是与最终消费者直接接触的层面。

狭义的移动互联网企业，即上述第三种类型的终端层移动互联网企业，指通过网络提供特定商业产品或服务的企业，即以互联网平台为基础，对一些产品进行网上销售从而获利，或利用网络的特点提供相关的免费及增值服务，如聊天、讨论和交友等虚拟的社区服务及第三方交易平台服务等，并因此获得收入的企业。

就我国移动互联网企业的现状来说，第一类企业和第二类企业一般都有自己的产品和市场，而第三类企业以基础层和应用层为主要市场，是消费者能够接触到的主要层面。第三类企业作为整个信息产业的终端，体现着移动互联网产业结构的核心价值，是移动互联网产业的新兴市场，企业的数量、规模和发展速度都非常惊人，原有的移动互联网企业也纷纷进入这些新兴的市场，进行跨界的生产和经营。在这一背景下，各大移动互联网企业开始通过收购、合作、创新、调整来布局自己的业务，逐步由硬件供应、软件供应向综合服务模式转型，其典型代表有 IBM、EMC、Oracle、SAP 等。中国电信于 2005 年开始进行由运营商向综合信息提供商转变的商业模式创新，提出为用户提供完整解决方案的价值主张。

由此可见，现在的移动互联网的性质和角色都发生了很大的变化，人们无法准确地将其归属于哪个行业，或给出企业类型的准确定义。在移动互联网产业的价值网络中，原有的产生收入和利润的价值环节，因市场和环境的改变，变成了企业的成本环节，所以它们纷纷改变自己原有的价值主张，开始为顾客提供综合信息服务。所谓的硬件和软件，只是实现顾客价值的载体，没有转型的传统的移动互联网企业只能嵌入某一个价值网络的低端价值生产环节以求生存，其价值创造方式和价值实现环节都发生了巨大变化。

通过以上的分类和对我国移动互联网企业现状的分析可以看出，第一类移动互联网企业与第二类、第三类移动互联网企业存在着很大的差异性，它们的价值主张、价值创造和价值实现逻辑显然是不一样的。现在很多原有的移动互联网企业的产品和业务类型发生了很大的变化，转型为提供综合信息服务，其价值创造和价值实现的方式与第二类、第三类移动互联网企业趋同。现实中各种各样的移动互联网公司，在价值网络中仅仅是一个价值模块或一个价值模块的组成部分，它们打破了原有的企业边界，在重新定义的产品和市场中完成自身的价值使命。

从价值网络重构的视角看，移动互联网企业自身的个性特征明显弱化，所以本书不再纠缠于移动互联网企业的行业归属和企业性质问题，也不过多关注企业内部的价值链，只研究它们的共性特征。为了研究中取样的方便，同时为了得到一个统一、科学、有说服力的研究结论，本书将研究范围界定为提供综合信息服务的移动互联网企业，将具有影响力和普遍代表性的移动互联网企业作为重点研究对象，特殊的移动互联网企业不作为本书的研究对象。

1.4.2 核心概念界定

本书研究过程中涉及的核心概念有三个，现界定如下。

1. 商业模式

基于不同的学科背景和目的，学者们从多个视角对商业模式的概念、构成要素、评估等方面进行了阐述。其中，商业模式价值类定义是诸多商业模式定义中的一大主流。1998～2002年，互联网经济兴起，商业模式研究主要围绕移动互联网企业展开。Hawkins 认为，作为对企业与其产品或服务间商业关系的描述，商业模式是指构建多样成本和收益的方式，包括交易模式、收益模式和交换模式[12]。2005年以后，“价值”概念逐渐被纳入商业模式的理论范畴，“价值”开始成为商业模式的核心决策变量，随着价值理论的导入，商业模式研究的重心逐渐从早期关注利润转向关注价值，从关注赢利结构（收入、成本）转向关注价值网络。这一时期，商业模式研究不仅吸纳了一系列与价值相关的概念和“以顾客为中心”的原则，还导入了价值研究的一般逻辑，价值创造、价值定位、价值主张、价值传递、价值实现、价值链、价值网络等逐渐成为商业模式的关键要素。研究者普遍强调商业模式应从顾客价值主张出发，以顾客为中心开展价值创造和价值传递，最终在实现顾客价值的同时获取企业价值，这也是隐藏在商业模式中的核心价值逻辑。2001年，Amit 和 Zott 认为商业模式影响企业价值创造和价值获取，作为价值的源头，商业模式提供了一个企业价值创造和获取的机理，有别于产品市场战略[13]；2005年，Shafer 等认为商业模式是对企业在价值网络中创造和获取价值的潜在核心逻辑和战略决策的陈述，并指出创造和获取价值的核心逻辑是商业模式的基础[14]；2008年，Richardson 基于对文献的广泛梳理，提出一个综合观点：商业模式包括三个部分——价值主张、价值创造和传递体系、价值获取体系[15]；2013年，Beltramello 等认为价值创造是任何商业模式的核心，企业从抓住新的商业机会、新的市场和新的收益流中获取价值[16]；2014年，Bocken 等研究总结出商业模式的三个基本要素：价值主张、价值创造和传递、价值获取[17]。

基于以上学者对于商业模式概念研究的总结，作者认为商业模式是创造顾客价值并实现企业价值的艺术，其核心逻辑包括价值创造、价值实现和价值维持。

2. 价值网络

1997 年，Slywotzky 等在 *The Profit Zone: How Strategic Business Design Will Lead You to Tomorrow's Profits* 一书中首次提出了价值网络的概念[18]。他认为，由于顾客需求的增加、互联网的冲击及市场的高度竞争，企业应改变商业模式设计，将传统的供应链转变为价值网络。Bovet 等在 *Value Nets: Breaking the Supply Chain to Unlock Hidden Profits* 一书中进一步发展了价值网络的思想，他认为价值网络可以看作所有利益相关者之间相互影响而形成的价值生成、分配、转移和使用的关系与结构，价值网络成员在充分共享信息和知识的基础上，通过整合各自的优势资源和能力，共同为顾客创造价值，通过一定的价值传递和分配机制，实现顾客价值，获取企业价值[19]。可以说，价值网络是由价值链思想发展而来，比价值链更高层次的价值创造、传递和获取形式。价值网络的思想打破了传统价值链的线性思维和价值活动顺序分离的机械模式，围绕顾客价值重构原有价值链，使价值链各个环节及各不同主体按照整体价值最优的原则相互衔接、融合及动态互动。价值网络将企业的内外价值活动连为一体，呈现了一个更加宽泛的体系。鉴于对商业模式作为一种价值体系的理解，研究者自然需要借助此理论工具探析商业模式背后的价值逻辑。

综合大多数学者对于价值网络定义的研究，作者认为价值网络是由核心企业主导的，以顾客价值为中心，通过一定的制度和规则，与顾客、供应商、互补者等合作伙伴协同合作，利用资源和能力互补，实现价值最大化的开放式虚拟共赢网络。它的边界是动态的，可以通过网络的弹性来适应外部市场的不确定性，不断地调整外部价值网络的利益主体构成，通过竞合策略实现外部资源与内部资源的互补整合，从而满足顾客多样化、个性化的需求，实现顾客价值最大化，进而实现整体价值网络的价值最大化。

价值网络将企业内部的价值创造与外部的价值创造统一在一个框架内，具体可以分为内部价值网络与外部价值网络。本书研究的重心在移动互联网企业的外部价值网络上，通过重构移动互联网企业的社会网络关系和价值网络来实现商业模式的创新。由此可见，价值网络是商业模式创新的网络化承载，价值网络重构是商业模式创新的主要方式之一。

3. 商业模式创新

借鉴 Osterwalder 和 Pigneur 2011 年在《商业模式新生代》一书中提出的商业模式九个基本构造模块，可以把商业模式表示为BM={CS, VP, CR, KR, KA, KP,

CH, RS, CC}，其中 CS、VP、CR、KR、KA、KP、CH、RS、CC 分别表示客户细分、价值主张、客户关系、核心资源、关键业务、重要合作、渠道通路、收入来源和成本构成[20]。不同的商业模式是差异化构造模块或差异化模块组合的结果。

基于这种框架，作者认为商业模式创新是企业在对顾客价值主张识别或再识别的基础上，对企业资源、结构、流程及整个价值网络的重新设计与构造；它是对企业经营逻辑的系统再思考，可以包括顾客价值主张创新、价值创造模式创新、价值传递模式创新、收益模式创新中的一个或多个方面；商业模式创新作为一种创新，其实质也是对某种差异化的追求，它可能起始于构造模块中某一方面的差异，但最终要通过构造模块的系统化再设计来创造一种整体结构性差异。因此，本书通过价值网络模块重构的方式来创造整体结构的差异，从而实现移动互联网企业商业模式的创新。

第2章 理论基础

2.1 相关理论研究基础

2.1.1 复杂性科学理论

复杂适应性系统（complex adaptive system，CAS）是 Holland 于 1994 年率先提出的。这一观点的核心是“适应性有助于成就复杂性”，它指出系统中的行动主体可以自动与环境进行物质和能力的交换，根据主体自身的目标，运用其主观能动性，与系统中的其他主体、模块或平台不间断地相互影响和相互制约，这种特性称为自适应。同时各个模块或平台上的主体之间在反复交互的情境中，通过“复制”的方式进行学习，并形成“经验积累”，再应用已有的经验，通过“催化”的过程改变自身的结构和行为模式，目的是主动适应外界环境的变化，并与其他要素或主体之间进行最大限度的磨合，获得最大化的生存空间的利益。所以这个自适应的过程外在表现为不断变异，内在机理就是自动调整自身的状态、参数，厘清核心能力流，反复学习复制，不断催化，形成具有自组织特征的动态系统[21]。动态系统适应性模型的运行原理见表 2-1。

表 2-1 动态系统适应性模型的运行原理

原理名称	运行过程基本概况
流	在整个模型中，核心能力将“流”这一形式贯穿于其中，同时在时间的变迁与经验积累的前提下体现出其变异适应性。通过扩散体现出“流”的乘数及再循环效应
自适应	系统在变化过程中会出现架构、状态或性能的改变，这将会造成不同平台之间的不适应性，最初的调整对象是某个或某几个系统，如可以提升到一定的境界，那么系统就会构建全新的架构方案及行动模式以形成对新环境的适应性
催化	模型中某个平台遭遇的矛盾及瓶颈往往可以通过其他平台的突破进行解决，进而使原有平台得到提升。催化会在不同平台间形成马太效应，使平台间形成良性推进机制，促进整体系统间的演化，最终体现在价值网络的演变与提升中
复制	某个平台某方面的经验将会通过复制运用到平台的其他方面，此外该平台从其他平台获取的成功经验将在复制的基础上进行应用

2.1.2 双边市场理论

双边市场理论是伴随着网络经济和产业组织的不断演化而诞生的理论。因为在新经济大发展的今天，人们从生活实践中发现确实存在如淘宝一类“平台”性质的企业，它们通过平台提供相互依赖性和互补性的产品和服务，将双边用户牢牢锁定到这个市场平台上，促使双方建立长期稳定的交易关系。所以，学者们对于它们的生活经验进行总结和提升，给予这类市场或新经济形式一个形象的专业名称，即双边市场。因为双边市场中的用户规模巨大，而中间联系他们的平台相对而言比较小，所以这种市场结构称为哑铃形双边市场[22]。

与传统的单边市场相比，双边市场的价格存在不对称性，定价时平台企业必须考虑交叉补贴。例如，现实中的银行卡市场、传媒市场和互联网市场等，都具有典型的双边市场特征[23]。关于双边市场的概念，学术界当前并未形成统一界定。依照理论发展的时间顺序，双边市场定义的发展和演变见表2-2。

表2-2 双边市场定义的发展和演变

代表人物	基本观点	特点
Rochet、Tirole	将平台向买方（B）索取的价格设定为PB，向卖方（S）索取的价格设定为PS，若向双方索取的价格总体水平P正好是PB与PS的和，那么无论哪一方的价格出现变化都不会对平台的总交易数量造成影响，可以将这一平台称为双边市场；若交易平台完成的交易量仅仅与价格总体水平具有相关性，与价格架构没有相关性，那么就将这个市场称为单边市场	忽略了双边市场中存在交叉的间接网络外部性问题
Armstrong	若市场中的交易平台利用相应的价格战略向交易双方给予相应的产品及服务，同时一边取得的效用将由参与的另一边的数量决定，那么这种市场就可以称为双边市场	部分解决了网络外部性问题
Rysman	双边市场的形成要与下述两个条件相吻合：①两边都在相同的平台上交易；②任何一边做出决策都会对另一边造成影响，尤其对外部性的作用较大	补充了双边市场存在的条件

依据以上定义，梳理已有文献发现双边市场主要有以下两个特性：①双边市场存在交叉的网络外部性；②双边市场的价格不对称。在梳理了双边市场的特性后，根据学者们的观点对双边市场进行了分类研究[24]，见表2-3。

表2-3 双边市场分类研究一览表

代表人物	分类标准	类型	特点	典型代表
Evans	交易平台的功能	市场制造型	有助于双边用户通过平台形成交易，同时利用交易平台提升搜寻交易对象的成效及成功的潜在可能	互联网产业
		受众制造型	对观众、读者及网民等的吸引，使公司更有意愿在交易平台上进行广告及产品信息的发布	
		需求协调型	有助于帮助双边用户在交易平台上实现双方需求的满足	
Tirole、Rochet	双边市场的复杂程度	简单的双边市场	参与方较少，结构相对简单的市场	传媒业和软件业
		复杂的双边市场	终端用户可以利用中介或服务提供商（service provider，SP）与平台间形成联系；服务提供商有可能在一定的条件下对两个终端用户进行连接，但是用户无须与其他服务商建立联系；存在非关联平衡的潜在性，此时市场的一边就会有多重注册等现象出现的可能性	银行卡市场和移动通信市场

续表

代表人物	分类标准	类型	特点	典型代表
Nicholas、Evangelos	系统特性	封闭平台	当一个平台是专利的，平台、应用程序及平台的接入费用的均衡价格都低于边际成本，那么当使用人员对应用程序的类别有很强的偏好时，具有专利的产业带来的所有利润要比建立在开放资源平台上的企业利润高	以 Windows 为代表
		开放平台	建立在开放资源平台基础上的专利应用程序的部门有比整体专利平台获取更大利润的可能	以 Linux 为代表

2.1.3　系统理论

系统理论是指利用系统的观点，辩证地处理局部和全局的关系，站在全局角度考虑，寻求最优的解决方法的过程。系统理论方法实际上是一种复合性的方法，在应用的过程中，因被应用对象和背景的不同，可以表现出不同的形式和内容。学者们正在尝试对不同系统理论的表现形式进行归类和总结，从而整合出具有层次化的方法论丛林。总体上来讲，人们在应用系统方法研究现实问题时，可以把研究对象看作一个要素之间相互影响、相互制约的整体，并尽可能地将复杂的关系抽象成简单的网络，以便更好地从具体细节和战略整体两个方面识别和研究对象[25]。

本书从系统性角度来看待移动互联网企业的价值网络，在对系统的构成要素及要素间的关系进行研究的基础上，对价值网络构造、分配及转移机制进行分析并不断优化。在利用系统理论方法进行研究与处理时，应当充分掌握移动互联网企业价值网络的整体性、动态性、综合性、最优化及模型化，见表 2-4。

表 2-4　系统理论应用于移动互联网企业价值网络研究的特点一览表

价值网特征	应用内容
整体性	移动互联网企业的价值网络主要包含多个结点企业及结点价值。其整体性规律及特点，并非不同组成部分及因素孤立性及活动规律之和，而是存续于不同要素彼此关联与作用之间的。在对移动互联网企业价值网络进行研究时，应当考虑整体性，在整体上对不同部分及要素间的关系进行分析，在分析的基础上实现对整体性的理解
动态性	移动互联网企业的价值网络处于动态化的系统中，它会因时间的流逝而改变。人们可以将系统发展的各阶段进行统一研究，进而掌握过程趋势及未来趋势，同时也要关注系统内部不同要素及子系统间、系统内外部环境间的物质、能量及信息之间的置换与流通
综合性	移动互联网企业的价值网络主要包含多个结点企业及结点价值，在研究过程中，应当从系统角度对其组成部分、架构、性能、联系方式及历史发展进程等进行综合分析
最优化	从最优化角度来说，由于价值网络目标具有多元性，目标间会有二律背反及优先完成等问题，因此应当寻求怎样在对立统一中实现系统最优化的方法
模型化	模型化是指将真实的系统抽象化为模型。本书结合实际对移动互联网企业的内、外部价值网络进行了总结，构建了移动互联网企业价值网络架构模型，同时依据模型实现了各种分析

2.1.4　NK 模型

NK 模型是著名生物学家及复杂适应系统学派的主要代表 Stuart Alan Kauffman 提出的。1993 年，他研究了具有 N 个元素且其中有 K（$K<N$）个元素相互作用的系

统，并解析了系统的复杂性及演变规律。NK 模型以不同元素形成的系统的适应度为研究基础，通过对不同元素之间的相互作用及其对系统适应度形成的影响进行研究，寻求有较高适应度的系统组成[26]；此外，他将不同系统的适应度阐述为适应度地图，同时将系统适应过程视为在适应度地图中“爬山”，并指出即使是系统要素的微小改变也有使系统爬上更高峰的可能性。这里所说的“山峰”实质是适应度值中的局部最优值。在 NK 模型中可以明确局部最优值的数量，同时也可以讨论利用怎样的路径实现具有更高适应度的山峰。

本书以 NK 模型及适应度地图的特征为研究基础，对提出的评价标准进行研究，对移动互联网企业当前的商业模式和创新后的商业模式分别进行评价，最终选出适应度最高的商业模式，见表 2-5。

表 2-5　NK 模型和适应度地图的基本原理和表达形式工具一览表

名称	基本原理	表达形式工具
NK 模型的基本思想和内容	其组成部分包括 N 个元素。每个元素 i（i=1，…，N）中都有很多等位基因（Allele），其改变可以造成元素性质的改变。等位基因通常可以用整数 0、1、2、3 等分别进行标记。元素不同，其拥有的等位基因数量不同，i 的等位基因数（A_i）也不同	可以用元素等位基因构成的等位基因串 $s_1s_2s_3\cdots s_n$ 来描述系统 S： $s \in S$； $S = s_1 s_2 s_3 \cdots s_n$； $s_i \in \{0,1,\cdots,A_i-1\}$
	N 维概率空间 S 称为系统的设计空间（design space），包括所有潜在的元素等位基因的构成，设计空间规模的大小往往由元素等位基因组合的数量来决定	设计空间 S 的规模大小可表示为 $S = A_1 A_2 \cdots A_N = \prod_{i=1}^{N} A_i$ 式中，A_i 表示元素 i 的等位基因数
	在 NK 模型中，参数 K 用来表示相互作用的元素数量，K 是对系统复杂性进行表示的核心参数	移动互联网企业商业模式的 NK 模型中涵盖了 N 个元素，而且所有元素都会不同程度地受 K 元素的影响
适应度地图的基本思想和内容	NK 模型中的系统都会不同程度地受每个组成元素的影响，系统的适应度是指系统中所有构成元素对其适应度形成的平均影响力。基于影响要素间的复杂关系，对于每个因素对系统的适应度造成的影响及适应度函数很难控制。在系统设计空间 S 中，将所有潜在的系统适应度值 W 的分布称为复杂系统下的适应度地图	若某个要素自身出现变化或跟与之有关联的要素形成变化时，就会从(0,1)均匀分布的随机变量中抽得某个随机数当作这一基因的适应度值 W，但是整体系统中的适应度的平均值可以表示为 $W(s) = \frac{1}{N} \cdot \sum_{i=1}^{N} w_i(s_i)$ 式中，w_i 表示第 i 个元素的系统适应度值
	山峰、局部最优是指所有相邻点间的适应度值都要低于该点的适应度值。若适应度地图中有很多山峰，就会形成崎岖的适应度地图，而这一地图的崎岖度又与系统的复杂性息息相关，因此适应度地图可以充分体现系统的复杂性。之所以会存在适应度地图山峰，是因为在应用时每次只对某个元素进行变异，以找出被锁定的点中的最优点，这一局部试错的方法是对生物演化的自然选择规律的模拟。局部试错这一方法的原理是在随机改变某个元素等位基因的基础上形成的一个全新的系统，这时这一系统的适应度值就会出现改变，也可以说适应度地图上的一点向另一点的转移，若适应度值有所提升，就会持续变异，反之，就会返回之前系统进行其他变异	局部试错方法的搜寻过程可以视作在适应度地图上向山峰转移的适应性行走过程，直至登上山峰，才会结束搜索过程。这一方法实质上是将适应度函数认定为随机适应度函数，再用系统适应度期望值对系统实质进行认定，所以 NK 模型也可以称为复杂系统的统计力学

在对商业模式进行创新时，是以商业模式的整体业绩及效能为衡量标准的。如果移动互联网企业的商业模式评价标准是六个，那么就会构成七维的适应度地图[27]。以价值网络为前提，移动互联网企业需要对商业模式进行持续不断的创新，通过投资进行产品的研发，构建或变革每组取值，进而达到移动互联网企业商业模式价值的最高值。

2.2　商业模式创新理论

2.2.1　商业模式创新的概念、特点与理论基础

1. 商业模式创新的概念

目前有关商业模式创新的概念，中西方学者都从不同角度给予了不同的界定。

西方研究人员对于商业模式创新概念的界定主要包含以下几种：Rigby 等于 2002 年提出，企业的既有顾客并不是企业进行顾客分析和市场调研的唯一对象，也不是企业理解和确定顾客价值的唯一途径，顾客价值分析还存在技术等其他途径，从而为企业实施商业模式创新开辟了新的思路[28]。Tucker 提出商业模式创新是以顾客为导向，充分发挥想象力，使事务趋于完美的过程[29]。此外，Magretta 透过价值链的理念，对商业模式创新概念进行了界定，他强调商业模式的创新就是对公司已有价值链的调整及对其涵盖的要素的创新[30]。Siggelkow 则指出商业模式的创新主要是指微创新及巩固创新，若调整过程提升到一定程度即可称为商业模式的创新[31]。2009 年，Tidd 和 Bessant 从创新程度的角度阐明了商业模式创新的属性，即商业模式创新是一种非连续性创新[32]。

我国研究人员的观点主要包含以下几点：乔卫国强调商业模式的创新就是指将全新的商业模式引入已有的系统中，进而使公司及顾客获取更大价值的过程[33]。杨锴则指出公司商业模式的创新实质上是公司运营模式的创新，他强调了公司的资源整合能力及发展潜力，指出要不断强化自身对商业环境的适应能力，不断满足消费者需求，进而实现经济效益的增长[34]。2013 年，王雪冬和董大海认为商业模式创新是一种系统性创新，企业要在价值主张、运营模式和赢利模式等环节实现新的突破[35]。他们对商业模式构成要素进行了系统性变革。同时，他们还认为实施商业模式创新的企业是一个开放的平台系统，该企业是社会网络中的一个核心结点，商业模式创新将企业边界拓展到全部利益相关者，最终组建以企业自身为核心的商业生态系统。

当前学术界对于商业模式创新的概念并未达成共识，不过必须承认的是其实质已被大部分学者认可，即使公司及消费群体间形成良好的沟通，为顾客进行价值创造，在实现顾客价值的同时为企业创造最高的价值。

2. 商业模式创新的特点

从商业模式创新的概念本质出发，可以发现商业模式创新具有如下特点：

首先，商业模式创新遵循的是建构逻辑，而不是分析逻辑。企业应该从自己的战略意图出发，通过解构外部环境和分析顾客价值来寻找市场空隙，通过整合外部资源和重构产业生态来逐步建构自身的能力和资源，并推动和影响新系统的形成，最终打破行业既有的价值-成本互替定律，建构新的最优行为准则，使其与建构逻辑相对应。商业模式创新是以企业外部顾客为源头和根基的，而不是基于企业的既有资源和能力。

其次，商业模式创新秉承的是无边界拓展原则，而不是固守边界或囿于既有的业务边界和产权边界。勇于进行商业模式创新的企业绝不会心甘情愿地受既有产权边界的束缚，而是千方百计地挣脱既有产权边界的束缚，通过与不同的利益相关者建立利益和交易关系来扩大利益共同体，从而构筑以自己为核心的商业生态系统。

最后，商业模式创新强调竞合，而不是狭隘的竞争，因而能够拓展企业竞争优势的来源。商业模式创新需要一种全新的经济系统来协同上游和下游的利益相关者，要求颠覆既有的价值逻辑，构建一种局部闭环价值逻辑，并且通过遵循这种新型闭环价值逻辑来形成利润积累和利润错位的结构。实施商业模式创新的企业会在新的商业生态系统中谋求商业生态系统的盟主地位和交易结构中的枢纽地位，而不是简单地追求传统意义上的差异化和低成本，并根据局部闭环价值逻辑来设计交易结构，在自愿的前提下构建一条由全体利益相关者参加的协同共赢和分享价值的链条，最终构建基于商业生态系统的竞争优势[36]。

3. 商业模式创新的理论基础

2005年，我国学者罗珉和王雎指出商业模式的创新基础是租金原理[37]。他们主张公司应当在商业模式不断创新与重造的基础上实现有效存续。随着社会分工的演变，不对称信息越来越多，造成信息分散，而商业模式的创新是对不对称信息的有效运用，为市场参与者群体创造了打破已有优势公司竞争优势的机会，有助于帮助他们获取与创造更多的全新的经济租金。

Chesbrough于2006年提出了开放式创新理论，他认为企业必须创立与其核心技术相匹配的商业模式，商业模式创新是企业建立启发式逻辑，并把技术与其蕴含的潜在经济价值联系起来的过程[3]。其贡献在于明确指出了商业模式创新对于技术创新的重要性，技术创新和产品创新的成功离不开商业模式创新，技术发明并不能保证取得商业成功，新技术还必须依靠商业模式创新来实现商业化应用[38]。例如，苹果公司既不是MP3数字音乐制式技术的发明者，也不是数字音乐播放器的发明者，但基于iPod与iTunes相结合的商业模式创新却使苹果公司后来居上，并且开创了一个全新的数字音乐产业。

2006 年，Eisenmann[39]从顾客的角度探讨了双边市场问题，认为双边市场是一种不同于传统单边市场的市场，在单边市场上，价值按照从企业到顾客的单一流向在价值链上传递，对于企业来说，左边是成本，右边是收入；在双边市场上，企业要同时面对两类截然不同的用户，如谷歌公司在搜索业务上就要同时面对搜索服务使用者和企业广告客户这两类用户，企业在市场的左右两边都有成本和收入。Eisenmann[39]和技术创新学者谢德荪[40]分别在 2006 年和 2012 年指出，双边市场是商业模式创新的重要特征之一，商业模式创新要求企业同时面对两类截然不同的用户，通过双边市场来对他们的不同需求进行匹配，在网络效应的作用下，这个需求匹配过程遵循规模递增和赢家通吃的规则。

2.2.2 商业模式创新的动力

当前商业环境正在不断发生改变，消费者群体的需求也随之发生改变，商业模式的创新正是对这一战略优势的运用，以促进公司牢牢把握客户需求，进而取得更多的经济效益[41]。

（1）商业环境的变化

2000 年，Malhotra 提出传统公司的商业模式往往被固化，公司想要保持竞争优势，就应当进行动态化、不可预知的、不断创新的商业环境的塑造，实现商业模式的创新[42]。2010 年，Sosna 等提出不确定的商业模式是不可能永远持续进行的，所以从可持续发展方面来说，公司需要对商业模式进行持续不断的创新[43]。

（2）新技术的发展需要

随着网络经济的高速发展，商业模式这一理念不断被社会认可，新兴的网络企业是商业模式创新历程中最原始的形式。1998 年，Timmers 指出商业模式的创新在早期的发展过程中最核心的动力主要是以网络技术为代表的[44]。2005 年，罗珉和王雎指出与公司有关的资源、企业知识及由企业文化衍生的学习能力也将极大地推进商业模式的创新[37]。

（3）市场机会的拉动

进行商业模式的创新应当充分把握市场机遇，只有适应时代发展的趋势才能形成巨大成效。通过研究可以得知，处于经济危机或经济倒退时代依然可以积极应对压力并表现出色的企业，其依赖的不仅仅是运营及财务创新，更关键的是它们可以有效把握并合理运用危机时的机会[45]。在特殊情况下，公司对商业模式进行创新的原动力必定是对市场机遇的充分把握。

（4）竞争的巨大压力

2008 年，Venkatraman 及 Henderson 通过研究提出公司经营方式的改变将会在一定程度上给企业的发展造成压力，如果这一压力累积到一定程度，就要对公司的商业模式进行创新[46]。2006 年，Markides 强调了商业模式创新的颠覆性：商业模式从某种程度上说是对行业既有假设和成规的颠覆[47]。Shafer[14]和Richardson[15]分别在2005年和2008年狭义地认为，商业模式创新是企业进行战略规划的一种工具。长期以来，竞争一直是战略布局的一个核心议题，因此，商业模式创新是竞争导向型的，而忽略了商业模式创新有竞合的特点[48]。

2.2.3 商业模式创新的途径

商业模式研究的根本目的是对其进行设计和创新。商业模式的演变既是创新的表现，也是商业模式一次或多次变革的过程。2003年，Chaharbaghi等从价值创造的视角研究商业模式创新，认为商业模式创新必须重点考虑顾客价值和价值实现[49]；Morris等认为商业模式创新是企业逐步深化对自身经营逻辑的理解，并在此基础上不断完善和调整的递进过程。商业模式创新的方式往往会因创新环境或角度的差异而不同。

1. 商业模式系统的创新

被大多数学者认可的商业模式的定义是“体系类”定义，即认为商业模式是一个体系或集合，主要代表学者如印度的Mahadevan、美国的Thomas和Allen，以及我国学者翁君奕、马君等。他们认为，商业模式是组织在既定环境下，为实现客户、伙伴和自身的价值最大化，对价值主张、战略意图和运营结构等一系列内外关联的核心要素进行定位和整合，使之形成有机整体，并通过提供特定的产品或服务实现其目标的结构体系。当前有关商业模式创新的研究越来越多，很多学者都从系统角度进行商业模式创新的研究，2009年，Zott和Amit主张设计商业模式体系时应当从以下两方面进行考虑：第一，主题的设计，如其新颖性、互补性及效率；第二，构成要素的设计，如架构、内容及治理情况[50]。2010年，Zott和Amit提出，商业模式创新就是企业通过重组其现有资源和合作伙伴来设计新的运营系统或改良既有运营系统，因此并不需要在研发方面投入大量资源[51]。他们还认为，商业模式创新就是企业通过跨越产权边界，从根本上改变与顾客、供应商和其他利益相关者进行交易的方式。

2. 商业模式组成要素的创新

研究从商业模式组成要素进行商业模式创新的学者较多。2001年，Weill和Vitale率先提出原子商业模式的理念，并指出所有原子商业模式都有四个特点，分别是战略目标、核心成功要素、核心竞争力及经营收益来源，在对原子商业模式各个要素的组合方式进行重组的过程中便会形成全新的商业模式[52]。2004年，Voelpel等主张商业模式创新应当充分考虑顾客、技术、组织基础设备及赢利四个要素，此外还应当强调商业模式创新思维的系统性及其与外部环境相匹配的关键意义[53]。2005年，Osterwalder等提出在一个全新的商业模式的价值系统中，公司可以在改变价值主张、目标顾客、分销通道、价值架构、收入流及成本架构等要素的基础上实现商业模式的创新[54]。

2007 年，原磊提出了商业模式创新可遵循的三个基本路径：基于价值模块的商业模式创新路径、基于界面规则的商业模式创新路径和基于两者混合的商业模式创新路径[55]。在此基础上，他将商业模式创新组合为以下四种类型：①重构型，即建立全新商业模式的混合创新路径；②改变型，即跨越不同单元模块的混合创新路径；③调整型，即基于界面规则的创新路径和同一单元模块内部的混合创新路径；④完善型，即基于价值子模块的创新路径。以上四类商业模式的核心逻辑改变程度也有所差异，重构型商业模式创新一般适用于动荡环境下，如处于倒退期或初创期的企业；改变型或调整型商业模式创新适用于较为动荡环境下，如处于成长期的企业；完善型商业模式创新则较适用于在环境较为稳定情况下，如处于成熟期的企业。

3. 基于创新程度视角的创新途径

公司的商业模式不同，其创新的实施办法及实行程度也不同。2005 年，Osterwalder 对公司特点及商业模式创新度间的关系进行了系统阐述。以具体案例为研究对象，Osterwalder 将商业模式的创新划分为全新型、增量型及存量型三种创新方式[54]。他强调全新型创新通常比较适用于对市场机会有敏锐把握度的情况，以及具有新技术的企业；增量型创新方式比较适用于在某些方面相对滞后的公司；存量型创新方式更加适用于可以获取新资源、核心能力及分销的公司。

2010 年，Bock 和 Gerard 把商业模式创新看作一种不同于其他类型组织创新的全新变革过程，认为商业模式创新是一种企业层面开发利用新机会的过程，并认为一旦渐进式变革和产品创新滞后于外生不连续性，组织管理层就会利用商业模式创新来应对层次更高、时间更长的挑战，商业模式创新可能是一种非常规的特殊创新[56]。2010 年，Demil 和 Lecocq 把商业模式创新定义为商业模式内部不同要素之间的互动引发新的选择，促使企业提出新的价值主张、创造新的资源组合，或驱动组织系统演化，最终某一环节的变化对其他要素及其构成维度产生影响，进而引发有可能动摇整个行业根基的根本性创新[57]。

4. 基于价值链视角的商业模式创新

有些专家在研究公司商业模式的创新时主要从价值链角度进行。2002 年，Magretta 主张价值链主要可以划分为两部分：第一部分要将所有与生产相关的活动包含其中，第二部分要将所有与销售有关的活动包含进来。自此，他得出以下研究结论：商业模式的创新通常是因某个产品或流程的创新而形成的[30]。透过价值链进行商业模式的研究对于企业而言相对实用，不过研究人员并未透过价值链提出与商业模式创新相适应的具体施行办法，研究人员应当强化此方面的研究。

2004 年，Rappa 等众多学者从企业价值链和产业价值链的角度对商业模式创新进行研究[58]。

商业模式创新的施行是保证商业模式创新的根本，所以其具体施行是否有效对商业模式创新来说极其关键。依据当前已有的研究结论，大部分学者主要从下述几点进行研究与讨论。

（1）商业模式创新时机研究

基于商业环境及行业特征的差异，正确把握商业模式的创新时机比较困难。2008 年，Johnson 等提出在以下五种情况下可以进行商业模式的创新：第一，整体竞争环境的改变需要做出相应的反馈时；第二，低端竞争团体的进攻需要预防与抵御时；第三，在尚未开发的市场中运用一种全新的解决方案时；第四，某一新的技术市场化需要与之相对应的商业模式时；第五，市场已有的解决办法成本较高或过于复杂，同时很难使顾客需求得到满足时[59]。Johnson 等强调上述五种情况是实施商业模式创新的最佳时机。上述五种研究结论大部分都来源于学者丰富的经验，并非系统研究，因而缺乏全面性，需要对商业模式的创新时机进行深入研究。

（2）商业模式创新实施的组织学习特性

2010 年，Sosna 等针对商业模式的创新提出了四项实施步骤：第一，商业模式的初步设计及评测；第二，商业模式发展过程的完善；第三，商业模式的改善及调试；第四，在不断地学习中保障商业模式的稳定成长[43]。2010 年，Wu 等提出对于商业模式创新来说，企业与个人的学习活动具有很大的推动作用[60]。

（3）商业模式创新活动是一个长期发展的过程

对于一个公司而言，全方位开展商业模式创新活动会给其生产运营带来不利影响，此外公司不可能同时控制各种资源，所以大部分公司的商业模式创新活动都不应急功近利，而应循序渐进。2007 年，Chesbrough 认为商业模式有六个具体表现，分别是大众化、动态适应平台、差异化、外部支持化、市场细分化、创新化。他还提出一个商业模式会不会给公司赢得更多的收益、公司有没有意愿卖出不具有利用价值的非核心资源与公司有没有包容性以吸收外部资源，这些因素共同决定了目前的商业模式能不能得到进一步提升[61]。下面介绍商业模式创新活动的阻力。

1）认知阻力。Chesbrough 是支持认知阻力思想的专家之一。商业模式创新决策活动中利用的各种信息在很大程度上会受到公司现有商业模式的影响，公司目前的商业模式存在的要素会不利于新商业模式各种要素的出现或整合。Sosna 也持相同观点，他提出公司文化与经营管理活动等不同层面会受到该公司商业模式的作用，长期以来的商业模式会在很大程度上影响公司高层管理者的思维方式；在商业模式创新活动过程中，管理者传统的思维方式会对其造成不利影响[43]。

2）组织结构阻力。商业模式的创新活动同样会受到组织结构不健全的制约。

2009 年，Chesbrough 提出部分大型企业的高层管理者可能会制定一些措施以促进商业模式的创新活动，他们的经常调动对商业模式创新活动的持续性造成不利影响，进而阻碍了商业模式创新活动[62]。2010 年，Sosna 同样提出企业的管理结构会对商业模式创新造成很大影响，若一个公司的权力呈现分散状态，则一定会对商业模式创新活动造成不利影响[43]。

3）资源配置阻力。1997 年，Christensen 提出，若一个公司依赖科技创新来推动商业模式创新，那么其商业模式创新面临的基本阻碍就是有价值资源的匮乏，若不进行创新则会在市场竞争中失败，但进行创新会使有价值资源大部分被技术处于领先地位的商业模式所控制[63]。2001 年，Zott 与 Amit 提出，传统公司资源配置和商业模式创新活动之间存在不一致性，很多公司管理者往往反对进行商业模式创新活动，原因是商业模式创新会造成公司长时间遵循的价值观念的变革。

上面介绍的三种阻力属于公司内部阻力，公司的外部环境也会对公司商业模式创新活动造成一定影响，即外部环境阻力。2010 年，Sosna 认为，在新的商业模式出现时，市场环境在不断变化中，这种变化会促使公司的资源配置等大部分要素出现改变，加大公司原有的成本与风险状况，不利于公司商业模式创新活动的开展[43]。

对于影响商业模式创新活动的各方面要素，很多学者的探讨十分全面，却并未给出解决这些问题的方案，因此学者需要在这方面不断努力。

2.2.4 商业模式创新评估

1. 商业模式创新的有效性评估

没有一个公司的创新活动是无代价的，到底要不要进行商业模式创新，关键要看创新活动能不能实现预期的效果，创新得到的收益能不能补偿付出的代价[64,65]。2000 年，Hamel 提出能不能创造出超过行业平均水平的利润是商业模式好坏的评判依据，所以商业模式创新活动评价的规则之一就是是否能够给公司带来更大收益[66]。2007 年，关鑫提出商业模式是否有效主要取决于以下几个要素：创新性、获利水平、增长潜力、信誉度、公众形象与外部资源等[67]。2015 年，刘潇将 TRIZ 理论与 DEA 方法相结合评估商业模式的创新。他先按照 TRIZ 理论对企业进行资源分析或矛盾分析，按七个通用参数将商业模式设计领域中的问题转换为 TRIZ 标准问题；然后选择合适的 TRIZ 工具进行商业模式创新方案的设计，获得多个设计方案；再建立适合商业模式评估的评价指标体系，选择合适的 DEA 计量模型来判定各个方案的有效性，最后从中选出最佳方案[68]。

2. 商业模式创新的过程评估

为增强创新活动的合理性与有效性，有必要进行商业模式创新过程评估。在对现有的众多科研成果进行分析之后，本书把商业模式创新评价划分为两种，即创新阶段的评价与实施阶段的评价。

（1）创新阶段的评价

大多数研究人员都探索与研讨了商业模式创新阶段。2001 年，Weill 认为以下三个要点对商业模式的存在性和获利性产生作用：①消费者的信息、消费者的社会关系和消费者交易的等级；②相关产品、消费者、市场和成本资源的共享权；③在原有商业模式到电子商务模式运作转换过程中所带来的矛盾[69]。2003 年，Hamel 提议用特殊性、高效性、获利性和适宜性四个要点来评估一种商业模式的潜能[70]。

（2）实施阶段的评价

有少数研究人员对商业模式运营阶段进行了一些探究。2001 年，Afuah 与 Tucci 从以下两个方面对商业模式的利弊进行了评估：①获利性方面，涵盖收入流和现金流；②商业模式构成方面，涵盖消费者构成、消费者价值、商品定价、收入来源、恒久性等，这其实是对商业模式全面性的评估[71]。2003 年，Danielson 等认为，商业模式的相适应性是衡量商业模式利弊的关键，包括内部相适应性和外部相适应性。他们认为企业必须平衡内部相适应性和外部相适应性的平衡关系，一旦外部条件发生变化，如果商业模式内部相适应性过高就会使企业对外部环境的适应程度降低。所以，企业要不断发挥自身竞争优势来减少商业模式的内部相适应性，或创新新要素，增加已有因素的灵敏度[72]。2005 年，Hayes 与 Finnegan 将创新、经济控制、功能整合、价值链整合和投入来源五个因素进行融合对商业模式进行了研究[73]。

3. 商业模式创新的研究方法评估

越来越多的学者开始对商业模式创新这一课题进行探讨，一些专家发现现阶段对于商业模式创新的研究方法是比较匮乏的，所以一些专家纷纷开展相关探讨，取得了不少学术成果，具体介绍如下。

1）依据分类维度的方法。在很多学者的观点中，公司商业模式创新的方法能够以商业模式的分类系统为依据。Timmers 提出，价值链重构与分解是具有系统性的商业模式形成方式[44]。2006 年，高闯和关鑫使用价值链创新思想阐述了商业模式创新方式，提出对公司具有价值的所有业务进行合理选取，并对其中具有关键作用的活动加以创新，之后再优化配置有关资源，这样即可建立新的商业模式[74]。

2）依据结构维度的方法。具有这一观点的学者提出，不同模块之间的组合构成了商业模式的创新，所有公司能够在现有的商业模式中整合或添加相关模块，也可以重组相关模块以使其关系出现变化，进而达成商业模式创新。我国专家方孜与王刊良介绍了一种商业模式创新方法[75]，即 5P4F①。2004 年，赖国伟利用系

① 5P 指 product、price、place、promotion、position，4F 指 business flow、information flow、capital flow 和 logistics flow。

统模块思想来探讨商业模式创新，实现了对商业模式矩阵模块化的设计，公司有了新的可供选择的商业模式创新方式[76]。

2.3　价值网络理论

2.3.1　价值链观念下的企业价值创造

随着竞争日益激烈与信息技术的快速发展，人们对企业价值创造和实现机理的认识不断深化：在理论上，表现为基于竞争思维的价值链观念逐步转向基于竞合思维的价值网络观念；在实践中，表现为大量各种形态的网络组织的不断生成和发展，这也反映出企业日益重视通过构建价值网络来实现获益。

价值链是目前人们普遍接受的一种用于剖析企业层面价值创造的分析框图。Poter 认为价值链从战略行动的重要性方面解构企业，不仅揭示了企业内部各种活动对价值创造的作用，并且强调企业利润的实现突出表现为上下游之间相互竞争的结果[77]，在价值链观念下企业利润受制于以下三个方面：①要重视企业内部的价值创造活动，如实施内控提高企业在转换过程中的价值增值是企业利润的重要来源；②竞争者及替代者的存在将抑制企业价值增值空间，竞争抬高供应商价格与企业成本，压低企业产品/服务价格，并最终降低企业利润；③供应商、顾客与企业之间的讨价还价会影响价值在产业能各环节上的分配，企业需提高议价能力以降低供应商的价格，或提高企业利润，否则企业利润将在很大程度上被挤兑或瓜分。

1998 年，Stabell 和 Fjeldstad 认为虽然价值链理论详细分析了产业各要素对企业获利的影响，但是在价值链观念中，企业价值创造逻辑本质上是建立在纵向关联技术基础上的投入转换逻辑，企业价值创造与实现过程被视为一个将“投入转换为产品”的过程，上游供应商提供了原材料或中间产品，这些投入品被传送至企业的生产装备完成从投入品到最终产品的转换，企业正是在此转换过程中为投入品增加了价值，进而在传递给下游顾客的过程中实现获利[78]。

2.3.2　价值网络观念下的企业价值创造

由于价值链观念过于强调竞争，随着企业间合作行为的日益普遍化，批判之声随之兴起，其中较著名的是 Brandenburger 和 Nalebuff 于 1996 年提出的价值网络理论[79]。Brandenburger 和 Nalebuff 认为，合作与竞争是企业成功不可或缺的两个侧面，专注于竞争会导致企业忽略商业关系的发展变化，进而失去扩大市场、创新利润模式的机会。他们提出的价值网络模型强调了两方面内容：一是在企业、顾客和竞争者之外增加了互补者，互补者指为消费者提供补充产品或服务的企业，或从供应商处购买补充资源的企业；二是提倡竞争和合作的双重性，竞争仅仅揭示了企业间的价值分配关系，而合作则更强调价值的创造。

价值网络理论显著区别于价值链理论：一是在这个网络中，顾客的地位非常重要甚至可以说是中心化的，整个价值网络的建构必须围绕顾客需求展开，这是网络赖以存在和发展的基础；二是互补者对于焦点企业非常重要，互补者不仅可以降低焦点企业成本还能有效提高顾客价值，从而给整个网络带来增值效应；三是焦点企业除了与供应商、互补者、顾客之间具有竞合矛盾性外，与竞争者之间同样具有竞合双重性，联盟与合作可以缓和竞争压力、规避囚徒困境以保证双方共同获益[80]。

价值网络观念超出了价值链的线性思维，将关注重心从企业利益转向网络整体，从价值分配转向价值创造，价值分配是输赢的较量，其最终结果是零增值，但在价值网络理论看来，企业不仅要与顾客、供应商、互补者之间展开竞争以获得价值（价值分配的过程），更要与顾客、供应商及互补者合作以实现双赢并创造出更高的价值（价值创造的过程）。该观念下焦点企业的收入途径和赢利空间大大增加，其赢利机理可以简单归纳如下：

1）由于互补性产品的存在，焦点企业可以联合互补者共同向顾客传递产品/服务组合以满足顾客的多样化需求，从而提高顾客感知利得，并提高价格，这是实现超额利润的重要途径。

2）如果企业与顾客、供应商、竞争者之间进行有效合作，不仅可以降低供应商成本、供应商价格、焦点企业成本，而且能够维持甚至提高产品/服务价格，这就扩大了企业间价值分配的“蛋糕”总额。

需要注意的是，网络增值效应未必在所有参与者之间均衡分配，分配不公引发的矛盾会影响组织间合作的积极性而降低“蛋糕”总额，所以焦点企业为保证长期利润，必须处理好价值创造与价值分配的关系，在竞争与合作之间创造一个不断改善的平衡。

2.3.3 狭义价值网络观念的不足

Brandenburger 和 Nalebuff[79]提出的价值网络模型诠释了当前日益普遍化的企业间合作和网络化发展趋势，为企业商业模式创新开辟了路径，然而该模型只是一种狭义上的网络。Normann 和 Ramirez 于 1993 年提出现实中的价值网络要复杂得多，网络参与者除了顾客、供应商、竞争者和互补者之外，还包括其他多种类型的经济主体，如广告商、商业伙伴、联盟企业、中介机构（渠道商、贸易商等各种服务提供者）、政府等，这些不同类型的参与者之间通过特定的方式建立起直接或间接联系，互为依存、彼此联动构成了一个复杂的利益共同体[81]，Normann 和 Ramirez 将这种广泛意义上的价值网络称为价值星系，Moore 将其称为价值生态系统[82]，Hearn 和 Pace 将其称为价值创造生态[83]。

狭义的价值网络理论虽然诠释了合作带来的价值增值，但并未改变传统价值链观念下企业价值创造逻辑的基本假定：①Stabell 和 Fjeldstad 于 1998 年提出价值创造就是将投入转换为产品[78]，产品是企业与顾客间传递价值的中介，企业通过对投入—转换—产出过程的控制来创造价值并分配价值。这一观点对知识、信息等虚拟要素价值的认识是不够的，在价值链或狭义价值网络理论中，仅仅认识到信息或知识对投入转换过程的效率改进（如降低生产成本和交易费用、缩短交货期等）及由此带来的增值效应，但对信息或知识产生的独立价值（如信息或知识转让带来的收入）则关注不多。②顾客是价值链或价值网络中价值传递的交汇点，顾客支付体现了价值增值的实现。对于焦点企业而言，参与者在价值网络中承载的功能和角色各不相同。一般观点是，顾客通常表现为企业的收入源，顾客支付构成了企业收入的主要部分；供应商等则表现为企业的成本元素，而竞争者和互补者表现为收入、成本的协调元素（它们可能影响焦点企业的收入，也可能影响成本）。这一思维定式显著地限制了价值网络中各参与者的属性和功能定位，也限制了价值网络的建构范围和拓展空间[84]。

从企业价值网络实践来看，受竞争和技术快速变迁的影响，参与者在网络中的角色和功能定位正在发生颠覆性的变化，如传统的收入源（如顾客）可能丧失收入功能，传统的成本协调元素（如竞争者）可能变为收入协调元素，甚至传统的成本元素可能演变为收入源，这就造成了网络组织价值创造方式的动态变迁。本书作者认为，狭义的价值网络不足以解释日益多样化的网络形态，企业商业模式的创新更应该从广义的价值生态系统的角度展开，企业价值的实现并非依赖于简单的投入转换过程，而取决于一个更为复杂的连接顾客、企业及其他参与者的协作机理。企业商业模式创新是一个不断重新解构并重构价值网络以实现参与者各方价值的过程，甚至是对现有价值网络的颠覆性创新和重组。

价值网络实质上是一个价值交换系统，Allee 认为网络价值的创造/传递过程就是一个或多个企业、顾客、供应商、战略伙伴之间复杂的动态交易过程[85]，传统观念下，顾客价值创造/传递和企业价值实现过程是高度一致的，它只是企业与顾客之间价值交换的不同流向而已。企业向顾客提供有价值的产品/服务，顾客为获取产品/服务必须支付相应的费用，企业在为顾客创造/传递价值的同时也实现了自身利益，当然这可能是一个长期过程，初始交易阶段企业为吸引顾客、培育顾客忠诚度需要投入的大量费用，虽然无法马上获得回报，但最终会从与目标顾客的长期交易中得到补偿，企业价值实现的关键：一是如何提高来自目标顾客端的收入；二是如何控制上游供应端的成本，狭义价值网络的建构重心即围绕于此。

2.3.4　重构视角下的企业价值重塑

2005 年，梁运文和谭力文提出价值网络是众多参与者构成的联合体，所有参与者的共同努力能够创造出更高的经济价值，但是网络整体价值最终还原为结点企业价值和结点顾客价值[86]。Zeithaml 认为企业价值反映了企业的长期获利能力；顾客价值则体现了顾客从交易中的获益，一般指顾客感知利得超出所付成本的部分，也就是经济学上的消费者剩余[87]。Normann 和 Ramirez 认为企业价值的实现与顾客价值的创造密不可分，企业价值目标的实现取决于如何更好地、更有效率地满足顾客需求，从而在为顾客创造/传递价值的过程中谋求利润，但是顾客价值仅仅是实现企业价值的必要而非充分条件，企业即使很好地为顾客创造了价值，并不等于必然能够从中获利，尤其受竞争等因素的影响，企业有时甚至以牺牲自身利润来提高顾客价值，但是企业建构价值网络的最终目的是赢利，如果网络不能给企业带来利润，其维系网络动机会降低[88]。

企业在建构价值网络时必须权衡两个不同的问题：一是如何创造/传递顾客价值；二是如何实现企业赢利。这是两种密切相关但并不相同的逻辑关系，首先，从顾客价值创造的角度来看，焦点企业试图通过协同其他参与者的力量以更好地为顾客服务，因为企业只有不断提高顾客价值才能赢得竞争，否则就失去了吸引和保有顾客的基础，顾客价值创造的关键是顾客中心化，这个过程需要解决以下问题：①企业的目标顾客是谁，即企业打算向谁提供产品或服务；②企业的价值定位是什么，即企业拟向顾客提供怎样的产品或服务；③企业如何实现顾客价值的创造与传递，这关系到企业与合作者之间的分工与协作问题。其次，从企业价值实现的角度来看，焦点企业必须解决“我的利润从何而来”的问题。企业价值的实现逻辑不同于顾客价值的创造逻辑，收入来源和成本控制才是企业价值实现的基本要素，企业价值实现过程需要考虑以下内容：①企业的收入从何而来，谁将是企业主要的收入来源；②企业收入实现的条件是什么，如何保持收入源的稳定性；③如何控制成本。

一般逻辑下的价值交换行为大多按质论价，顾客为获取高品质产品或服务必须支付高价格，顾客的支付构成了企业收入的基本来源。然而随着全球竞争、市场变化和新技术变迁，尤其受信息技术和互联网经济的推动，产品/服务价格与价值日益呈现背离倾向，顾客越来越能够以较低的价格甚至免费享受高质量产品/服务，这反映了企业商业模式变迁的一个显著趋势，即顾客价值创造/传递过程与企业价值实现过程逐步分离，也就是说，即使企业向顾客提供了满足其需求的优质产品或服务，也无法直接从中实现收入，顾客价值创造与企业价值实现之间并不存在天然的线性关系，顾客价值的提高并不意味着企业价值的必然实现。

这种分离导致了企业收入逻辑的颠覆性变化：一是主导产品未必给企业带来收入，企业要获利就必须重构产品组合或服务组合，如在当前互联网经济中，主导产品/服务的交易越来越倾向于免费或低价，企业只有在主导产品基础上开发附加产品或增值产品才能保证收入，这已经成为当前企业商业模式创新的重要路径之一；二是目标顾客未必给企业带来收入，企业必须重构用户组合以拓展新的收入源，许多移动互联网企业虽然拥有数量庞大的顾客群，但很多是无法直接产生收入的免费用户，为了保证运营的持续性，企业只有拓展新的能够带来收入的顾客群，通过为之提供附加产品来获取利益，这些新收入源可能是在原顾客群的基础上分离出来的收费用户，也可能是全新的、完全异于原顾客群的新客户源，免费用户与收费用户之间存在潜在关联性，数量巨大的免费用户群尽管无法给企业带来直接收入，却往往是吸引新客户源的必要条件，从这个意义上讲，网络组织的建构重心已由改善投入转换效率转向如何拓展新的收入源[74]。

无论是产品组合重构，还是用户组合重构，都可以视为原有顾客群体基础上的新增价值活动，这些新增价值活动与原顾客价值的创造密不可分，但其目的是实现企业价值。从这个角度上来看，价值网络可以被分拆为多条不同的价值链，每条价值链由不同的参与者构成，不同价值链上的参与者彼此互为依存、相互依托，在焦点企业处交融连接成一个功能互补的综合体。焦点企业利用不同参与者及不同商品之间的关联性，通过整合多条价值链上的互补性价值活动，实现对参与者的分离定位，如有些参与者是为顾客价值创造而存在的，有些则是实现企业收益所必需的。无论如何，顾客价值与企业价值是互为支持、缺一不可的，一个成功企业在构建网络时必须处理好两者之间的关系，否则价值网络将是不稳定或不可行的。

面对顾客价值创造与企业价值实现的分离，在未来竞争中成功的企业已不再是简单的价值增加问题，而是价值重塑的问题，Normann 和 Ramirez 认为这种变化往往不限于一个企业或行业，而涉及整个价值创造体系的重构[81]。重构过程涉及价值网络的交易内容（如参与者或产品/服务的类型与数量）、交易结构（如参与者的功能分工），以及交易方式（如参与者之间的关系与连接方式）等多个方面。

本章小结

本章包括三部分内容：第一部分介绍了本书研究的核心理论，复杂性科学理论和系统理论是分析移动互联网企业价值网络系统复杂性和适应性的基础，双边市场理论是平台型商业模式的理论基础，同时引入 NK 模型来评价移动互联网企业商业模式创新的方法；第二部分梳理了商业模式创新的文献，分别从商业模式创新的概念、本质、动力、途径和评估等方面对前人的研究成果进行了总结和评述，为本书核心部分的理论做铺垫；第三部分分析了从价值链到价值网络再到价值网络重构的理论发展演变过程，通过梳理企业价值创造的文献，总结了企业价值创造的一般逻辑和重构逻辑，从理论角度破解移动互联网企业顾客价值创造和企业价值实现分离的矛盾。

第 3 章　移动互联网企业价值网络解构与重构

3.1　移动互联网产业价值链的发展和演变

3.1.1　价值链理论面临的挑战

目前，社会经济发展迅速，信息科技突飞猛进，经济全球化影响越来越大，社会各领域的竞争也更加激烈。为了在激烈的社会竞争环境中赢得一席发展之地，企业逐渐将竞争的焦点转移到信息技术创新上来。加快企业信息技术创新步伐不仅能提高企业应对外部发展环境的能力，而且能强化企业之间的合作与交流。时代不断进步，信息技术已走进人们的生活，传统价值链思想将面临前所未有的挑战，见表 3-1。

表 3-1　价值链理论面临的挑战

项目	内容
价值链理论本质上遇到的挑战	现代创新战略思想最大的特征为要求企业具有较强的创新能力，实现知识化与信息化。但是价值链远不能满足现代战略思想的要求，不能在竞争激烈的市场大环境下及时提出适合企业发展的策略
波特的价值链理论最大的弊端	价值链理论的最终目的追求企业利益最大化，没有考虑市场的实际需要。因为价值链的所有环节都由企业来负责，每一个环节都要实现增值的目标，但是通过分析企业实际发展状况可以知道：任何一个企业都不可能完全负责所有环节，某些环节需要其他行业竞争者的参与。所以企业应做好自己最擅长的事情，而不是事事必做。只有把握自己的优势所在，才能真正实现抢占市场的根本目标
价值链分析应用的不足之处	价值链的分析工具基本不能应用于高信息性、高知识性的企业中。但是随着社会的发展，很多企业逐渐向信息技术方向发展，价值链的分析工具主要用于物质资产向流程转变的全过程，而不能用于理解现代企业的信息知识创造方式
价值链理论的建构基础受到挑战	市场竞争环境瞬息万变，企业发展战略的目标不再是增值，而是用增值进行再次投资。企业已经不再是企业战略发展的中心，企业战略发展的中心变成了价值创造网络。在价值创造网络中，不同的角色通过合作为企业创造价值

信息技术的发展带来了新的经济形式和商业规则，企业的生产和管理过程日益网络化和流程化。为了解决新的困境和问题，不少工程学知识被运用到现代企业管理中，对企业战略发展策略与产业发展结构的优化升级产生了积极的作用。作为企业管理的战略形式，模块化的理念已经进入产品和服务设计、生产和消费的领域。从本质上看，随着企业战略改革的进一步深入，企业产业发展结构应做

出相应调整[89]。模块、模块化、价值模块、价值模块分解和价值模块整合等相关概念的界定见表 3-2。

表 3-2　相关概念的界定

概念	定义
模块	是一个子系统，具有半自律性。模块以标准结构为基础，与子系统连接成更加复杂的系统
模块化	将系统中的若干个组成部分进行细化分解的过程，但是这个过程以信息技术为基础，将各个模块分解、整合之后再通过独特的方式连接成一个全新的整体
价值模块	价值模块是价值链中最重要的一个部分，它聚集了所有能够为企业带来发展的生产要素。价值模块以某一领域的知识信息为前提，具有半独立性，它能通过自身运作来实现企业生产要素的分解与整合
价值模块分解	参照一定标准将企业的特定价值体系分解为数个具有独立性的子模块
价值模块整合	以某个发展规则为基础，通过一定方式将具备某个功能的板块按照一定方式组合起来，从而形成更加复杂的体系

详细分析了企业的价值模块和价值模块化等重要概念之后，下面开始探究移动互联网企业价值链的模块化。移动互联网企业价值链的模块化以其基本业务为基础，并通过优势互补的形式与其他优势模块进行组合，形成更具市场竞争力的结构形式[90]。

3.1.2　移动互联网产业价值链的模块化

1．传统移动互联网产业价值链

无论是互联网产业链还是移动互联网产业链都起源于通信产业链，是移动通信产业链经过不断演化形成的。在传统的移动通信时代，移动通信产业价值链只包括四个环节，分别是网络设备提供商、移动运营商、移动终端商和用户，见图 3-1。

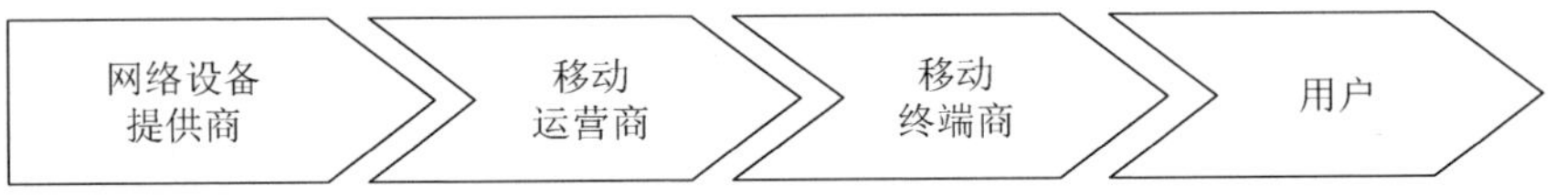

图 3-1　传统移动通信产业价值链

在这个基本的产业链价值结构中，网络设备提供商处于上游，将网络设备提供给处于中游的移动运营商，移动终端商将终端设备销售给最终用户。移动运营商提供端对端的业务，通过订购关系与网络设备提供商、移动终端商进行交易，承担经营风险，对产业价值链具有较强的主导权。

随着互联网经济和信息生活对用户的影响越来越大，在信息通信技术（information and communication technology，ICT）时代，移动互联网得到了初步发展，大量的服务提供商和系统集成商纷纷参与到电信产业链中，传统的电信产业链发生裂变，得到加长和延伸，原有的单向链式结构发生变形，初步形成移动互联网产业价值链的雏形，称为传统移动互联网产业价值链。传统移动互联网产业价值链一般建立在 2G 的窄带移动通信技术下，在一个相对封闭的产业体系内，传统移动互联网产业价值链延续了移动通信产业链的特点，仍是以移动通信运营商为主导的。在传统移动互联网产业价值链（图 3-2）中，主要参与方有以下几个：①用户，是价值链的目标和终点；②移动运营商，建设基础网络，为用户提供移动互联网的网络接入，并通过接入门户和综合平台向用户提供内容产品；③服务提供商，主要包括内容/业务提供商和业务集成商，业务集成商主要把内容整合到一个特定的网站或应用上，它们只关注整合特定的内容到应用上，内容提供商负责内容收集、整理、加工制作等；④移动终端商，负责手机等终端产品的生产，通过独立研发销售终端或依据运营商委托进行定制化生产。

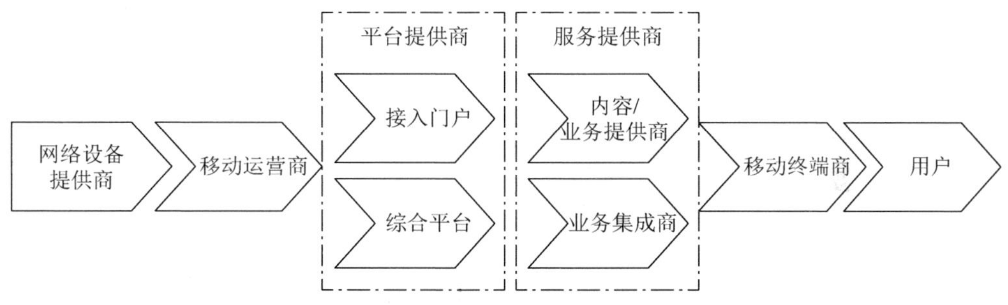

图 3-2　传统移动互联网产业价值链

在传统移动互联网产业价值链中，业务的提供和运营是以移动运营商为主导的，移动互联网的业务收入和运营模式仍作为电信运营商庞大业务体系中的一小部分。移动数据业务发展比较缓慢，移动互联网业务在产品形态上只是作为移动运营商增值业务的一个组成部分。虽然日本 NTT DoCoMo 的 i-Mode 和中国移动的移动梦网取得了很大成功，但在运营方式和产业链合作上并没有过多的突破，仍局限于电信运营体系内的价值链分化，此时的传统移动互联网产业价值链并不像桌面互联网那样是一种全新的产业价值形态。

传统移动互联网产业价值链中主要以内容/信息流、价值流为主，其传递方式基本以单向传递为主，业务提供商将相关内容信息整合到移动运营商的相关平台，并以接入门户的方式传递给用户，移动运营商向用户收取通信费和信息费，再根据合约约定把费用分配给相关的内容提供商，传统移动互联网产业价值链中信息流、价值流的路径见图 3-3。

2. 传统移动互联网产业价值链的裂变

移动互联网产业价值链的分裂和变化给上下游的产业主体带来了机遇和挑战，同时也为商业模式创新带来了机会。随着所处地位和价值贡献的变化，移动互联网企业从产业价值链上所获取价值的分配将出现明显的变化。在传统移动互联网时期，移动运营商以其主导者的身份，决定着产业链上价值的分配，所以移动运营商获得产业链上价值中的最大份额，而其他价值链参与者，如移动终端商和内容提供商，因在产业价值链上地位的问题而被分配了较少的价值。随着移动互联网的发展，移动终端商和应用服务提供商的作用越来越大，获得的产业附加价值也越来越多，电信运营商在产业价值链中的价值被分流，逐渐失去主导权。移动互联网产业价值链中参与主体价值分配地位的变化见图 3-4。

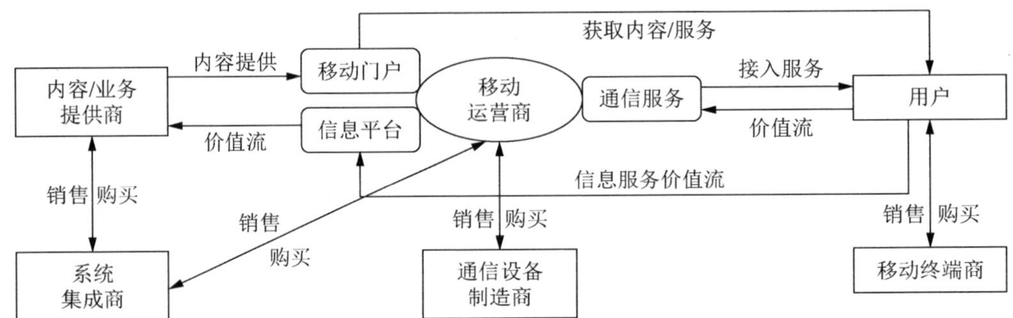

图 3-3　传统移动互联网产业价值链中信息流、价值流的路径

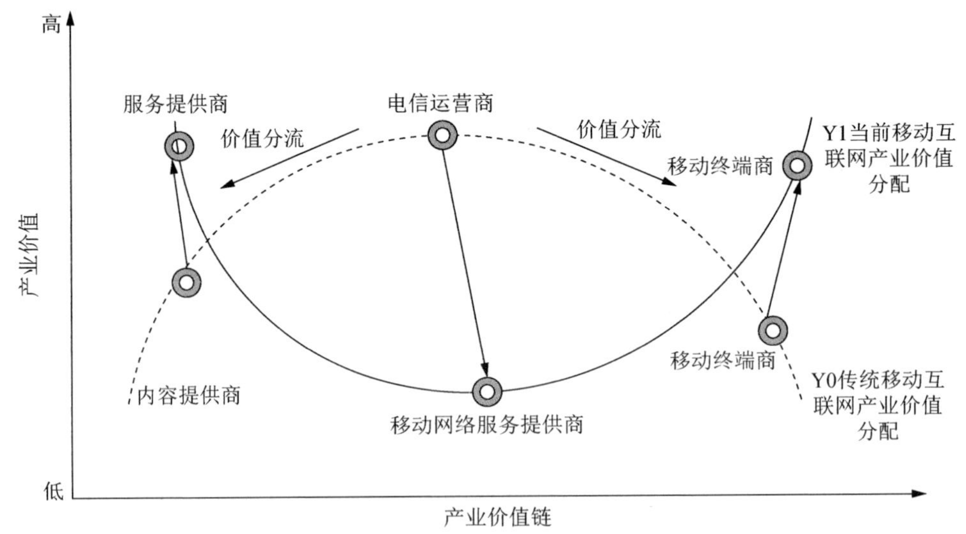

图 3-4　移动互联网产业价值链中参与主体价值分配地位的变化

随着移动互联网商业模式的发展，产业价值链中的资金流、产品流、信息流和能力流从链式向以顾客为核心的网络式转变。目前，移动互联网产业链价值流路径围绕顾客，以顾客为中心，顾客分别向电信运营商、移动终端商和服务提供商购买无线网络接入、移动终端和移动互联网应用产品，彼此之间存在产品流和资金流。由于顾客使用的任何一个移动互联网业务都与终端性能、网络质量、应用产品功能紧密相连，因此电信运营商、移动终端商和服务提供商之间存在着紧密的信息流和能力流交互。可以看出，虽然顾客的独立选择性更强了，但是移动互联网产品体验重要性的上升，使参与主体在产品提供上的合作更为紧密，因此

各参与主体在产品开发和服务提供上的价值分享更多，彼此基于产品的价值流交互更加频繁。

3. 传统移动互联网产业价值模块的整合

通过分析可知，移动互联网企业价值模块整合主要包括定义模块、制定规则、协调模块三个步骤。移动互联网企业进行价值模块整合的步骤及内容见表 3-3。

表 3-3　移动互联网企业进行价值模块整合的步骤及内容

步骤	名称	内容
1	定义模块	通过一定方式将企业模块分解成若干子模块
2	制定规则	制定一定的标准，划分不同子模块之间的界限，以使不同模块之间能具有兼容性，符合企业的长期发展要求
3	协调模块	协调模块是企业整个发展模块的重要落脚点，包括对不同界面之间的关系进行维护与修改，通过这样的方式来保证企业产品的一致性。不同模块具备兼容性之后，便可相互协调、相互包容，实现不同子模块之间资源的合理流动，提高企业产品的市场竞争力

移动互联网企业价值链的模块化从传统价值链中形成战略经营单位，一些纵向集成的业务正逐渐被企业内部化交易所取代，形成具有差异化特征的独立业务结构实体，在模块差异化因素影响之下独立出来的模块为企业价值模块。通过分析企业价值模块的概念和结构[91]，可以认为：移动互联网企业的价值链被重新组合，价值可以更加充分有效地释放出来。价值链的模块化包含价值链的解构、整合、重建三个阶段，见表 3-4。

表 3-4　移动互联网企业价值链模块化过程

阶段	过程	内容
1	价值链的解构	按照一定的界面标准将价值链分解为具有独立的交易主体地位、具备一定价值功能的价值模块的过程，价值链解构的实质就是将构成价值链的各个能力要素进行模块化
2	价值链的整合	按照联系规则（界面标准）将独立的价值模块整合起来形成更加复杂的价值功能系统的过程
3	价值链的重建	随着信息技术的发展，不同企业之间的交易成本持续下降，具有不同竞争优势的企业将单个价值模块进行跨企业的重新排列和组合，形成更有效力的价值链的过程

技术和应用的发展使新一代移动互联网突破了时间和空间的限制，能够实现随时随地接入，并且具有传递速度快、传播主体多、信息来源广、具有互动性等特点。其影响的地域范围、受众群体、表现形式等都超过了传统移动互联网，正逐渐渗透到人们生活、工作的各个方面。目前，电信运营商在产业链中的地位受到更多的威胁和挑战，各个不同的参与主体已经突破了原有的界限，各个行业的界限越来越模糊，这标志着移动互联网产业发展已经进入一个全新的时代，传统传媒企业、金融服务企业、制造企业纷纷进入移动互联网产业（图 3-5）。

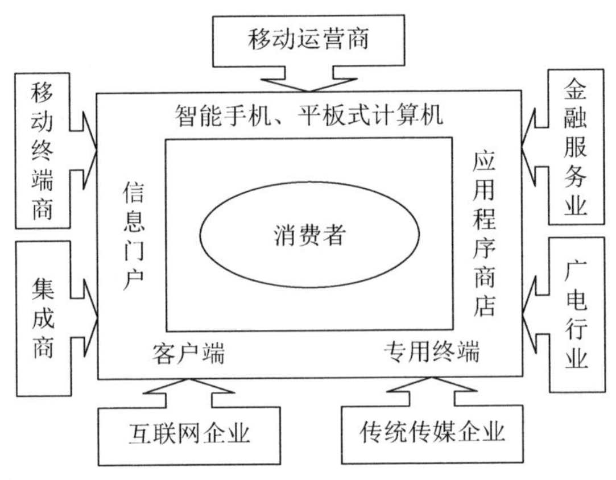

图 3-5　移动互联网产业价值链

移动互联网产业价值链出现了新的特点：一是短期内运营商仍将主导产业价值链，但主导权逐渐被削弱。移动运营商受到越来越多的来自服务提供商和移动终端商的挑战和压力。随着移动互联网业务领域的不断拓展，从长期来看，移动运营商面临沦落为“管道”商的现实危机，但在短期内，移动运营商在移动网络接入上的传统优势仍然存在，其流量收入规模大，对产业价值链仍有较大的主导和推动作用。二是技术发展带来了产品的创新，用户对应用产品的依赖越来越强，因此移动终端商、互联网企业对产业价值链的掌控能力日益加强，作用更加凸显。三是移动互联网能力开放平台与应用服务交易平台的作用在商业模式中的地位越来越重要。能力开放平台是移动网络提供商、互联网企业、移动终端商进行能力共享、信息交流的竞争合作平台。应用服务交易平台是反映消费者需求、实现客户价值和产业主体利益分配的交易平台。

4. *移动互联网产业价值链的重建*

新时期移动互联网产业价值链形成了以移动通信运营商和互联网企业共同主导、多角色推动的发展形态，并不断发展演化。移动通信运营商的主导角色正逐步蜕变为移动接入提供商，是产业价值链的主要参与主体之一；互联网企业正成为移动应用服务提供商，逐渐摆脱了在电信运营商背后的内容/业务提供商角色，已成为产业价值链的重要参与主体之一，并且其对产业价值链的作用越来越明显。此外，由于技术的发展，移动终端不再仅仅是一个通信工具，其性能、功能对移动应用产品的作用越来越大，移动终端与其他主体的价值实现更加密切相关，因此移动终端商也成了移动互联网产业价值链的重要参与主体之一。

随着电信产业、互联网行业的发展，以及各产业的相互融合，电信产业能从ICT 单一产业链结构，逐步向 TIME（telecom, internet, media and entertainment）型这一复杂产业生态系统转变[92]。随着移动互联网应用的不断丰富，以及各种参与主体的加入，移动互联网产业价值链不断进行分裂、演化和重塑。移动互联网产业价值链在演化的过程中，无论各种主体之间如何对产业利益进行竞争或分配，我们认为有两点是移动互联网产业价值链在变化中尤其值得关注的：一是消费者的地位是不断得到加强的，消费者的价值主张也越来越得到重视，消费者的诉求和需要始终是产业链的核心；二是消费者与产业能中各方的关联也是越来越密切的，其信息流、价值流的交互越来越复杂。由于消费者地位的提升，客户价值和客户体验得到重视，产业单一主体对用户的掌控力度逐渐减弱，从而要求产业价值链各参与主体更加重视彼此之间的合作，需要一种新的合作方式来满足未来的变化。这种合作不仅仅是原有的资源、信息的共享，更应该是一种能力的共享，通过能力的共享来实现各主体自身能力的提升，从而使合作创造更大的价值，以应对用户日益提高的消费要求。移动互联网将向以用户为中心、多元化竞合、协同发展的产业价值链形态方向发展。

3.2　移动互联网企业价值网络的重构动因

3.2.1　市场驱动

在移动互联网产业发展历程中，传统产业结构难以满足当今企业发展的要求，在经济全球化的影响下，企业产业结构发生了翻天覆地的变化。过去在移动互联网产业独占鳌头的企业不可能永远在市场竞争之中立于不败之地。随着新兴市场的兴起，新的移动互联网企业运营模式开始出现，新的行业发展巨头崛起。旧市场将逐步被以信息科技为主导的新市场所取代，市场竞争环境日新月异，主要体现在以下几个方面：①随着互联网行业信息技术的进步与产品的差异化出现，新的市场竞争者涌起；②市场外部发展环境的变化促使行业竞争者的竞争能力获得较大提升；③社会经济的发展提高了个人购买力，而购买力的提高使消费者对产品与服务提出更多个性化要求。过去单一的产品与服务已经难以满足市场对产品与服务多样化的需求，产品与服务的赢利空间越来越小，最终面临被市场淘汰的残酷结局[93]。为此，企业战略发展的最大目标就是如何赢得市场和消费者，而不是如何提高产品与服务的感知价值。企业要想实现最终的利益目标，应以原有生产为基础，通过有效途径挖掘降低产品成本投入的方式，进而开发出更能迎合市场、满足消费者需求的产品与服务。在市场外部发展环境日益变化的今天，企业应摒弃陈旧的企业发展观念，通过全新的视角看待市场和企业的发展方式。如何面对日益激烈的市场竞争环境，如何通过科学技术创新来提高企业的生存能力，成了移动互联网行业应认真考虑的问题。移动互联网市场明显表现出客户黏性、族群化、分众化的发展趋势，顾客价值的改变必然引起商业模式和价值网络的改变。

3.2.2 移动互联网技术变革的影响

随着社会改革，以信息科技为主导的互联网技术将在未来获得巨大的发展空间。就现阶段的发展状况看，移动互联网和移动设备、智能设备迅速占领了通信市场，现代化移动设备收集了所有有用数据，简化了互联网运作过程，可实现远程网络控制，以逐渐取代过去的互联网。移动设备操作简便，已经成为电子设备的重要部分。信息科技更新换代速度非常快，Internet、电子商务、3G 等信息科学技术走进了人们的生活，但又逐步淡出人们的视野。产品更新换代速度快是移动互联网的优点，同时也是其缺点。在信息科技行业，企业若不能及时更新技术，生产出的产品或提供服务不能满足市场日益变化的需求，将日益落后于竞争对手，最终被挤出市场，并面临淘汰。为了维护自身的市场利益，企业通常与其他行业的客户、供应商等形成合作关系，有时候为了发展的需要，还与往日的竞争对手等展开合作[94]。

3.2.3 价值使命感的驱使

若将移动互联网企业看作一个水桶，那么该企业的主要任务就是在最短的时间内将桶装满水，即企业的存在使命就是赢得更多利润。以往企业花费很多时间与精力去弥补短板，但是企业发展战略改变后，它们转变思路，将原有的木桶打破，拿出最长的一块板子，吸引行业中其他的合作伙伴甚至是竞争对手与其合作，在新的价值主张下构建价值网络关系，最终形成一个全新的“木桶”。这就是新木桶理论。现今的移动互联网企业的价值使命是实现客户利益最大化的同时，在价值网络中实现企业的利益和价值，即实现客户价值与企业价值的统一。正是由于这样的使命驱使，移动互联网企业才会不断发展自己的核心能力，不断淘汰原有与价值网络不匹配的价值单元，吸引新的移动互联网企业或价值单元加入，这个优胜劣汰的过程就是价值网络的动态化表征，也是价值网络不断解构和重构的原动力。

3.2.4 资本驱动

资本驱动是移动互联网企业价值网络重构的加速器。2014 年 9 月，资本市场给了马云无限的信任，无论是 3 分钟涌入 200 亿美元的认购申请，还是经过纽约证券交易所历史上最长的询价时间——143 分钟后，以高于发行价 363%的高位开盘，都证明了资本市场相信阿里巴巴在未来能够有更好的表现。一些移动互联网公司持续显示的增长，已经超出了投资人的预期，Facebook 就是一个具有代表性的例子；另外一些老牌科技公司，如微软公司和苹果公司，它们未来仍有增长空间。

3.2.5 政策驱动

战略性新兴产业规划为移动互联网企业的发展带来了新的机遇和挑战。在未来产品发展过程中，战略性新兴产业将获得巨大发展优势，成为引领行业发展的主导力量。当今经济的竞争主要是战略性新兴产业的竞争。新兴产业是指随着新技术的突破、新应用的兴起而出现的新兴部门或行业，是一个动态的概念，其范畴会随着技术演进和时间推移而有所调整。全球经济发展历史中无数次的经验表明，新兴产业是新兴科技与金融、工业、商业的深度融合，既代表着科技创新的方向，也代表着未来产业发展的方向，是推动产业结构和经济结构升级的重要力量，是后发展区域抢抓产业机遇，实现赶超发展的战略选择。企业发展战略性新兴产业必须以高新科技为基础，在高新科技带动之下，实现企业经济效益好、科技密集程度高、成本投入低等目标[95]。在经济发展为第一要务的今天，我国更加重视战略性新兴产业的发展与科技创新。

2015 年 9 月，随着国务院《促进大数据发展行动纲要》的出台，发展大数据已上升至国家战略高度。顶层设计出台后，相关细化政策也将陆续落地，助推产业进入高速增长阶段，上下游整个产业链都有望受益。A 股公司中，北京拓尔思信息技术股份有限公司是国内非结构化数据挖掘、应用的龙头，其正全面发力互联网大数据精准营销市场；北京东方国信科技股份有限公司是国内为数不多的数据源、数据分析能力和数据变现出口三者齐备的公司，极具发展潜力。新一代信息产业的政策要点见表 3-5。

表 3-5　新一代信息产业的政策要点

项目	政策要点
措施 1	建构安全的互联网发展环境，推动新兴移动设备的发展并为下一代新兴电子移动设备的市场进入奠定发展基础
措施 2	采取有效措施推动高新产业、高端软件及服务器行业的大发展。在促进高新产业大发展过程中，应将重点放在提高网络服务能力、软件开发实力方面

在战略新兴产业发展战略这一架构下，会不断有移动互联网的新规出台，每一项政策和规定都会影响移动互联网企业的发展和创新，使原有的价值网络发生深刻的变革。

3.3　移动互联网企业价值网络的解构

3.3.1　价值网络解构的阶段划分

本书分析价值网络解构时以著名学者凌晓东的研究成果为基础。凌晓东表达了其对企业价值网络的形成与模型分析的看法，他主张企业价值网络的构建必须包含下述三个部分：价值链的模块化、企业价值模块解构、企业价值模块重构。在企业结构分解过程中，价值模块的分解是基础，将某些价值模块进行分解之后又将其按照一定标准组合起来，最终构造出全新的价值链[96]。企业价值链变化主要包括下述几个部分[97]：

1）企业价值链变化的根本目标是实现企业利益最大化。在市场发展过程中，当消费者成为市场发展的主体时，企业应及时改变战略发展模式，采取一切有效措施创造符合消费者需求的产品与服务，这就是企业价值链的意义所在。所以，企业发展的意义在于满足市场需求、满足消费者需求，并且应在改进产品与服务过程中，通过让消费者尝试的方式获得更大的产品技术创新，见图 3-6（a）。

2）面对残酷的市场竞争关系，不少移动互联网企业逐步转变企业战略发展计划，与曾经存在市场竞争关系的对手展开生产交流与合作。市场竞争白热化越来越明显，企业与企业之间的竞争不断升级，企业要想通过产业差异化方式赢得市场竞争优势，便需通过产业融合、合并入股、虚拟企业、战略联盟等方式结成价值同盟，赢得产品在销售渠道、货物供应、成本控制上的优势，见图 3-6（b）。

3）就现阶段的发展状况来看，不少移动互联网企业为了抢占市场地位而与其他产业进行深度融合。企业与企业之间只有通过强强联合，在更多领域展开交流与合作，形成新兴战略合作关系，才能赢得顾客、市场，提高产品与服务的价值含量，降低生产成本，最终实现网络利益最优化，实现各领域资源最大化目标，见图 3-6（c）。

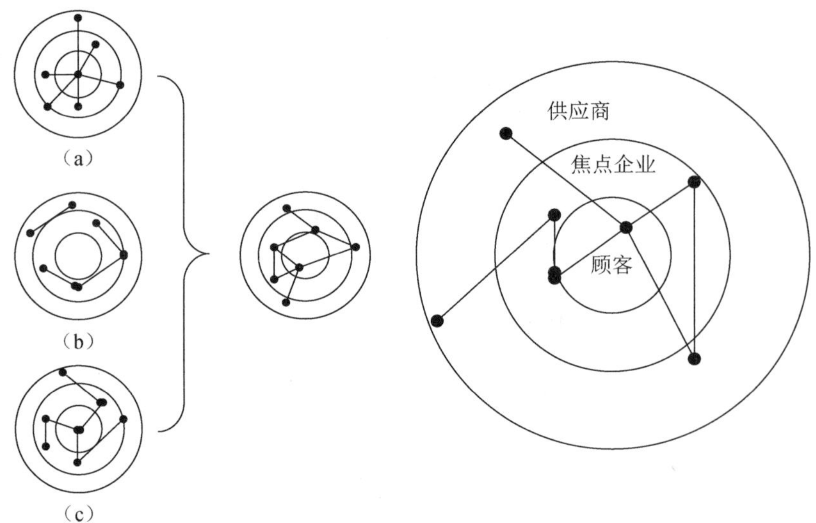

图 3-6　移动互联网企业价值网络化形成过程

注：焦点企业指的就是具有相同生产性质的企业，如生产同样产品或提供同样的服务；供应商主要包括服务供应商、资金供应商、产品供应商等。

通过分析上述企业价值链演变过程，我们可以知道很多企业没有重视网络价值，网络价值的作用被忽视了。在企业战略发展过程中，应突出网络价值的关键性地位，同时应理清信息服务的价值网络。

尽管图 3-6 所示模型清楚地反映了企业价值链中不同个体之间的关系，却没有充分展现不同价值链的作用。对企业而言，每一条价值链都是一个重要结点，一个重要的发展机会。故我们应将著名学者凌晓东的理论研究融入移动互联网结构特征中，解构移动互联网企业价值网络。

3.3.2　模块化价值网络的解构过程

1. 企业模块化与价值网络的形成

移动互联网企业模块化通常包括组织结构模块化、产品模块化、价值模块化三种类型。移动互联网企业模块化类型与过程见表 3-6。

表 3-6　移动互联网企业模块化类型与过程

模块化类型	模块化过程
组织结构模块化	借助一定方式将企业模块进行分解，并将分解的子模块通过一定方式连接起来，实现子模块之间的兼容
产品模块化	从本质上看，企业是一个复杂的模块，将复杂的模块进行切割，再以一定标准连接起来，通过接口便可实现即插即用
价值模块化	通过一定方式将企业的要素独立出来，如产品的设计与开发、产品的制造与运输、产品的市场营销与网络化管理等。价值模块化能加快企业价值目标的实现

在促进生产发展过程中，企业可通过实施产业结构升级与资源优化等方式提高其运营效率，促进利润目标的实现。通过价值链的分解、重构及组建，企业便形成了具有兼容价值的模块，这些模块不仅可重复利用，还可以一定规则为基础，组成新的结构形式。企业包含若干条价值链，不同价值链之间的作用互不相同，企业应将不同价值链按照一定方式连接起来，最终形成对企业发展有利的价值网络[98]。

通过分析企业价值网络形态可以知道，企业价值网络既包括内部价值网络又包括外部价值网络，具体见表 3-7。

表 3-7　移动互联网企业价值网络的基本形态

类型	基本形态
企业外部价值网络	在外部竞争环境之下，企业与企业之间为了各自利益会形成一定的合作关系，这些合作关系会对企业价值网络的形成、发展、稳定、转移等产生影响。当不同的价值链交织到一起时，便会演变成新的价值网络
企业内部价值网络	企业内部价值网络通常以一定能力要素为核心，企业的网络系统由不同性质的价值模块与价值链组合而成

移动互联网企业价值网络正处于不断演化的动态过程中，该价值网络复杂而庞大，包含了企业多个接口与价值结点。

2. 价值网络的构成要素

价值网络内部的模块包括专用模块生产商和通用模块生产商。专用模块和通用模块可以相互转化，共同推进产品的创新[99]，见表 3-8。

表 3-8　移动互联网企业价值网络内部的分类

模块类型	专用模块	通用模块
价值构成	是溢价模块，构成模块化产品中灵活可变的特色溢价	是基价模块，构成模块化产品中标准化的、相对固定的基础价格
价值特色	以满足市场需求为宗旨，具有较强的创造性与新颖性	以验证为基础

随着企业生产分工的细化与稳定化，企业价值网络也发生了变化，价值网络生产系统的参与者主要演变成以下几类：系统规则设计商、专用模块生产商、通用模块生产商、模块系统集成商[100]，见表 3-9。

表 3-9　价值网络生产系统的参与者和具体分工

价值网络参与者	具体分工
系统规则设计商	确定产品的具体信息，如生产规则与设计标准
专用模块生产商	为了体现企业产品的创造性与新颖性，在产品生产设计过程中参照相关生产规则与设计标准进行生产
通用模块生产商	主要任务是生产标准化元器件、零部件等
模块系统集成商	以市场需求为导向，按照一定方式对通用模块与专用模块进行组合，从而生产出与消费者要求相符合的产品

当企业价值网络以购买者为主导时，模块系统集成商和系统规则设计商不同；当企业价值网络以生产者为主导时，模块系统集成商和系统规则设计商相同。

移动互联网企业价值网络的外围网络主要由顾客群、经销商、供应商、互补商、替代商等要素构成。上述要素有水平与垂直两种联系[101]，见表 3-10。

表 3-10　移动互联网企业价值网络的外围网络联系

联系类型	定义	具体表现形式	
水平联系	是指信息科技、知识、思维方式不同因素的水平扩散，上述因素之前主要是替补与竞争关系	竞争关系	不同企业之间的竞争不仅表现在市场占有率的竞争，还表现在其他生产要素上的竞争，如劳动力资源、生产原材料等的竞争
		合作关系	不同企业之间的合作关系主要表现在互补合作、同创市场、共同攻关、共享经销网络等方面
垂直联系	是指供应商和顾客群在产业链上的互动关系	供应商	对产品供应商而言，其不仅需要尽最大努力降低在生产要素上的成本投入，而且需要参与产品设计与生产的各个环节
		生产商	对产品生产商而言，其提高企业创新性与积极性的方法为增加订单量
		产业链末端	生产商与经销商、顾客群之间、生产商与经销商为了赢得市场，获得最大的产品创新优势，须强化彼此之间的合作与交流

企业价值链发展的外部发展环境主要包括科研教育机构、金融保险机构、中介机构及政府机构，见表 3-11。

表 3-11　移动互联网企业价值网络发展的外部环境

机构类型	机构在价值网络中的作用
科研教育机构	该类机构能为企业的信息科技创新带来充足的人力资本。科研教育机构通过对相关专业人才进行集中培训的方式，推动企业价值链的发展
金融保险机构	该类机构主要为企业的发展提供创新基金、风险投资、财产人身保险和其他金融支持，对很多企业而言，在高新技术产业发展的过程中必须对相关发展项目进行风险投资
中介机构	中介机构的主要作用在于规范及协调产品外包市场，通过不同业务流程之间的交流与合作，不仅能降低企业的产品运营风险，还能合理配置企业有限资源
政府机构	政府机构的主要作用是促进企业价值链之间的科技交流与信息知识沟通，为企业发展营造一个稳定的发展环境，促进企业之间的团结与合作

3. 价值网络的系统结构

通过上述系统分析可以知道：企业的模块化价值网络包括系统规则设计商、模块系统集成商、通用模块生产商、专用模块生产商、替代商、互补商、经销商、顾客群、科研教育机构、金融保险机构、物流机构、中介机构、政府机构。企业模块化价值网络主要以信息门户等应用软件支持为基础，通过运用新兴科学技术，实现信息与信息之间的无障碍沟通。

在企业价值网络中，网络成员可借助一定介质来完成网上的虚拟化合同，网络内不同成员之间形成一个具有实体性质的组织，这个组织的作用就是最大限度地挖掘对企业发展有利的信息资源，以此来促进企业的信息科技创新[102]。另外，企业价值网络之内的部分成员有可能成为网络虚拟交易中的核心力量，最终组成一个对网络交易具有较大影响力的核心团队。

在企业价值网络不断完善的过程中，企业产业发展格局、企业发展战略、市场竞争参与者与企业外部竞争环境都出现了翻天覆地的变化，而且变化速度不断加快。随着企业价值链发展速度的加快，企业的线性价值链逐渐被分解成为若干小部分，这些小部分以一定的方式重新组成一个整体。通过分析企业价值网络可以知道：市场、顾客与产品是企业价值链实现的基础。市场、顾客与产品这三个要素又与企业竞争参与者之间形成一个既相互影响又相互制约的网络[103]。随着企业的发展与市场经济发展状况的改变，企业的技术要素与外部竞争要素逐步变迁，企业价值链不同结点之上的参与者的地位、影响力及角色也发生了巨大变化。

从传统意义角度分析，消费者有可能成为企业价值网络中的其他角色，最终丧失其存在价值，只能扮演收入来源者的角色。这样一来，企业的价值网络会以更快的速度进行分解，成本元素有可能演变为成本要素，这个过程就是企业价值网络创造价值的动态方式。因此，企业实现其价值时，并非如传统生产方式那样，只进行简单的产品再生产，而是以另外一种更加复杂的方式实现顾客、企业、竞争者、内容提供商、服务提供商、系统集成商等参与者之间的协作[104]，见图 3-7。

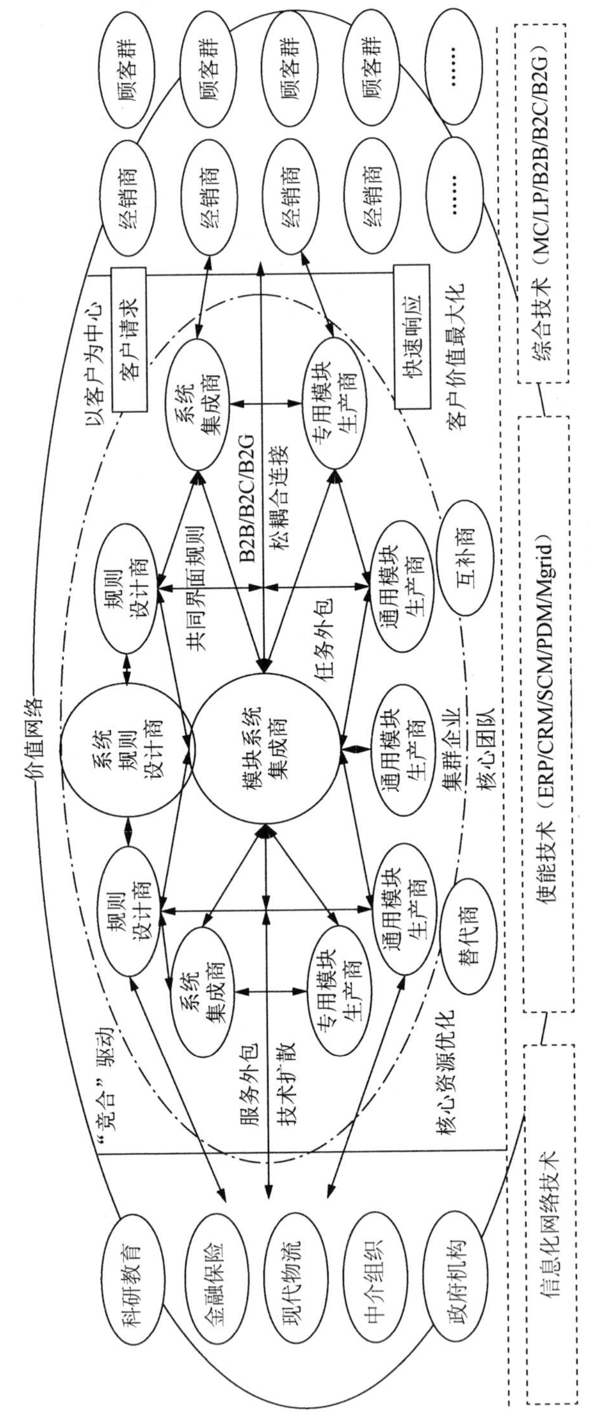

图 3-7　模块化价值网络的解构模型

4. 价值网络中不同角色的利润获取途径

移动互联网企业价值网络中不同参与者利润获取途径见表 3-12。

表 3-12　移动互联网企业价值网络中不同参与者利润获取途径

角色	利润获取途径	利润来源
系统规则设计商	通过选择不同的生产商来实现其降低生产投资成本的目的。该角色还有另外一个作用：促进企业与企业之间的知识共享、资源共享等	通过动态方式实现创新利益的分享
	垄断优势来源于制定规则、标准，掌握话语权，搭建企业发展平台，构筑企业信息网络	以企业网络作为其赢利的基础
	以跨产业整合为基础，制定行业发展规则、行业标准、产品运行规则等	为企业构造更大的赢利空间
模块系统集成商	以企业网络发展平台优势与市场产品垄断优势为基础，以顾客需求最大化思想为指导，通过各种有效渠道整合产品，并通过科技创新方式降低生产成本	主要以模块生产商为渠道赢得利润
	提高自己在市场中的规定制定权与行业话语权	主要以企业价值网络为渠道赢得利润
单个的模块生产企业	以价值融入的方式实现外部资源的有效整合，最终达到降低生产成本的目的	既可以从自身获取利润，又可以从整个价值网络中获取利润
大型专用模块生产商	以提高模块科技水平为基础，赢得核心技术系统集成商地位	从整个价值网络中获取利润
小型专用模块生产商	通过融入大的价值网络，借助外力发展其能力和规模	既可以从自身获取利润，又可以从整个价值网络中获取利润
	通过与外部资源结合，为专用模块创造一个外壳，寻求在原来设计系统之外的新用途，降低专用模块生产商由于关系资产投入而产生的锁定效应	既可以从自身获取利润，又可以从整个价值网络中获取利润
通用模块生产商	将具有垄断优势的价值网络融入生产之中，以此来发挥其专业化的优势，最终实现降低生产成本、提高产品利润的目的	不仅可以通过自身的努力赢得利益，而且可以通过企业价值网络获得利润
生产性服务企业	不同企业之间的交流与合作最终形成了以价值为纽带关系的网络，在企业发展外部因素的作用之下，产品的专业化优势得以充分发挥	企业与企业之间实现了利益共赢

3.3.3　以华为公司为例的价值网络解构

结合华为公司在企业发展中对自身所处的价值网络解构并重构，最终实现国际化成为全球领先的信息与通信解决方案供应商，来佐证系统的解构模型。华为公司经历了三个阶段：①国内的电信设备产业系统集成商（1987～1996 年）；②国际化的电信设备产业系统集成商（1997～2005 年）；③全球化的电信设备产业系统集成商（2006 年至今）。华为公司的主要生产核心为模块研发与市场发展能力的培养，其还利用自身竞争优势形成产业链体系，最终实现对全球的不同模块进行配置。例如，华为公司在全球范围内寻找其产品的模块制造商与加工商，通过产品外包的形式提高产业附加价值，最终实现利润最大化的目的。华为公司的价值网络主要包括价值链、供应链、产业链。华为公司借助其独特的市场竞争优势与价值网络发展优势，快速提高了自身的系统集成能力，并以产业外包的形式提高了产品供应的灵活性。上述几点便是华为公司实现生产国际化与市场国际化的主要原因[105]。为此，我们可以从理论上系统地刻画出价值网络解构模型，见图 3-8。

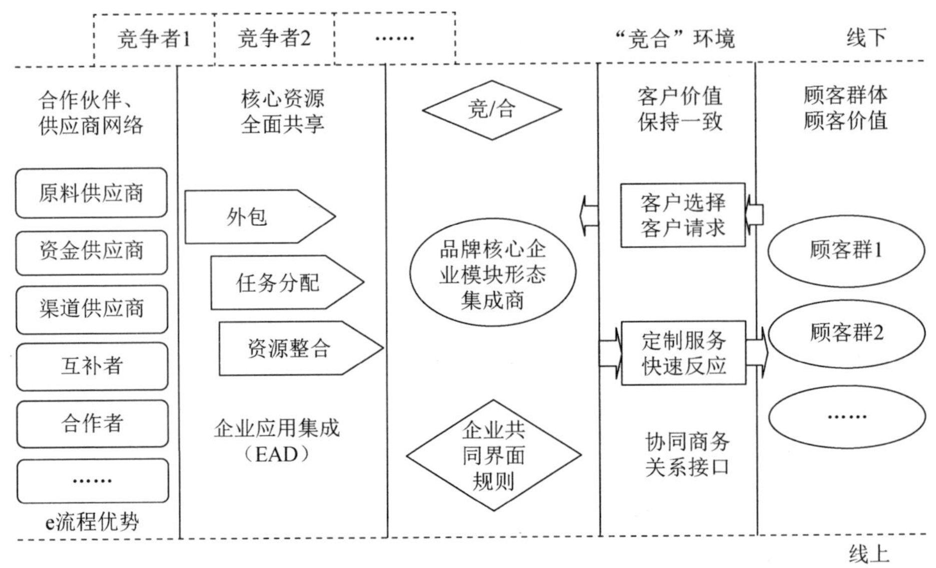

图 3-8　华为公司的价值网络解构模型

资料来源：作者根据 2009 年盛革的观点进行改编。

这个解构模型中以一定流程为基础，将价值网络分成了五个部分，这几个部分主要体现以下特征：①以一定的组织方式为基础，将处于同一价值模块之间的产品供应商与产品合作商连成一个网络，并通过电子形式对之进行管理。上述管理方式的主要优势在于既简化企业管理流程，又降低了企业的整体运营成本，并最大限度发挥了网络的运行管理优势。②通过网络化方式实现资源与信息的共享。在企业信息化管理过程中，应充分发挥不同模块的优势，将自己不擅长的生产模块通过外包形式降低企业的生产经营成本。这样的经营方式不仅能优化企业分工方式，提高企业资源利用率，还能强化企业不同模块之间的竞争与合作，最终实现高效运转的目的。③通过有效方式组合成具有一定市场发展影响力的集成商，以统一生产规则与运营标准为基础，发挥不同模块的竞争优势，最终推动企业生产向前发展。④将消费者的需求作为企业发展的关键。企业在发展过程中应关注产品及行业的市场发展动态，切实了解市场的真正需求。只有迎合市场，满足消费者的个性化需求，企业才能越走越远。⑤随着市场竞争的日益激烈，企业警惕竞争对手、维护企业利益的同时，应与其他竞争对手进行交流与合作，通过这样的方式弥补自身的不足。只有转变市场竞争者关系，强化彼此之间的合作，才能实现企业之间的共赢。若企业与企业之间长期处于激烈的竞争关系中，其内部价值网络势必受到严重影响[106]。

3.4　移动互联网企业价值网络的重构流程

3.4.1　价值网络的核心能力流

移动互联网企业价值网络中的核心能力流见图 3-9。

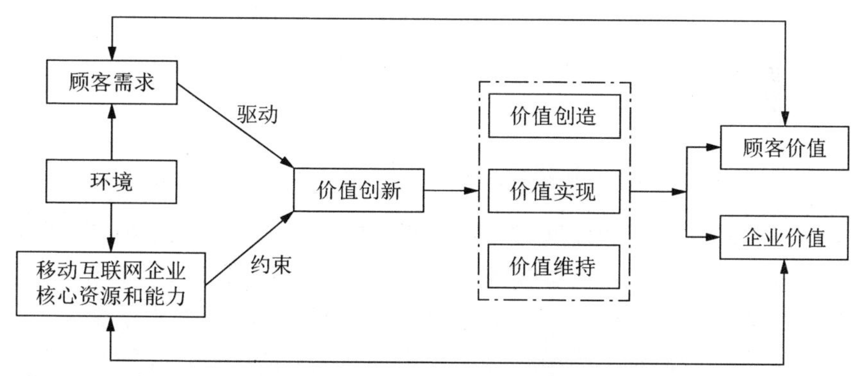

图 3-9　移动互联网企业价值网络中的核心能力流

在传统移动互联网产业链中，价值的产生、传递和分配更多的是以链式进行的。与传统电信产业能一样，产品流逐步从产业能上游到达下游的客户，而资金流从客户逆向流动，从客户到运营商再到终端厂商和网络设备提供商，在网络设备商、终端厂商和网络运营商之间存在非常紧密和丰富的信息流和价值流活动（在三者之间也存在一般性价值链意义上的资金流和产品流过程，不具有移动互联网产业价值链特色，非本书分析重点）。在传统移动互联网产业能中，电信运营商为客户提供网络接入、增值业务，甚至定制化的移动终端，由电信运营商为客户创造价值，满足客户需求，电信运营商从客户那里获得价值实现，并依据终端厂商、网络设备提供商等参与主体的作用，决定对这些参与主体的价值分配。产品流、信息流、资金流基本上是以链式传递的，其特点是一方面电信运营商对价值分配具有决定作用，另一方面电信运营商与其他参与主体基于中间产品的形式，以交易的方式实现价值创造，彼此的能力分享并不显著，互相存在较少的价值流。

3.4.2　价值模块催化和复制

移动互联网企业的价值网络重构过程都是价值链模块化解构与重建的过程，

不同的价值模块都是一个独立的子系统或价值平台，但它们之间又会相互作用和相互影响。当一个平台的发展遇到矛盾和瓶颈时，可以复制另一平台的成功经验解决矛盾，也可以利用其他平台的催化过程突破瓶颈，这样利用催化、复制的过程造成价值网络中价值模块的演化和蜕变，完成原有价值网络从细腻变化到结构性突变的过程，见图 3-10。

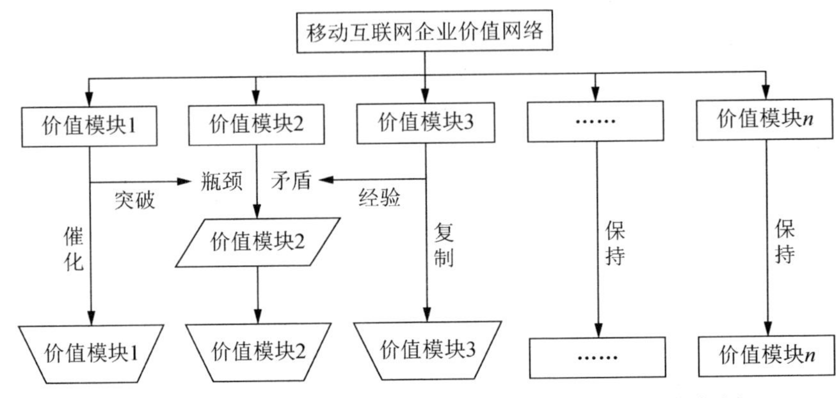

图 3-10 移动互联网企业价值网络中价值模块的催化与复制

随着宽带移动互联网的发展，移动互联网的产品形态和业务模式已经脱离了传统的电信业务形态，具备了更多的互联网特色，并且越来越独立于产业能中的各个主体，产业价值链中资金流、信息流、产品流及能力流发生了变化。由于客户对终端、网络接入、移动应用具有更大的选择权，在产业价值链发生裂变和解构的同时，用户与价值链中各参与主体之间具备更强的、独立的价值流交互。

在目前的宽带移动互联网下，用户可以选择众多的移动终端和应用，并根据具体情况选择网络接入提供商，终端、应用、网络的紧密捆绑被逐步打破。虽然运营商也以套餐、合约计划等形式向用户提供综合解决方案，但用户已经具备独立选择的可能性。终端具有智能操作系统和开放的移动应用，用户可以分别与应用提供商、网络提供商和终端厂商进行资金流、能力流的交互，产业价值链中的价值流发生了根本的变化，各个价值模块为了为顾客提供更好的价值体验相互之间不断地进行资金和能力等方面的学习与交互，从而使价值网络的各个价值模块不断优胜劣汰。

3.4.3 具有自适应特征的新价值网络

价值模块是价值网络最基本的构成单元，价值模块之间相互影响、相互制约，形成具有生态特征的系统。但价值网络和价值系统的区别在于价值网络的组织者位于高利润和高附加价值的环节上，具有提取核心能力并进行资源配置的能力，因此价值网络是既具有自适应系统特征，又与价值系统有区别的价值创造高级虚拟的网络化组织形态。这种新型的价值网络是对传统价值创造逻辑的改变，称为价值创新战略新范式，根据这种新的价值创造逻辑和战略要求，移动互联网企业必须引入新的商业模式[107]，以适应移动互联网企业价值网络和价值创造的变化，见图 3-11。

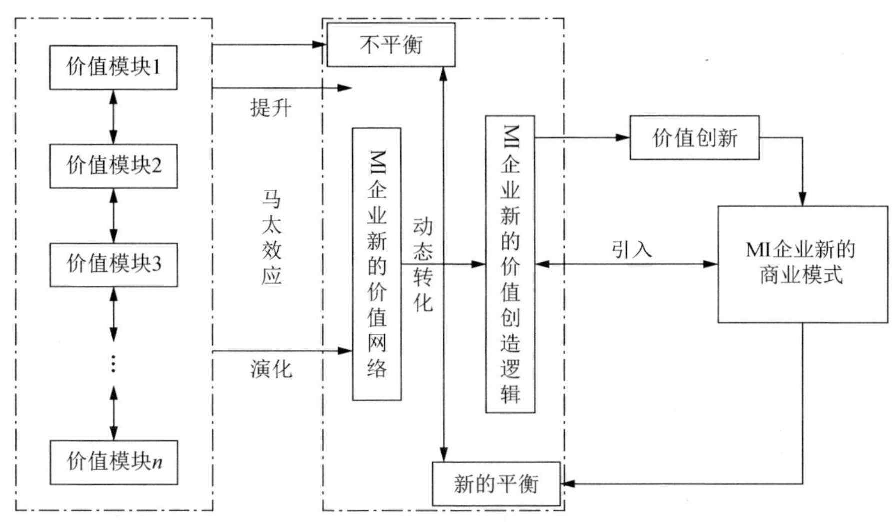

图 3-11　移动互联网企业具有自组织特征的新价值网络的形成

MI—mobile internet，即移动互联网

3.5　移动互联网企业价值网络的重构模型

3.5.1　重构模型的稳定化表达

几何中三角形是最为稳定的架构，若组织能够形成自然的三角形，则在价值分配，甚至议价能力上都将形成相互制约的局面，有利于价值网络的管理。与此同时，模型将引入外部力量，如政府决策、媒体公众等力量影响现代移动互联网企业的发展或壮大，尤其在我国，在诚信缺失的道德现状和政府政策导向作用的客观环境下，移动互联网企业更应该引起重视。价值网络中核心模块有顾客、焦点企业、外部环境、竞争环境，将顾客作为模型的中心，其他三个因素作为三角形的三个角，从而形成以顾客为核心的自然三角形的网络结构。其中，焦点企业、价值模块与技术革新形成一个小三角形；外部环境中的政府、媒体与金融机构形成一个小三角形；竞争环境中的竞争者、潜入者、替代者形成一个小三角形。这样重构出一个既具有灵活性又特别稳定的价值网络，见图 3-12。

图 3-12 所示模型更加凸显顾客的核心地位，这也是现在移动互联网企业竞相争夺的价值源，甚至有的移动互联网企业（尤其是新兴市场的企业）用“烧钱”的方式去争取顾客，占领这个价值源。这是因为只有消费者才能拉动这张价值网络的运转，验证了市场需求拉动供应链，而不是供应链控制需求。该模型强调了

将顾客进行分类，依据分类细分市场，相应地提供定制化服务；在该模型中出现了顾客与核心企业端信息的双向流动，突破之前单向的从顾客到企业的模式，为后续开辟企业与顾客共创价值的商业模式提供了基础和条件。另外，该模型将价值网络扩充到企业的外部环境如政府、媒体与金融，将价值网络的战略定制提升到一个更高的层次，从宏观视角去看待价值网络，紧随政府政策，巧用媒体舆论，保持与金融机构的良好关系，这些都将为价值网络这块蛋糕做到最大提供保障。

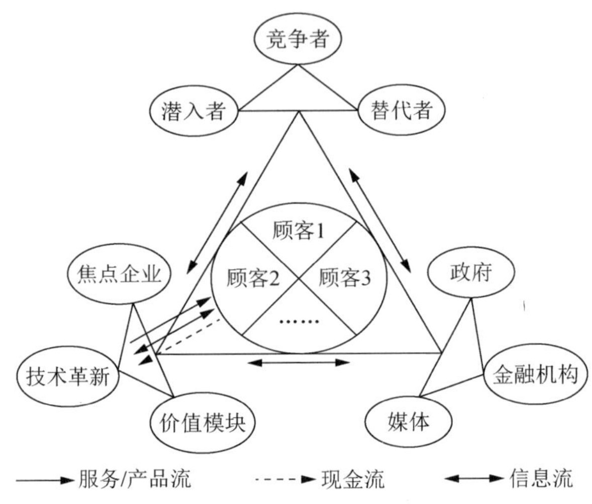

图 3-12　移动互联网企业价值网络重构的稳定化表达

3.5.2　重构模型的结构化表达

价值模块概念是在移动互联网企业价值网络形成过程中提出的。在企业价值网络重构过程中，价值网络中的不同模块以一定方式组合形成业务合作关系，这个业务合作关系就是人们所说的价值网络。无论是哪个价值网络，最终都会存在至少一个模块系统集成商。企业制订战略发展计划时，应充分考虑如何通过有效形式实现企业资源利用率最大化与企业产品竞争力最大化，并且还应充分协调价值网络中不同价值模块之间的关系。

从本质上看，技术构架是绝大多数移动互联网企业价值网络必不可少的部分。从技术层面上分析，技术构架不仅汇集了众多先进的科学技术成果，而且吸收了丰富的企业管理理念。在分析时，应首先分析企业成功的电子商务平台，这个电子商务平台以敏捷生产（just in time，JIT）的原理及组织结构扁平化理念为构建基础，不仅大大降低了企业的生产管理难度，而且大大提高了企业的组织管理效率[108]。

从本质上看，移动互联网企业主要以终端服务的方式向客户提供特定服务，并完成不同类型信息的分类与处理，这个运行过程远远超过了企业的能力。随着市场的发展，不同企业之间的合作现象越来越普遍。在软硬件、平台、应用服务、运营等领域展开合作的对象包括合作芯片厂商、终端制造商、电信运营商、软件开发商、内容提供商。在市场压力之下，企业会将更多精力集中在产业链某一环节的生产上。另外，企业会强化与竞争对手之间的合作关系，通过这样的方式缔结成具有规模化效应与一定组织协调能力的产业联盟。对移动互联网企业而言，其商业模式竞争的核心就是不同产业联盟之间的实力较量[109]，见图 3-13。

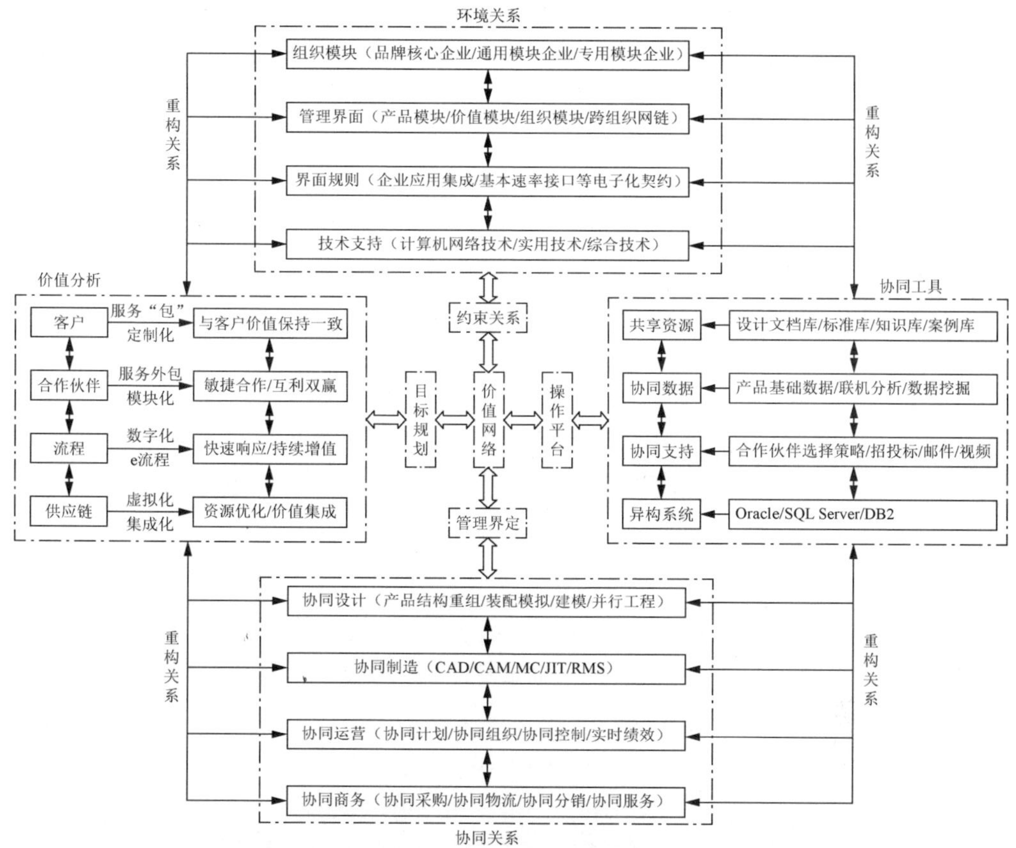

图 3-13　移动互联网价值网络重构模型的结构化表达

通常，产业联盟当中的成员都在以下几个方面中具有一定优势：①强大的资金链；②先进的技术；③品牌或用户优势。随着移动互联网企业的发展，该行业的终端功能越来越多元化，尤其在科技日益进步，产业链越来越复杂的今天。随着市场经济的发展与企业战略发展模式的改变，企业与企业之间的竞争会由于自身利益的驱动而变成企业与企业为了同一个发展目标的合作。因为企业之间竞争的最后结果就是企业内部某个发展环节的缺失使竞争变得更加薄弱。通过上述分析可以知道：从本质上看企业与企业之间的竞争其实是核心生产能力与信息技术能力之间的竞争[110]。企业应强化合作，通过一定方式组成产业联盟，以此来发挥各自的最大竞争优势。

3.5.3 重构模型的效应化表达

移动互联网企业价值网络重构，对顾客进行锁定，从而形成价值网络黏性；具有规模经济效应，边际报酬率递增，从而形成价值网络的外部经济性；具有范围经济效应，形成新垄断范式，改变原有的价值创造模式；具有网络效应，重构后的价值网络有明显的马太效应和价值溢出效应；具有正反馈效应，出现价值倍增和乘数效应，见图 3-14。

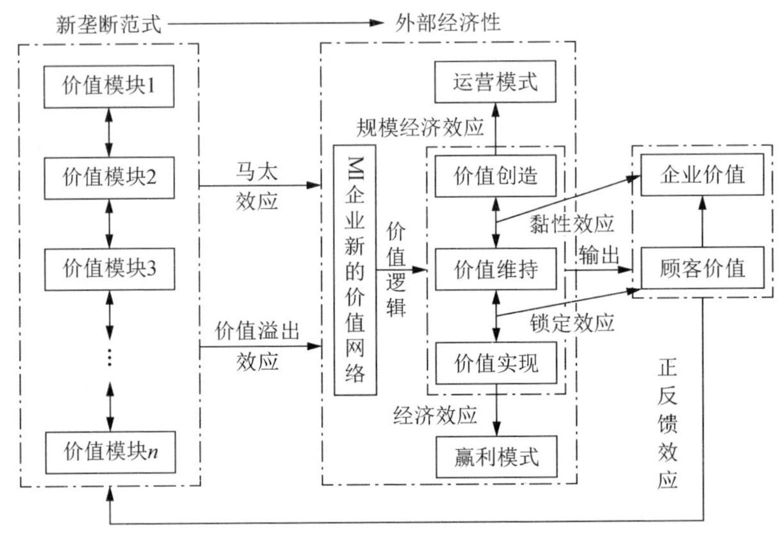

图 3-14　移动互联网企业价值网络重构模型的效应化表达

Hearn 和 Pace 于 2006 年提出价值网络的重构需要注意以下几个转变：①从简单的合作或竞争转向关注复杂的组织间合作行为，价值网络成员只有共同努力才能创造价值，合作是价值创造的重要手段，但合作过程应该在一个更大的网络范围内展开， 并且是一个动态的不断重新分工和重新组合的过程。②从关心顾客转向关心价值的共同创造者，顾客固然是价值创造体系的重要组成部分，但合作者在价值创造过程中的功能和定位日益多元化和丰富化，合作者正逐步成为价值网络中的新的核心体，因而更值得引起重视和关注。③从单一的产品价值思维转向网络价值思维，产品功能并非单一而往往具有外部性效应，对某些参与者无用的产品对其他参与者可能极富价值从而带来额外收入；单一产品并不是实现价值的唯一载体，组合价值让渡往往更能满足顾客需求并带来更大的增值效应，尤其是信息、知识等虚拟性产品组合，在互联网经济中日益展现出其价值性和重要性。④从企业战略思维转向网络战略思维，也就是说，企业在制定个体战略时必须置身于其所处的价值网络或价值生态，将之作为一个整体来考虑，以实现企业个体战略与网络整体战略的有机结合[83]。

本 章 小 结

本章通过分析移动互联网企业价值链理论面临的挑战，提出了移动互联网企业价值网络重构的必要性。在总结移动互联网产业价值链演变的基础上，剖析了移动互联网产业价值链模块化解构和重建的过程；利用复杂系统理论中核心能力流、催化和复制等原理，构建了移动互联网企业价值网络重构的流程；总结性地提出了移动互联网企业价值网络重构的稳定化、结构化和效应化表达模型。

在移动互联网企业价值网络重构中，那些被拆分和整合的价值环节，最终都以企业价值网络互补者与合作者角色和消费者、市场竞争者、产品供应商组成企业价值网络。移动互联网企业以价值网络为渠道，将其生产价值通过终端方式传给消费者，消费者又通过媒介传给不同企业。在价值网络的不同结点，企业均可进行议价，通过这样的方式获得与其付出和能力成正比关系的收获。但是这一议价过程势必导致企业价值流失的结果。

第 4 章　移动互联网企业商业模式分类分析

4.1　移动互联网企业商业模式概述

4.1.1　移动互联网企业商业模式基础

国内关于移动互联网企业商业模式的理论研究始于近年来人们越来越需要通过移动设备来访问互联网信息。在技术创新和市场需求的双重驱动下，移动互联网业务迅猛发展，成为业界关注的焦点。移动互联网产业的发展已经成为运营商、服务提供商、内容提供商、移动互联网企业及相关利益者高度关注的重要领域。

2005 年，陈睿认为，在移动互联网产业能中，运营商、服务提供商及终端制造商是三个至关重要的环节，运营商业务网络的整合与开放、服务提供商如何构建高效的企业级综合增值业务系统，以及移动终端应用的良好可移植性，都是亟待关注和解决的关键技术问题[111]。

2008 年，余晓玲以移动互联网企业的商业模式创新为研究对象，从价值创新的角度研究移动互联网商业模式的影响因素、分析方法及创新途径，总结了移动互联网的五种赢利模式，提出了描述商业模式的十个基本要素，并认为产业价值链在逐渐裂变，新的价值链正在形成[112]。

2009 年，李高广在分析移动互联网产业价值链的基础上，从企业契约退出的角度指出，电信运营商在整个移动互联网产业能中处于核心位置，运营商要把自身角色定位为产业价值链协调者；他运用博弈论分别分析了运营商如何实现与终端提供商、内容提供商的协同，并运用收入共享契约模型研究产业价值链的协调机制；在对赢利模式研究的基础上提出，以传输为核心、以内容为核心和以服务质量为核心的运营商收入来源模式，并运用委托-代理理论构造收入分配模型，研究运营商与合作伙伴的利益分配问题，提出移动互联网收入分配管理原则[113]。

2011 年，徐小雷认为，随着移动通信和互联网两大技术的融合，移动互联网增值服务及其应用必将为信息产业带来巨大商机，在世界范围内已广泛开展了移动互联网应用服务，如手机电视服务、在线游戏服务等，说明了移动互联网市场发展的巨大潜力，国内运营者们应该积极应对移动互联网带来的各种挑战，提高网络质量、按需服务，加强学习并建立广泛合作[114]。

2012 年，鞠鹏认为，在移动互联网时代，电信产业价值链各个环节的竞合关系使运营商积极参与主导权的竞争[115]。2012 年，刘旭峰等阐释了移动互联网用户的价值构成及评价模型，分析了价值分布特点，并提出了运营商移动互联网用户价值获取策略[116]。

4.1.2　移动互联网企业商业模式的构成要素

1. 内在构成要素

Osterwalder 和 Pigneur 提出的商业模式画布是一种描述、可视化、评估和创新商业模式的通用工具。该工具中商业模式包括九个要素，即目标顾客、价值主张、渠道通路、顾客关系、收入来源、关键资源、关键活动、关键伙伴和成本结构[117]。结合原磊商业模式“3-4-8”构成体系[118]和翁君奕提出的商业模式构成要素的相关内容[119]，可以将移动互联网企业商业模式的构成要素及其关系归结为图 4-1 所示内容。

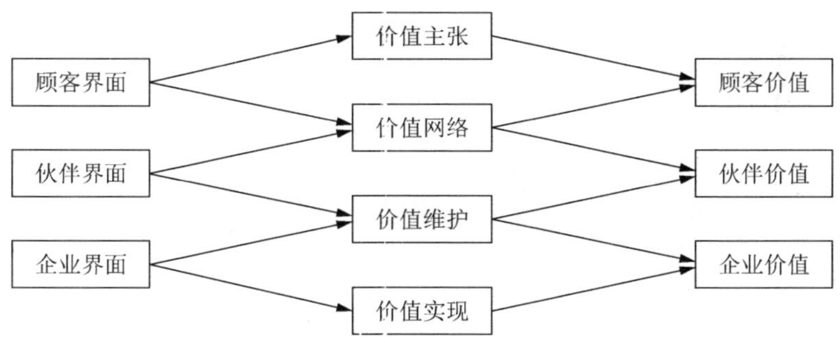

图 4-1　移动互联网企业商业模式的构成要素及其关系

资料来源：作者根据相关资料进行改编。

移动互联网企业商业模式内在构成要素的主要内容见表 4-1。

表 4-1　移动互联网企业商业模式内在构成要素的主要内容

构成要素	主要内容
目标顾客	移动互联网企业产品或服务的主要对象，即企业向哪些市场区域传递价值
价值内容	移动互联网企业将通过何种产品和服务向顾客创造价值，即企业向目标顾客传递何种价值
网络形态	移动互联网企业为实现价值主张所必需的资源组合和能力安排，即企业应构建何种形态的网络，以使价值创造活动更有效率
业务定位	移动互联网企业在价值网络中所从事业务范围，即区分出关键资源和关键活动，由企业自身去完成，其他业务可以外包
收入模式	移动互联网企业获得收入的方式，即企业如何对创造出来的价值进行回收
成本结构	移动互联网企业管理成本的方式，即企业在创造价值的活动中，如何进行成本布局和成本控制
伙伴关系	移动互联网企业对与伙伴之间产品流、收入流和信息流的总体安排，即企业如何处理与伙伴的关系，使企业和伙伴在价值创造活动中实现共赢
隔绝机制	移动互联网企业为价值主张和价值网络免受侵蚀和伤害而做出的机制安排，即如何隔绝破坏者和模仿者，使价值创造活动不被外来因素所破坏

2. 商业模式的外在环境因素

任何一种商业模式都要存在于一定的客观环境和企业情境中，所以在分析商业模式时一定要分析环境因素。环境因素包括内部环境和外部环境，这里要分析的是外部环境。根据移动互联网企业商业模式的特点，作者从外部环境提取了宏观、产业、企业和顾客四个方面的维度，对移动互联网企业的商业模式外部环境进行分类。

企业的顾客环境、产业环境与商业模式密切相关。顾客环境是指企业的已有客户和潜在的目标客户群，其核心是客户价值需求。建立以客户为核心的价值创造体系是移动互联网产业价值链的根本出发点，优越的客户价值是价值创造的目标，因此移动互联网商业模式要注重正确识别和把握客户需求，满足客户的期望，把客户作为整个商业模式活动的起点和核心，起到既满足又拉动客户需求的作用，只有这样才能实现客户价值和企业价值的最大化。产业环境一般包括竞争环境和合作伙伴环境，在传统竞争思维模式下，企业为了短期利润最大化，往往容易以竞争为主导面对自身的产业环境；在合作思维模式下，整个产业中，企业的长期利益是与合作伙伴和竞争对手捆绑在一起的，通过价值网络实现共赢，创造产业价值最大化，从而实现产业商业模式的最优。竞争环境与合作伙伴环境构成企业商业模式的重要依存条件，在商业模式构建中应建设以紧密合作为基础的多方共赢的价值导向。

从目前的文献研究中可以看出，从外部环境因素的视角对商业模式进行分类的研究较少。其实从移动互联网企业的商业模式分类可以看出，只有从外部环境去看整个商业模式，才能看清楚整个商业。一个比较著名的例子就是 Bambury 根据商业的不同，将商业模式分为后天商业模式和先天商业模式，并以此建立起分类思路，构建了四个维度的分类方法[120]。商业模式的外部环境因素见图 4-2。外部环境因素下的商业模式蛛网模型见图 4-3。

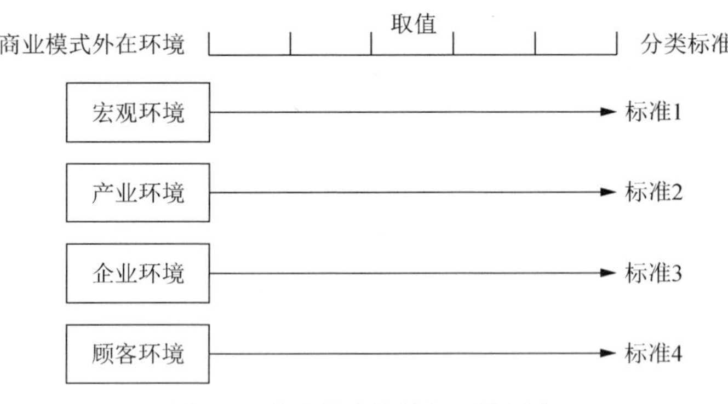

图 4-2　商业模式的外部环境因素

资料来源：作者根据原磊的基本观点进行改编。

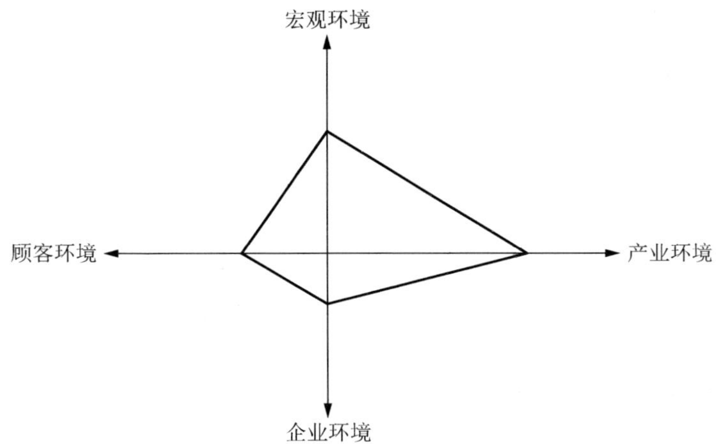

图 4-3　外部环境因素下的商业模式蛛网模型

资料来源：作者根据原磊的基本观点进行改编。

4.1.3　移动互联网企业商业模式的构建方式

移动互联网商业模式是产业价值链中各个运营主体实现价值的平台，商业模式是产业价值链进行价值创造、价值传递和价值实现的载体。商业模式构建就是对产业价值链进行“运作”的具体体现，其中涉及众多参与主体之间的价值关系的构建与维持。移动互联网商业模式中，运营商、服务提供商、终端厂商与用户是四个关键的环节。其中，用户既是商业模式构建的起点，又是形成商业模式价值的来源。价值创造结构有以下三种。

1）价值链。其更多与效率有关，而不是新产品开发；更多与过程有关，而不是最终产品；更多与低成本有关，而不是差异化。价值链与移动互联网企业的整个经营过程密切相关，可以通过创新其生产经营过程中的某个或某些环节，构建移动互联网企业的商业模式。

2）价值商店。为客户提供一种系统解决方案，移动互联网企业必须跟客户保持经常性交流与协调，在这个过程中深度挖掘其真实需求，从而提出针对性的解决方案，这种价值创造的方式称为价值商店。这种价值创造方式明显不同于价值链，与有形产品的生产和销售无关。

3）价值网络。寻找具备交易愿望的互补性个体或群体，提供联系并促使双方达成交易活动的技术，在中介服务活动的范围内充分发挥其作用，这种价值结构称为价值网络。

通过以上三种价值创造结构的分析可以发现，三种类型的价值创造结构其价值来源、相关业务活动等内容都不相同，企业实现赢利所需的合作策略、核心能力、经营策略也肯定有所区别。所以，构建一个成功商业模式的关键是使商业模式的各组成方面与企业自身的价值结构相互适应。可以说，价值创造结构的不同决定了商业模式的不同，价值创造结构是决定商业模式的基础[121]。

4.2　基础层移动互联网企业商业模式

4.2.1　运营商的移动互联网商业模式

在信息通信时代，网络在创造了主体价值、实现利润的同时其经营内容和服务领域出现了较大的扩散，从三大运营商（即中国移动集团公司、中国联合通信有限公司、中国电信集团公司）手中“抢用户、抢流量”已不可避免。从国外虚拟运营商的发展来看，平均用户占有率仅为3%，投资回报的周期较长，实现盈利是相当困难的[122]。不同类型的运营商代表了过去、现在和未来三种发展模式，其对比见表4-2。

表 4-2　三种运营商提供信息服务商业模式的对比

运营商类型	传统运营商	现在运营商	未来运营商
角色	信息传输者	综合信息服务提供商	虚拟运营商
现状	用户从服务提供商处获取信息和进行信息交易	可将自身角色定位成一家可以提供 7×24h 综合信息服务的“超市”	已拿到首批牌照的 11 家虚拟运营商，难以撼动三大运营商的地位
业务	一个强大的销售渠道必须有一个强大的基础网络和很好的服务营销体系	利用语音、文本和多媒体等面向信息的终端，从而提供综合信息的服务和交易	将加速一个用户拥有多个号码的趋势，工作、学习、娱乐等不同的需求将由不同类型的通信服务套餐来解决
潜力	有再造商业模式的能力，也能提供网络服务内容，是一个有能力的运营企业	实质上来说，电信企业其实也是一个大的综合服务提供商，是多专业服务提供商的集成	存在的价值是填补三大运营商的空白，如产品差异化、个性化服务

4.2.2　三星“垂直整合”商业模式

三星公司快速崛起于电子领域，其品牌在全球范围内首屈一指，它的成功得益于纵向产业链的整合与延伸。三星公司对一些下游数字化电子产品，如数字电视、显示器、笔记本式计算机、手机、存储器等进行技术、管理、营销等各个层面的深入剖析，使其在上游开发环节中与一些和数字化紧密相关的核心零部件，如半导体芯片、液晶显示器（liquid crystal display，LCD）等核心技术整合在一起，从而使三星公司从上到下的产业链条，整体上领先于其他行业内企业。这一现象引起了学者们的普遍关注，在进行理论研究和提升时为其冠以“垂直整合”的专业名称。于是，三星公司在商业中拥有一件强而有力的武器——垂直整合，这样就使其在整个市场竞争中获得极大的优势[123]。

这种垂直整合模式的产生，经历了时代的变迁和演化，有其深刻的历史背景和渊源。在现在的整个企业商业模式中，从简单竞争时代向横向多元化时代和垂直整合时代演变[124]。在各个时代中，商业模式都会产生质的变化，见表 4-3。

表 4-3　商业模式的变迁

时代	手段	模式	特性	产业规则	依据	利润来源	观念
简单竞争时代	劳动力	手工作坊式	通过简单的手工劳动生产产品	主张由“看不见的手”自发调节经济运行	生产成本加上合理的利润	延长劳动时间、增加劳动强度	人员规模不断扩张
横向多元化时代	资本	多元化扩张	纵向兼并横向投资	加法法则	行业内利润率趋同	规模优势	“大”成为衡量企业的一个主要标准
垂直整合时代	资源	资源整合能力	剥离非主营业务	“产业链”概念的逐渐兴起	配置好企业上下游资源为我所用	产业链纵向整合	企业经营观念也是极大的转变：由“大”变“强”

从整体意义上讲，商业时代由横向多元化向垂直整合变化，是整个商业模式和企业经营观念的巨大进步。不同时期企业竞争模式对产业规则有很大影响[125]。

三星公司因其垂直整合商业模式的成功，引起业界的普遍关注和效仿，成为商业模式理论研究的范例。三星公司向垂直整合商业模式转变开创了整个行业的先河，树立了行内商业模式转变的典范。

4.2.3　英特尔“核心辐射”商业模式

英特尔公司是不同于 IBM、微软公司、三星公司、戴尔公司等绝大多数个人计算机（personal computer，PC）公司的典型个案。它以其特殊的商业模式——核心辐射，在 PC 行业占据举足轻重的地位。英特尔公司创始人之一 Moore 提出的摩尔定律主导着个人计算机核心技术和核心产品的更新换代和升级速度。英特尔公司的芯片价格策略、产品推广策略、供货策略和广告策略等，对其他零部件生产厂商，乃至整个行业起着决定性作用。

从企业发展的微观层次上理解，核心辐射是一种系统流，英特尔公司也因为这种核心能力，对整个行业的成本、价格及产品创新的方向、趋势和进程进行控制和引领。英特尔公司的成功在于它掌控了 PC 最为核心的技术，站在了技术和市场的制高点，决定了 PC 行业中整体厂商的毛利率和市场份额。由于在整个产业价值链中话语权的日益增强，因此即使技术不断地快速升级，英特尔公司仍然可以赚取巨大的利润[126]。这种核心辐射商业模式，使英特尔公司获取了整个行业绝大部分的高附加价值，并以其中心优势向产业链上游和下游辐射，具有决定整个 PC 产业未来走向的能力。

从行业发展的中观层次上理解，核心辐射是一种状态，这个核心企业有能力提取产业链条上各个角色的核心能力，掌握核心资源，向核心流程进行资源配置和优化。产业链上的其他厂商受制于核心企业的核心流程，在竞争过程中明显处于不利地位，产业链上的核心企业可以最大限度地享有市场剩余价值和垄断租金[127]。未来商业模式的演化趋势必然会从资源的垂直整合与横向联合走向集中发展的模式，而这种集中是基于核心位置和核心流程的集中，掌握核心资源的企业必将从产业链条中分离出来，以其为核心形成中心-辐轮式的价值网络结构。

4.2.4　基础层移动互联网企业商业模式的发展趋势

1. 传统硬件商业模式的变革

通过对典型商业模式的分析和对比，可以准确清晰地把握基础层企业商业模式变革的历程，即从 PC 产业模式到横向多元化模式，再从横向多元化模式到垂直整合模式，最后从垂直整合模式到核心辐射模式，每一种典型模式都代表了 PC 产业发展的一个阶段，这种更迭有着深刻的经济背景和商业环境变化的烙印。

三星公司公开的一些财务数据显示：三星公司的利润来源主要是上游产业链中的核心部件和技术，其核心技术获利的能力高于下游的产品。资本市场的增值本性必然使资本集中于高附加价值的环节和领域，压缩和减少甚至删除其获利能力低、利润薄的环节。因此，会产生马太效应，使强者更强，竞争优势更明显。

透过数据的表面可以发现一个明显的趋势和规律：基础层企业一旦完成核心业务和核心资源的剥离，商业模式必将从垂直整合模式向核心辐射模式转化。按照这种发展趋势可以猜想三星公司在未来会着重发展核心技术，而不是关注下游低端产品的投资，以提高整个企业的利润[57]。

2. 反摩尔定律与运算驱动的现实

硬件的进化是信息产业发展的里程碑。IBM、HP、英特尔等公司都是人类信息革命历史中闪耀的丰碑。摩尔定律是一把双刃剑，一方面它促使硬件的运算能力快速增长，另一方面它也使硬件厂商陷入了“反摩尔定律”这个无法逃离的收入陷阱，这些硬件厂商为了抗拒收入的衰退，不断升级型号和创新技术。

苹果公司的 iPod 开创了一个新时代，各种创新模式层出不穷，功能性硬件与运营型网络服务，以及互联网服务的组合，改变了硬件行业的规则。随着移动互联网时代的到来，硬件复兴的时机已经成熟。网络智能硬件的复兴，如计算芯片可以装入移动和非移动的工具、智能化的操作系统嵌入、网络接入技术的发展、云计算能力不断提升，使智能硬件和移动互联网结合的服务模式将不可逆转地取代传统功能型硬件的生产销售模式[128]。

一个将人们身边所有设备或机器智能化、网络化的浪潮将席卷而来，这些设备和机器都将具有操作系统，成为移动互联网上的结点，并通过云服务实现智能化的操作。计算能力将逐渐渗透于人们生活的方方面面，人们必须正视未来比特将驱动原子的现实。

3. 硬件复兴引发商业模式的变革

网络智能硬件的复兴之所以称为伟大的复兴，是因为它不仅改变了移动互联网产业中硬件厂商的命运，而且将深刻影响和改变其他产业的商业模式，硬件能力和运行场景的不同将改变人们过去所熟知的模式和形态。例如，游戏行业会与玩具行业进行融合，目前大多数的网络游戏还只是在各种屏幕中提供虚拟的体验，而移动互联网游戏将回归实物体验和自然交互，打开一个全新的游戏空间。游戏行业与玩具行业融合的一个典型案例就是 Sphero 玩具球。其内置动力装置、重力平衡系统、多色 LED、蓝牙通信模块和无线充电模块，可以通过手机蓝牙进行控制，并开放应用程序编程接口（application programming interface，API）给游戏开发团队。目前已经有 20 多种游戏上线使用，用户可以用它来打高尔夫球和台球，也可以将它变成宠物，还可以让它成为游戏中僵尸追踪的目标。生产这款硬件的厂商将不仅从玩具机器球的销售中获取收入，而且将来以 Sphero 玩具球为基础的各种游戏的运营也可能成为该生产厂商长期稳定的利润来源[129]。

硬件的复兴将对社会产生深刻影响，促使人们重新思考人机关系问题[109]。硬件将因为网络和智能，从机械或机器转向类生物组织，成为一个复杂网络上相互作用的结点。目前移动互联网行业内有不少移动互联网企业开始硬件的研发和生产，如谷歌眼镜、盛大手表等，生产硬件逐渐成为浪潮[130]。

4.3　应用层移动互联网企业商业模式

在当前的应用层的移动互联网企业服务中，主要的应用形式是基于移动互联网的技术服务、技术咨询、网络开发、网络软件、系统集成等。各个公司对于移动互联网的商业模式划分是不同的。2000 年，麦肯锡公司将软件产品划分为大众市场软件、企业解决方案和软件专业服务三个领域[131]。2002 年，Sallinen 将软件产品划分为四个部分：专业软件服务、企业解决方案、大众市场软件组和嵌入式软件。虽然这些应用层的服务在当时的情况下可划分为不同的模式，但是随着市场需求的变化和移动互联网的迅速发展，整个行业也在不断更新变化中，对于经济利益的追求使这些企业运营模式出现各种变化形式。目前，应用层的服务分类中没有包括电子商务和信息内容服务，但是在此行业中最新、最成功的应用形式就是大数据服务、云计算等。

4.3.1　通用软件商业模式

目前比较成熟、成功的代表企业如微软公司、Oracle 和 IBM，均应用通用软件商业模式，此商业模式的构成要素分析见表 4-4。

表 4-4　通用软件商业模式的构成要素分析

项目	内容
软件种类	多媒体应用软件、信息安全软件、企业管理软件、网页制作软件、地理信息软件和游戏软件
涵盖领域	办公、管理、工具、教学、科研、商业和军事等领域
付费方式	这些软件都是一次性付费就可以永久使用，而且不再需要来自软件公司的其他相关服务
与客户关系	软件企业与客户之间的合作程度较低
产品特点	标准化程度较高
交付方式	在软件的使用上，作为客户只需购买软件公司的对应版本软件系统，取得一个复制版本和授权许可证之后激活软件就可以获得该软件的永久使用权和全部功能
收入来源	获得利润的来源之一是销售软件，一旦软件能够站稳市场就可以通过销售软件得到利润
成本费用	可变成本为零
核心能力	研发和创新能力
发展趋势	软件即服务（soft as a service，SaaS）模式，即软件与互联网服务相结合的模式
适用模式	与之前只需一次性销售软件给用户的模式不同的是，SaaS 模式用户在初次使用软件时只需很低的成本，这是最合理的租赁软件产品的模式

4.3.2　应用系统集成商业模式

应用系统集成商业模式是为用户提供一个全面系统解决方案的模式，即以用户需求为导向，从具体业务和应用层面为用户定制化地设计并实现技术和运作层面的整体方案[132]。该模式的具体内容和特点见表 4-5。

表 4-5　应用系统集成商业模式的具体内容和特点

项目	内容
系统集成的目的	利用信息上的技术为客户降低成本，从而提高企业效益
系统集成的形式	由产品和技术为核心的推销转变为以网络为基础的解决方案和服务
系统集成的理念	以客户为中心，以应用为主导
系统集成的商业模式	针对用户需求来做商业，将软件价值网络中的成员组织在一起，成员之间互相进行合作交流，以此为客户提供更加人性化和全面的服务
系统集成商业模式的客户群	对信息传输性能要求较高及较为依赖计算机软硬件的行业和企业
系统集成商业模式的能力条件	对于客户来说必须有强大的专业知识、专业技能和较为丰富的集成经验
系统集成商业模式的技术条件	对原有的产品技术有所了解，并能掌握自主开发的软件
系统集成商业模式的管理条件	对项目售前、售中和交付过程进行统一的规划和控制
系统集成商业模式的服务条件	为用户提供技术支持和培训服务，以及在项目进行时软件企业应与用户公司密切协作

4.3.3 嵌入式软件商业模式

对于我国这个制造业大国来说，嵌入式软件商业模式在我国市场需求巨大，发展空间广阔。与基于 PC 的软件相比，嵌入式软件对于资源的使用相对有限，需要程序员对内存的分配和中央处理器（central processing unit，CPU）的使用率等进行比较合理的规划[133]。所以，嵌入式软件商业模式对编程人员的要求比较高。编程人员不仅需要深入了解硬件的支持环境，而且应对处理器、内存、总线、集成电路等各个部件有一定的了解。除此之外，在了解嵌入式软件的所有主要功能的同时，编程人员还应该在程序的处理上有极高的稳定性。嵌入式软件商业模式的主要特点见表 4-6。

表 4-6　嵌入式软件商业模式的主要特点

项目	内容
应用领域	物联网、汽车电子、机床电子、医疗电子、国防电子、消费电子等众多智能化、数字化产品
功能条件	主要是对其他的硬件设备进行控制、监视和管理，这样就可以在数字化的管理和智能处理上更好地实现硬件设备能力
必要条件	对于嵌入式软件来说，只有与硬件一起才能较好地提供价值体系
运作条件	生产硬件设备的公司通常会自主开发嵌入式系统，而软件企业只能在一定的应用范围内为与嵌入式系统相关的中下游产业开发针对硬件设备的具有不同功能的应用软件
人员条件	既了解硬件知识又懂得编程技术的开发人员团队
基础条件	规范的开发流程和程序设计方法，对于程序的稳定性和简洁性很有帮助，这样就可以避免一些硬件质量上的隐患

4.3.4 企业解决方案商业模式

企业为确定商业模式提出的产品和服务转变就是企业的解决方案。这种解决方案是企业整合自己的管理理念、业务流程、基础数据、人力和物力，再以软件模式表现出来的企业管理系统[134]。对于企业解决方案的软件形式首先要找到一些好的合作公司（即咨询公司），这些公司必须专业技术能力扎实、行业解决问题经验丰富和有项目管理的实际经验，让这些公司对企业管理的现状进行评估并提供一些参考的咨询服务，最后企业结合咨询公司的分析设计出成功的企业解决方案。软件的开发则是那些有许多成熟产品和开发经验丰富的应用层企业利用自己的集成平台自己研发，或将软件供应商提供的组件和模块进行整合，形成一个新的软件以满足客户的需求[135]。软件的售后服务由当地的一些小的软件服务公司负责，它们对客户购买的软件进行安装，解决软件在运行时出现的一些问题，这样软件才能更好地为客户服务。企业解决方案商业模式的主要特点见表 4-7。

表 4-7　企业解决方案商业模式的主要特点

项目	内容
目标客户群	具有一定信息需求的企业,涵盖了从大型跨国公司到只有几十人的小型工厂的所有企业
应用价值	在于其所提供的决策支持能力
作用	从高层面讲，对于整个公司的战略有一些决策上的辅助；从低层面讲，能够在一些公司的辅助部门很好地进行运行和作业
理念	体现精益生产、敏捷制造等先进管理思想
核心环节	软件的供应
对象	软件企业的核心活动
软件产品的开发	对于在公共资产库提供的组件，根据定义变化机制进行合理裁剪、整合，然后组装这些组件
软件产品的交付	分为售前咨询、软件开发和售后服务三个阶段
市场类型	一般分为行业高端市场与中小企业市场
销售渠道	在高端市场销售时，这些地域中的客户比较集中，数量不是很多，此时可以利用直销直接了解客户的需求；对于一些市场比较分散的中下游客户，直销会使成本费用增加，此时可与当地销售企业合作，以分销的方式去占领整个中小企业市场

4.3.5　软件与信息服务外包商业模式

软件与信息服务外包商业模式是一种原始设备代工的生产模式，这种模式不仅以原始设备作为生产的机器，而且为软件的外包模式提供了程序代码。在这种模式中企业依附于信息技术，结合企业的资源优先发展核心力量，软件外包的服务商的知识技术就能使用信息技术来对企业进行整合，以降低成本费用，使企业在市场中应变自如，拥有核心的竞争力量[136]。该模式的主要内容见表 4-8。

表 4-8　软件与信息服务外包商业模式的主要内容

项目	内容
软件服务外包供应商	对于发包软件企业提供的一些组件和模块，根据定义过的接口和功能需求，发包软件企业可以更好地提供高质量的源程序
收入来源	收入主要通过为发包软件企业提供的模块和组件提供服务得到
价值网络位置	在整个软件价值网络中所创造的价值较低，且面临着严重的市场竞争
收入源拓展	将客户软件企业中的一些附加价值业务如业务咨询、需求分析和系统设计工作等作为自己的服务外包，转移软件价值，利用高端部分得到较高利润
影响定价的因素	技术难度和供货方的数量
市场切入点	以低成本获得海外客户的外包订单
产品交付	Off-site，发包方负责项目管理；On-site，接包方负责项目管理
长期竞争优势的来源	客户群体选择、客户关系管理

续表

项目	内容
选择外包目的地	在这个方面必须考虑的因素有人力资源、对市场的需求和嗅觉、对成本的控制、政府的支持、信息的基础设施建设及文化和法律上的因素等
选择外包服务商的主要影响因素	风险的考虑、技术水平上的难度、服务质量的高低、合作期限的长短、有无相关证件及品牌知名度等
主要商业模式类型	对于流动性比较大的项目需要按照工时进行计算，在定价方面需要找到一些比较稳定和清晰的项目，还应该有自己的开发中心和技术团队使一些长期合作的客户能够有安全感，建立一些自己的中心客户，就可以降低客户的风险投资，也能更加有效地获得利润

4.3.6　应用服务提供商商业模式

ASP（application service provider）就是应用服务提供商，主要向客户提供配置和租赁、管理的一些解决方案。客户租赁这些解决方案后，即可利用互联网或专用网管理自己的企业。ASP 主要提供一些技术、服务器和数据库托管等服务。一些软件服务提供商完成了整个软件的设计、开发、测试，以及安装、维护等工作[137]。此时 ASP 就可以整合软硬件和网络技术，通过比较分析即可比较好地提供商业的服务方案。这就是互联网服务提供商、外包服务和软件应用等融合的结果。这种商业模式的具体内容见表 4-9。

表 4-9　ASP 商业模式的具体内容

项目	内容
应用服务托管供应商	通过互联网为中小企业提供这种服务，并收取月租或年租费用
市场类型	ASP 主要分为高端和低端两个企业市场
低端 ASP	为中小企业提供一些相对比较简单的应用模板
高端 ASP	主要为一些大型企业提供重大问题决策
传统软件的实施、应用和服务模式变革	由购买转向租赁
产品和服务内容	从基本的电子邮件服务和信息服务到复杂的、全面的管理咨询服务和企业资源计划（enterprise resource planning，ERP）管理应用系统等应用软件服务
收入来源	利用该商业模式可以整合整个软件行业价值链中的资源，前期非常不稳定的软件投资的月租利润是看得见的，利润比较稳定、长期
价值网络集成者	服务提供商支配着该模式的运行
核心资源和能力	具备一定的软件开发能力完成服务供应平台的构建和运营
平台条件	在应用层上，服务供应和集成平台相互交换配合，就可以进行完美的集成；在表示层上，服务供应要为用户提供浏览器/服务器（browser/server，B/S）模式的服务。B/S 模式的服务既是软件的集成平台也是服务平台
商业模式理念	对于服务模式，必须在服务平台上使技术提供者、服务供应商、独立软件开发商相互配合，最后集成到一个比较单一灵活的环境中，以更好地提供优质服务
战略目的	软件的销售不是软件企业的目的，销售只是提供软件的服务增值和方案的辅助方式，这样就实现了软件企业的重心转移

4.4 终端层移动互联网企业商业模式

在进行移动互联网企业商业模式的研究时，要选择一些比较合理和合适的样本来分析。本节主要用聚类分层分析法进行分析。

4.4.1 样本的选择

对于样本的选择有以下要求：①海外上市的企业；②移动互联网方面的企业；③本土企业。根据上述三个要求，本节从中国 B2B 研究中心发布的《2009 中国海外上市互联网 IT 企业家族财富榜》榜单中选择了 13 家样本企业，此外还选择了新浪、分众传媒这两家企业。考虑早期中国资本市场的不完善性，样本中的移动互联网企业选择的是海外上市公司[138]。这些上市公司的数据来自和讯网的年报数据，其中样本资料和数据不完整的，其资料补充渠道来源于新浪、网易等财经频道。由此得到了研究样本，其基本信息见表 4-10。

表 4-10　样本企业的基本信息

公司	上市时间	上市地点	第一大营业收入
网易	2000 年	纳斯达克	游戏
盛大网络	2004 年	纳斯达克	游戏
百度	2005 年	纳斯达克	广告
搜狐	2000 年	纳斯达克	广告
完美时空（现完美世界）	2007 年	纳斯达克	游戏
空中网	2004 年	纳斯达克	增值服务
前程无忧	2004 年	纳斯达克	广告
第九城市	2004 年	纳斯达克	游戏
携程网	2003 年	纳斯达克	酒店预订
e 龙	2004 年	纳斯达克	酒店预订
新浪	2000 年	纳斯达克	广告
分众传媒	2005 年	纳斯达克	广告
巨人网络	2007 年	纽约证券交易所	游戏
腾讯控股	2004 年	中国香港	增值服务
金山软件	2007 年	中国香港	游戏

4.4.2 变量的设计

在数据的采集过程中，应具体事件具体分析，在选择的 15 家样本企业中，部分企业上市的地点是不同的，各个地方的会计准则不同会造成一些数据上的分析不同从而出现偏差。因此，应该具体问题具体分析，根据本企业的实际情况来分析，着重考虑公司上市的时间、公司的品牌业务所占比例、网络上的效应和对于消费者的锁定来对企业进行商业聚类分层。

4.4.3 变量的说明

上市的时间：由表 4-10 可知，选择的样本公司的上市时间有先有后，这样在分析时就会产生偏差。因此，在分析时运用 Barbara 等人的研究方法[139]，对这些公司的上市时间进行变量转换，按照等级归一划分。上市时间少于五年的赋值为 1，上市时间在五年以上和十年以下的赋值为 2，上市时间超过十年的赋值为 3。

品牌业务的比例：本节将选择的样本中的品牌业务默认为营业中的主要收入来源，此时品牌的业务比例就相当的重要。从选择的企业品牌业务信息中可以看出，移动互联网界中主要收入来源有广告、游戏、增值服务与酒店预订，游戏、增值服务及酒店预订等都针对一些个体的消费者，这些都是小比例的收入，而广告则是面向一些机构、企业和群体消费者，属于大比例的消费收入[140]。

网络的效应：网络的快速发展增加了网络的效应作用，现在使用最多的网络效应的思想方法就是 Evans 的交叉网络外部性[141]。在这个不同的交叉网络中首先定义外部性系数α，然后广告收入部分、增值服务部分和酒店预订业务部分都是交叉网络的外部性，由于关注程度高，因此α=2，而对于游戏服务业务α=1。

消费者的锁定：在经济学中，消费者在对某个品牌的预期成本高于它的利益时，就会自动锁定。在网络中，有很多研究支持这种消费者的锁定现象。本节运用 Klemperer[142]的思想，从经济的角度看，将成本分为三个维度，即转换成本、沉没成本和学习成本，并进行维度赋值，有赋值 1，没有赋值 0。

4.4.4 实证的分析

将上面的四个变量作为指标体系，运用 SPSS 19.0 数据分析软件作为数据分析工具进行样本聚类分析。本节利用聚类分层分析法进行分析，然后通过 K 均值聚类法进行稳定性检验。

1. 聚类分层分析法

对于选择的 15 家样本企业，运用 SPSS 19.0 软件的聚类分层分析法进行聚类分析，得出了图 4-4 所示的聚类分析谱系图。由此可得出结论，新浪、搜狐、网易、携程网、e 龙属于分析中的第一类企业；盛大网络、完美时空、巨人网络、金山软件、腾讯控股、第九城市与空中网属于分析中的第二类企业；百度、前程无忧、分众传媒属于分析中的第三类企业。

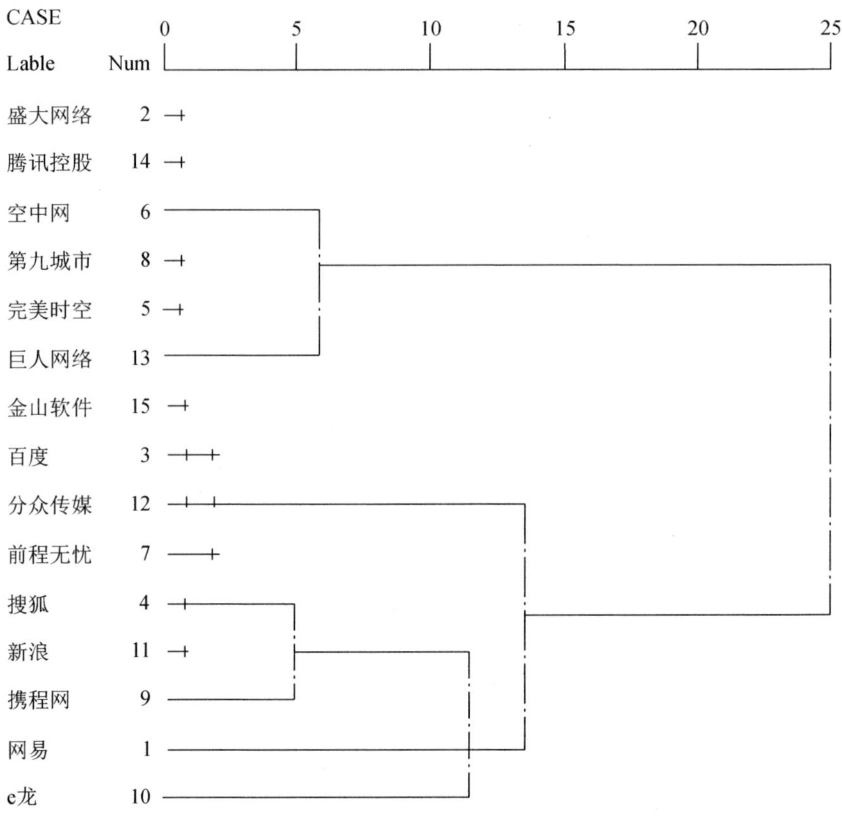

图 4-4　样本企业类平均法聚类分析谱系图

2. K 均值聚类法

K 均值聚类法的思想：首先假定一个聚类中心，然后让样本向聚类中心进行聚类，并根据最近的距离不断地进行修改、迭代直到合理为止。K 均值聚类法的数据处理速度非常快，且计算量很小，所以对于很大样本的聚类分析是很有利的[143]。K 均值聚类法的分析结果见表 4-11 和表 4-12。

表 4-11　K 均值聚类法最终聚类中心

指标	聚类		
上市时间	1	2	3
网络效应	0.23	0.19	0.23
散户收入	0.424	0.877	0.00
机构性客户收入	0.312	0.00	0.814
消费者锁定	1	3	2

表 4-12　每个聚类中的案例数

聚类	1	5.000
	2	7.000
	3	3.000
有效		15.000
缺失		0.000

根据 K 均值聚类法可以得到一个新的分类结果：第一类企业是新浪、网易、搜狐、携程网、e 龙五家企业；第二类企业是盛大网络、完美时空、巨人网络、金山软件、腾讯控股、第九城市与空中网；第三类企业是百度、前程无忧、分众传媒。

3. 分类结果

由两种数据的分类方法得到最终的结果可知，网易、新浪、搜狐、携程网、e 龙属于第一类企业；盛大网络、完美时空、巨人网络、金山软件、腾讯控股、第九城市与空中网属于第二类企业；百度、前程无忧、分众传媒属于第三类企业。

4.4.5 结论与启示

根据聚类分层分析法和 K 均值聚类法的分析结果，移动互联网企业的商业模式可以分为集成垄断性模式、广告竞争性模式和游戏竞争性模式，具体分析见表 4-13。

表 4-13　聚类分析结果一览表

商业模式类别	集成垄断性模式	广告竞争性模式	游戏竞争性模式
主要包括的企业	百度、前程无忧、分众传媒	新浪、搜狐、网易、携程网与 e 龙几个门户网站	盛大网络、完美时空、巨人网络、金山软件等以游戏起家的企业
收入来源	作为一个领域中的领航者，利用自己的优势为消费者提供比较好的服务，利用消费者锁定效应垄断市场，占据市场的主要地位	以广告收入作为主要利润，随着自己规模的快速扩展，就会增值，从而增加了主要收入	游戏模式是免费的，但是游戏中的道具和游戏币是收费的，还有一些其他的增值服务
具体优势分析	在中文搜索中百度是领航者，在市场中有着坚实的地位，与人们的日常生活息息相关；在网络招聘中前程无忧深受一些求职者的喜爱；中国的移动广告服务龙头是分众传媒	旅游业中的两大门户网站是携程网与 e 龙，其收入的主要来源是酒店预订，考虑消费者的口碑营销效益，在商业模式的改变上其还与广告营销息息相关，主要依靠用户的使用和口碑相传提高收入。谙熟此道的还有网易游戏，网易也是与新浪、搜狐等齐名的门户网站	在此商业模式中比较成功的是盛大网络。巨人网络采取免费网络模式，通过出售游戏道具和游戏币来获利

通过以上聚类分析，结合目前的市场实际可以发现，由于移动互联网行业的快速发展，我国理论界越来越重视商业模式的研究，特别是企业家们不断地进行社会实践，取得了一些成功经验，但还需要进一步的研究。商业模式的研究取得了一些很有意义的研究结论：①构建有自己优势地位的网络平台；②顾客的网络黏性比构建平台更重要；③保持创新是商业模式的灵魂[144]。

本章小结

在对移动互联网企业的分析中，首先从内在构成要素（价值创造、价值实现和价值维持）、外在环境因素（宏观环境、产业环境、企业环境和顾客环境）及形成方式（价值链、价值商店、价值网络）三个角度出发构建了移动互联网商业模式。

其次在对移动互联网产业及其商业模式进行研究的基础上，将移动互联网企业商业模式分为三类：基础层移动互联网企业商业模式、应用层移动互联网企业商业模式和终端层移动互联网企业商业模式。

对于基础层移动互联网企业商业模式，运用一系列的典型案例进行分析演绎，总结概括出几种商业模式：垂直整合与核心辐射等商业模式。对于应用层移动互联网企业商业模式，分别提出六种商业模式；对于终端层移动互联网企业商业模式，利用案例和统计相结合的方法进行研究，得出集成垄断性模式、广告竞争性模式和游戏竞争性模式三种不同的商业模式。

第 5 章　移动互联网企业商业模式创新的内在价值机理

5.1　移动互联网企业由价值零散到价值网络

5.1.1　移动互联网产业链的价值分析

在信息经济下，移动互联网产业能有其特定的内涵，其提供给最终用户的是一种信息产品或服务体验，而不是具体实物产品。在产业价值链的分析中，往往把价值流进行抽象，在本书对移动互联网产业链的价值分析中，把价值的创造、增值、实现和维持具体到更为客观的企业运营模式、赢利模式和管控模式。在传统的产业价值链中，由于各主体分别以生产中间产品的形式完成各环节的交易，各主体自身具备的技术能力、市场能力和组织能力更多地被各主体单独占有，其在产业价值链中流动性差，对产业价值链的影响低，主要是以战略资源、核心能力、内部知识为企业自身提供竞争优势，实现企业自身的价值[145]。

移动互联网产业为客户提供的是一种服务性产品，它与制造等行业提供的实体产品具有本质的差别，用户享受的产品服务是产业能中各主体价值的集中体现，服务性产品的最终形态不再是通过不同中间产品的再加工过程，而是各主体提供产品服务的集成。用户在使用产品过程中直接与各主体提供的价值密切相关，各主体的技术能力、市场能力和组织能力在产业价值链中的合作、分享形态更多，这些价值在产业链中的流动性和增值性更强。因此，价值分析对移动互联网产业价值链具有更为重要的意义。

5.1.2　移动互联网企业零散型的价值结构

作者在分析了移动互联网企业的早期细分市场后，发现移动互联网企业的细分市场与其他新型市场存在共性，即都呈现零散型的竞争格局，而导致这一格局的因素有如下几个方面：①技术的可复制性；②顾客分布的散漫性；③其他制约移动互联网企业规模经济形成的因素。此外，作者还发现一旦移动互联网企业被冠以“高收益”，市场上很多风险偏好型投资者就会趋向于选择该企业来进行投资，他们认为投资该企业能够获得丰厚的收益，因此，此类投资者会穿过重重壁垒，最终到达这一竞争市场，而这也是移动互联网企业之所以分布零散的原因所在。其中，不少零散的移动互联网企业往往忙于自己的业务，无暇考虑同行的竞争对手，甚至与其他对手没有任何的交集，由企业独自承包所有的业务流程[146]。这些特征的存在使移动互联网企业的价值创造过程不再是链状的，而是散射的、不规则的，形成图 5-1 所示的价值包络。

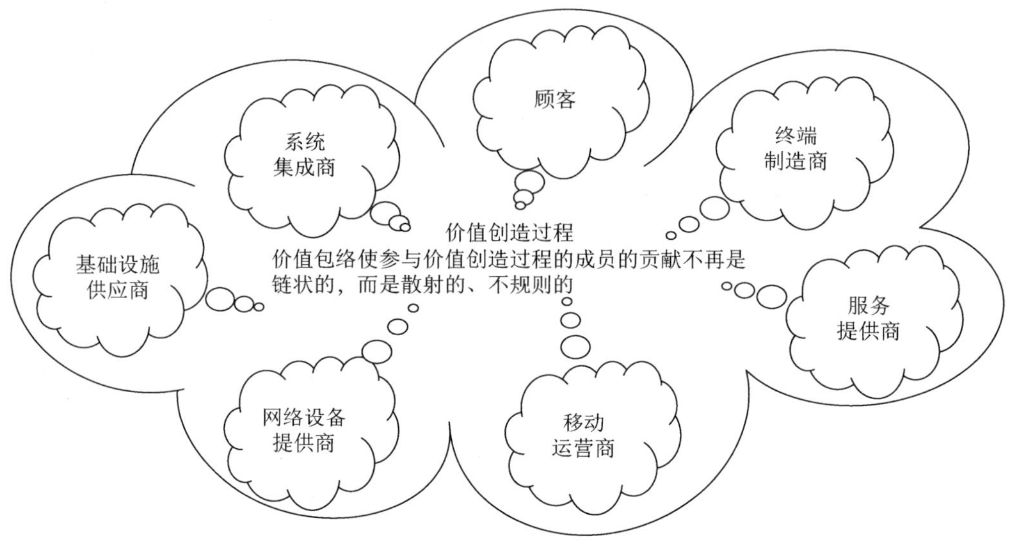

图 5-1 移动互联网企业价值包络

作者经过分析发现，假如移动互联网市场存在如下三方面的影响因素，移动互联网细分市场将会长期保持零散型结构：①成熟市场群体的缺乏，移动互联网市场中涉及很多不同的角色，常见的有供应商、替代者和消费者等群体，如果这些群体之间的信息传递不流畅，关联度过低，将会严重阻碍零散型结构的改变；②消费者需求、技术标准的非同一性和产品的异化度制约着规模经济的形成；③细分市场的准入机制影响着零散型结构的维持。显而易见的是，零散型的结构对细分市场的发展起着制约作用。近年来，随着信息技术的不断发展，消费者的需求日益多样化。与此同时，我国移动互联网企业的管理质量也逐渐得到提升，这些都在一定程度上促进了移动互联网细分市场的成熟。随着时代的发展，零散型的价值结构将会逐渐被更为先进的结构所代替。

5.1.3 移动互联网企业网络型的价值结构

从移动互联网企业价值网络重构分析中发现，每一个价值网络的结点企业，通过自身或与其他参与者合作的方式为价值网络做出了一定的贡献。同时，结点企业还直接参与价值网络的分配，从而实现了自身的价值。在整个过程中，移动互联网企业形成了网络化的价值结构，依据其存在的状态可以将价值网络定义为三种类型，分别是集中式网络结构（中心辐轮式结构）、分散式网络结构（分散式枢纽和结点结构）和分布式网络结构（分布式多重结构）[147]，具体见图 5-2。

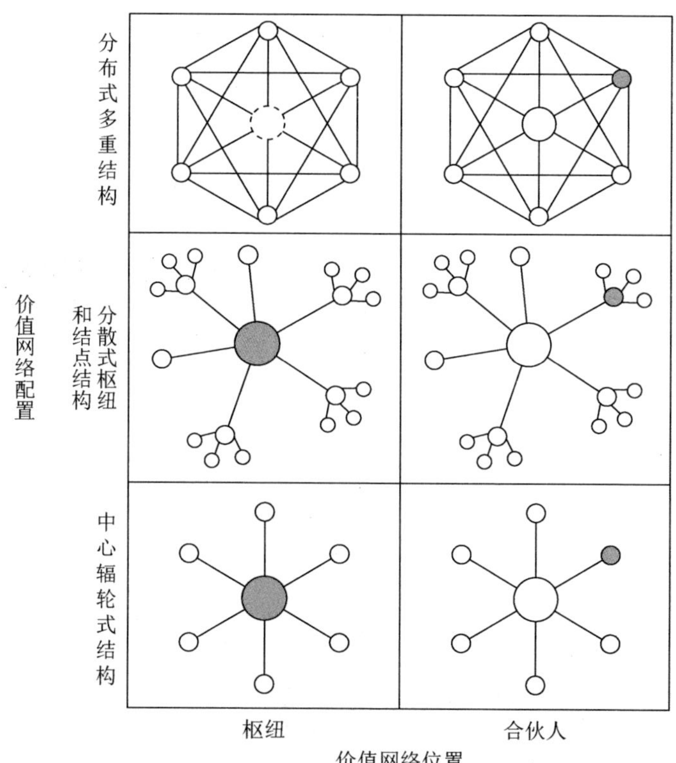

○ 结点企业　● 焦点企业　◌ 焦点企业在价值网络中地位的变化

图 5-2　移动互联网企业的价值网络结构

其中，本书对这三种结构进行了对比，具体区别见表 5-1。

表 5-1　移动互联网企业网络型价值结构的对比

项目＼级别	第一级	第二级	第三级
价值网络形态	集中式网络结构	分散式网络结构	分布式网络结构
价值网络能力与资源	网络中由一个企业控制行动和资源	焦点企业不直接控制每个参与者	既有由一个企业控制行动和资源的情况，也有焦点企业不参与控制的情况
价值网络结构模式	中心辐轮式网络结构	该结构中涉及诸多结点企业，而这些企业也具有自身的中心辐轮式结构	其中包括第一、第二甚至第三级的结构模式
价值网络的权利分配	焦点企业决定选择哪个企业作为价值网络中的合作伙伴	焦点企业除了无法自主选择价值网络中的合作企业外，还无法决定资源的分配	焦点企业合作伙伴的选择和资源分配的权利根据其在价值网络中的结构状态决定
价值网络结构状态	有明确的层级结构	有比较明确的层级结构	没有明确的结构或链条

续表

项目＼级别	第一级	第二级	第三级
价值行为方式	行动是集中的	行动是分散的	行动是分布的
合作伙伴选择	网络参与者的地位存在差异，焦点企业决定价值网络的合作伙伴，其他结点企业只能被动接受	不同的结点企业之间在水平上存在着显著的差异，因此企业只能在一定的范围内选择合作伙伴	绝大多数的合作企业大致水平相当，因此在独立的商业情况中，企业可以自主选择最适合自身发展的合作伙伴
价值网络集成者	有焦点企业	焦点企业权力和地位处于动态变化中	价值网络需要一个参与者，从而促进网络的发展

值得注意的是，作者经过认真考虑，最终选择了集中式网络结构作为本书移动互联网企业价值网结构基本模型形态。与其他网络结构模式不同，集中式网络允许结点企业存在自己的分散式网络结构，三种类型的移动互联网企业可以根据企业的资源和能力，结合外部宏观环境的变化，建构自己的价值网络。因此，本书所设计的网络属于上述三个价值网络结构的混合模式。

5.1.4　移动互联网企业价值网络中的创新行为

移动互联网企业主要利用创新行为来创造企业的价值，而这一过程离不开相关企业的参与，通过移动互联网市场及移动互联网企业自身资源能力的变化，价值网络的创新行为是对价值光谱、价值链与价值包络的整合。不同移动互联网企业价值网络中的创新行为见图 5-3。

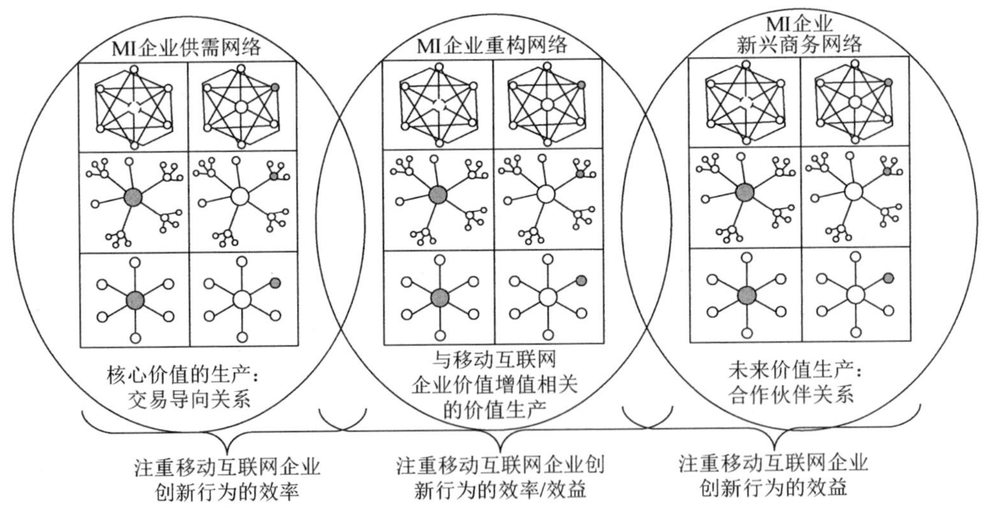

图 5-3　不同移动互联网企业价值网络中的创新行为

移动互联网企业的价值网络动态演变过程经历了供需网络、重构网络和新兴商业网络三个阶段。这三个阶段的网络各有特点，决定了不同创新行为的产生[148]，具体见表 5-2。

表 5-2　移动互联网企业价值网络动态演变过程

价值网络类型	供需网络	重构网络	新兴商业网络
演变过程	简单	过渡	相对稳定且与之相适应
关系类型	交易导向的关系	移动互联网价值增值生产	网络型的合作关系
创新的关注点	关注创新活动的效率	既关注创新活动的效率，又关注创新活动的效益	关注创新活动的效益
不同的价值创新行为	利用连续的商业流程，如从供给网络到需求网络来提高企业的核心竞争力	首先改变现有的价值系统，从而增加企业的价值，常见的有 R&D（research & develop，研发）行为中的合作，通过这种方式增加企业的服务、产品和新元素。此外，企业价值网络也拓宽了市场的覆盖面，使界面更加人性化，从而满足消费者的个性化需求	由于网络是以未来导向的价值生产力为基础的，因此参与的企业数量和地位都会发生相应的变化。其中，价值生产力包括不确定性和复杂性
创新过程中的网络结构形态	所谓网络结构，指的是中心辐轮式网络结构，人们也将其视为中心结点，在价值网络管理的过程中，焦点企业占据重要的地位	网络在更新中可能会改变其原先使用的结构，因此三种类型的网络结构都可能出现，至于选择何种结构，主要取决于价值网络的目标是提高效益还是效率	新兴商业网络多元化结构占主导地位

5.2　移动互联网企业商业模式创新中的价值创造机理

5.2.1　移动互联网企业价值创造模式

移动互联网企业的价值通过生成过程、生产过程和替代过程三个相关的步骤创造出来。这三个相关步骤具体见表 5-3。

表 5-3　移动互联网企业的价值创造过程

三个步骤	生成过程	生产过程	替代过程
价值产生过程	通过长期运作产生新的交易	通过重构的方式，企业可以获得宝贵的经验，同时，企业可利用移动互联网产品的可移植性	获得的经验可用于消费者自身价值创造过程
价值创造结果	为消费者提供更好的移动互联网产品供应	生产适合消费者的移动互联网产品或服务	顾客价值和企业价值同时实现

从上述分析中可以发现，移动互联网企业价值创造过程主要基于以上三个步骤，再结合价值包络，可以开发出新的价值创造模式[149]，见图 5-4。价值包络分为两部分，其一为供应商的价值包络；其二为消费者的价值包络。此处只从消费

的视角分析价值包络。

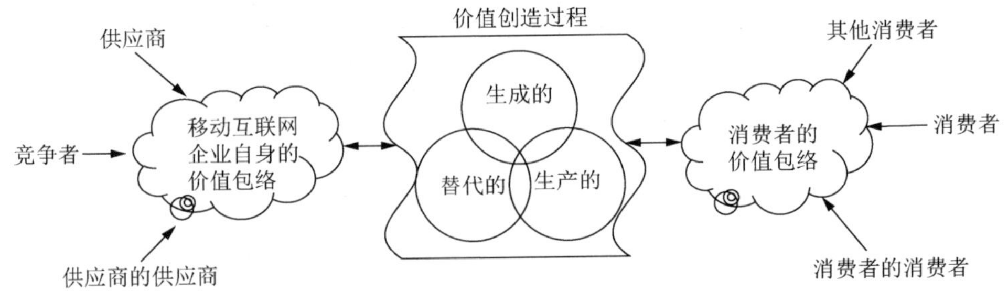

图 5-4 移动互联网企业价值创造模式

价值创造必须从用户价值需求和价值主张方面出发，才能认定企业所提供的产品和服务对于市场的价值所在。对于移动互联网的用户来讲，企业的价值创造必须从以下几个方面的价值主张提供用户所需要的价值和利益，见表 5-4。

表 5-4 移动互联网企业提供的价值内容

价值提供	企业具体主张	例证
免费	免费成就规模	大众媒体、App Store、百度、谷歌等
虚荣	好面子心理	QQ 大量虚拟物品的交易、Foursquare 的签到“徽章”等
安全	诉诸恐惧开发安全软件和应用	3Q 大战、网络黑客、病毒等
好奇	因好奇而发现，不断推出各种产品和体验	极客公园
好胜	强烈的好胜心	网络游戏

5.2.2 移动互联网企业价值生产过程

Moller 和 Torronen 在 2003 年把价值生产力描述成价值光谱[150]。这种新的价值模式或价值工具与波特的企业价值链有着明显区别。作者根据移动互联网企业的自身特点，认为价值光谱更适合分析移动互联网企业价值生产过程。这种模式是本书研究移动互联网企业价值理论的理论基础，也正是基于该模式，本书才成功地将价值链模式过渡为价值网络管理模式[151]。

事实上，移动互联网企业的价值光谱模型集中展示了移动互联网企业价值生产的演化过程是从低复杂性向高复杂性的升级，中间的过渡阶段既是价值增值活动结果，同时也是价值网络重构的阶段。它通过构造价值生产的时间过程、创造价值方式的变化过程和复杂程度的变异过程，最终构成了一个价值系统连续体。这一模式具有明显的特征，其中，每一种模式都涉及若干个不同的参与者。参与者通过执行一套系统的价值活动，增加局部改进，并随着网络运营创造价值的方式变化而变化，而这些价值活动最终构建成了一套网络化的价值系统，具体见图 5-5。

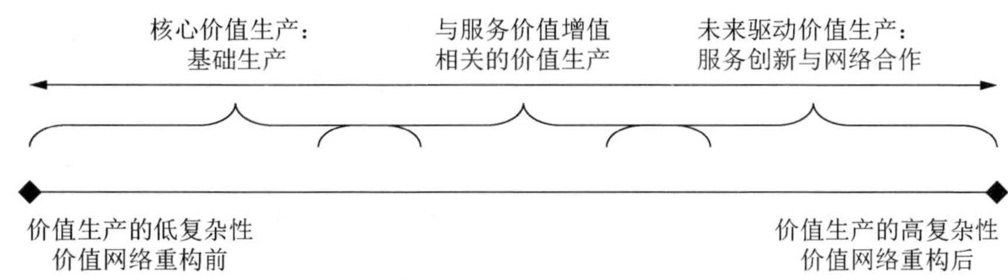

图 5-5 移动互联网企业价值生产光谱

5.3 移动互联网企业商业模式创新中的价值实现机理

5.3.1 移动互联网企业价值实现的手段

移动互联网企业价值重构后，移动互联网企业的价值实现手段发生了变化，主要的价值实现手段包括依靠规模报酬递增效应实现价值和依靠新形成的垄断范式实现价值[152]，具体见表 5-5。

表 5-5 价值网络重构后移动互联网企业价值实现的手段

价值实现手段	规模报酬递增效应	新形成的垄断范式
价值来源	网络成员企业在每一价值活动上的投入都可获得大于投入的收益	知识、能力与资源的相互结合不仅提高了企业在市场中的竞争力，还为企业创造了更多的经济收益
价值要素	在移动互联网企业的价值网络中，两个企业之间的结合既有知识和资源的结合，也有能力的结合	在移动互联网企业的价值网络中，企业之间的知识、能力和资源的结合，不仅为企业创造了更多的财富，而且为企业的价值活动提供了专业化的运作手段。无论是在产品生产上，还是在技术开发上，此类企业的竞争力都比其他同类的企业要强，有助于企业获得更多的市场份额
价值目的	消费者价值的满足，促进了参与企业价值的实现	价值网络中的企业能够获得垄断利润

5.3.2 移动互联网企业的赢利机理

进入 21 世纪以来，在经济全球化的趋势下，世界上越来越多的跨国企业开始意识到单一化经营模式的局限性。为了适应时代的发展，不少移动互联网制造业直接摒弃了原先的“一条龙”服务模式，转而将价值链分为若干个不同的组成，再加以重构；企业将不擅长的或复杂的环境外包给专业的团队负责，从而集中精力发展自己的核心业务。其中，将外包的价值环节称为互补者。由此可见，消费者、互补者和供应商等共同组成了一张复杂的价值网络。

1995 年，Rayport 和 Sviokla 两人首先提出了虚拟价值链这一新概念[153]。虚拟价值链指的是电子商务在信息活动中所形成的一条价值链。此外，他们还在此基础上提出了价值网络理论。价值网络理论可分为两层含义：①价值创造主体在范围上发生了相应的变化；②实物价值链与虚拟价值链发生交互作用，最终构建出一套完善的价值网络。在此基础上，人们提出了线上商业模式和线下商业模式。随着人们生活水平的不断提高，消费者的需求更加多元化与个性化，单一商业模式显然已经无法满足消费者的需求。因此，围绕着消费者的需求，将不同价值功能的企业整合成一套网络已经成为当前时代发展的必然趋势[5]。移动互联网企业价值网络的赢利机理见图 5-6。

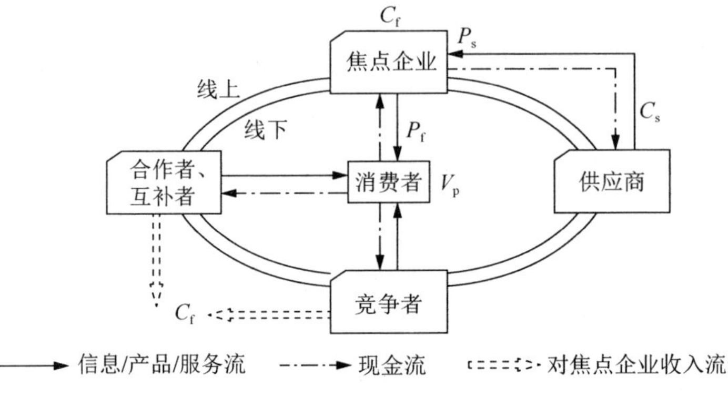

图 5-6　移动互联网企业价值网络的赢利机理

C_s为供应商成本；C_f为企业的成本；P_s为供应商的价格；P_f为企业的产品服务价格；V_p为消费者的感知价值；由此可得，供应商利润 $I_s=P_s-C_s$；焦点企业的利润 $I_f=P_f-C_f$；消费者的价值 $V=V_p-P_f$

由此总结出了移动互联网企业的赢利机理，具体如下：

1）移动互联网企业不仅能够为客户提供多样化的线上信息服务，而且增加了产品服务的种类，这极大地提高了消费者的满意度，从而在无形中提升了消费者的感知价值 V_p，为企业的产品服务价格 P_f 提供了足够的升值空间。

2）焦点企业通过与互补者、合作者和供应商之间的合作，尽可能地降低企业的成本 C_f，同时也增加了 P_f 的增值空间。

3）由于涉及多方的切身利益，网络需要采用一套合理的分配机制来分配价值网络创造的价值。只有这样，才能够确保所有的企业都获得应有的收益，这也是价值网络增长的前提条件[154]。

综上所述，无论哪一个移动互联网企业，都离不开价值网络，否则就会被孤立而无法生存。事实上，价值网络与价值链是有显著区别的，价值网络的优势在于以下四方面：

1）价值网络将消费者的利益放在首要位置，围绕消费者的需求来构建价值网络，这也是网络存在的基础。

2）互补者的地位得到了明显的提升。互补者除了能够提高消费者的价值外，还能够降低焦点企业的成本，从而为网络带来一定的增值效应。

3）焦点企业与消费者、互补者、供应商之间存在着竞合矛盾性，同时，焦点企业与竞争者存在着竞合双重性。因此，战略的联盟不仅能够减缓企业的竞争压力，而且能够确保企业双方的经济收益。

4）线上与线下的双重模式为消费者提供了更为多样的服务，满足消费者的个性化需求。

移动互联网产业价值链不同的主体，其在移动互联网上的收入来源和成本支出是有差异的，而且往往是一方的支出将成为另一方的收入来源。例如，移动网络提供商移动互联网收入的主要来源是基于流量的，而这些流量产生的根本原因是很多互联网企业或其他企业为用户提供的丰富应用产品，用户通过使用这些产品产生巨大的流量，而众多的移动互联网应用本身是免费的，不直接为企业带来收入来源，互联网企业只能靠广告或流量分成从其他产业价值链主体中获得相应的收入。正是这种价值创造与价值实现的分离导致了移动互联网产业价值链的独特性和商业模式的多样性，如内容付费模式、广告新媒介、产品分销渠道及联盟营销与收益分享共存模式等。

5.4　移动互联网企业商业模式创新中的价值维持机理

5.4.1　移动互联网企业持续竞争优势保持

首先，价值网络重构本身就是一个优胜劣汰的过程。消费者选择和效率要求，必定会促使在价值网络竞争中处于劣势的结点企业渐趋衰亡、退出市场；而优胜者积极创新，追求更大的用户群，从正的收益机制中获取报酬。这种优胜劣汰的变动是市场规律使然。

其次，价值网络重构本身是一个动态的过程，是所有网络参与者互动关系的写照。总地来说，只要重构后的价值网络进出壁垒较低，潜在竞争者的存在能够制约现有竞争者，促进市场内推陈出新，不断改进技术，满足消费者需求及保持价值网络的动态发展，价值网络的竞争就是有效的。

价值网络重构后，移动互联网企业对于价值的维持，一方面通过重构后的价值网络对于网络成员的固化，保持已有的价值成果和竞合状态；另一方面通过价值网络的集成者提取的核心能力不断提升，创造长期有效的竞争优势。这种情况下会有两个方面的益处，一是价值网络的固化状态限制了进入壁垒；二是核心能力的提升使其他价值网络或成员在短期内无法模仿。

对价值网络的内外环境进行系统的思考，即利用价值网络的外部效应，将关系资源转为创造价值的能力，这样做的目的在于降低信息产品的成本，并利用价值网络的内部机制转化消费者的价值，并从中获取真正的价值。只有这样，移动互联网企业才能够通过价值网络的动态重构过程不断优胜劣汰，促使网络成员不断创新，提高自身对于价值网络的贡献，才能在价值网络中立于不败之地，从而保持长期稳定的竞争优势[155]。

5.4.2 移动互联网企业价值管理

对移动互联网企业的价值网络进行重构后，还需进一步规范移动互联网企业的价值管理，这样才能实现价值维持，并建立有效隔绝机制，保持价值网络重构过程中价值增值的成果为价值网络成员所分享。价值网络重构后移动互联网企业价值管理方式见表 5-6。

表 5-6 价值网络重构后移动互联网企业价值管理方式

价值管理方式	增强企业价值网络之间的横向联系	降低企业价值网络之间的纵向联系	运用松散连接法对企业价值网络活动的联系进行管理
工具	通过不同企业相关技术价值活动开发实现	若纵向的价值活动过深，企业受到不明技术束缚的威胁也就越大	不同价值活动之间并不是紧密联系在一起的，而是在共同的目标下所构建成的松散组合
特点	可以获得破坏性技术的发展趋势	降低企业对技术不确定性反应的整体灵活性	在日益变化的市场环境下，通过共同标准来执行的企业价值网络，具有良好的灵活性
条件	技术发展的不确定性是与同行业竞争者的开发能力强相关的	技术与市场不确定性	网络成员企业只需对界面标准进行关注和分析就能获得外部环境变化的信息
效果	增大企业获得破坏性技术的互补性技术的机会	过深的纵向价值活动联系往往会使企业形成联系的路径依赖	竞合的战略关系，即人们所称的“背靠背”方式，降低了网络企业之间的专用性投资
目标	在短时间内抢占产品的市场，使技术商业的边际收益高于边际投入的目标	企业在更改其分销系统网络技术中，阻止企业变革所需的能力	规模效应与垄断势力优势的获得

5.5 移动互联网企业商业模式创新中的价值创新机制

5.5.1 移动互联网企业价值模块创新

移动互联网企业的价值创新机制是在管理应用软件、信息门户和 Web 界面的基础上，利用新一代的智能技术，通过耦合的连接方式进行信息的沟通，最终构建出一套基于 Web 的虚拟网络组织。该组织能够同时实现知识、信息和价值的共享[156]。在经过一系列的分析与研究后，本节总结出了该组织的显著特征，分别为开放性、无边界、自组织、高协同。该组织还具有敏捷性响应和快速性合作等网络核心竞争力[157]。移动互联网企业价值网络重构后的系统结构包含了系统规则设计商、供应商、模块系统集成商、互补商及政府机构等生产性服务机构所形成的价值网络。由此可见，系统规则设计商在设计的过程中需要释放自身需求创新的价值，最终使价值流向模块生产商和系统集成商。因此，系统规则设计商、模块生产商和系统集成商之间组成了一套完善的价值创新机制。

在实际的价值网络重构过程中，系统规则设计商在完成对消费者需求的分析后，将价值的创新战略传递给其他的相关企业，按照次序依次经过系统集成商、专用模块生产商和通用模块生产商。所谓需求分析，其实就是对需求加以模块化的过程。简单来说，需求分析是对市场和技术加以模块化，通过产品的模块化生产来增加企业的价值。其中，在统一的规则下，首先，专用模块生产商通过利用自身的潜在优势来加以创新，进一步增加产品的价值；其次，模块生产商对价值进行反馈，通过一系列的整合和集成，系统的模块功能得到了大幅度的升级，企业的价值也得到了明显的提升。

在价值的网络重构过程中，合作的企业大多是利用松散耦合的方式加以连接的。因此，该模块的创新也有三个显著的特点，具体的内容见表 5-7。

表 5-7　价值网络重构过程中价值模块创新的特点

项目	内容
特点 1	将子模块根据不同的方式来进行排列组合，实现产品的创新
特点 2	在连续的创新过程中，系统通过不断试错、允许浪费的方式，使不同的子模块之间能够同时开展工作，极大地提高了工作效率
特点 3	模块化系统的不同子模块之间大多是根据竞合的方式来实现创新

由此可见，所谓价值创新，其实是一种维持市场领先地位的标准化，主要可分为产品标准化、产品界面标准化、功能标准化[158]三方面。

5.5.2　移动互联网企业价值创新路径

在价值网络重构过程中，移动互联网企业价值创新来源于两个方面，具体见表 5-8。

表 5-8　价值网络重构移动互联网企业价值创新来源

项目	内容
来源 1	以消费者需求为导向的价值创新加快了系统规则设计商与其他企业之间的创新速度
来源 2	系统规则设计商通过与其他企业之间的合作，降低了生产的成本

移动互联网企业价值创新路径主要有两个方向，具体见表 5-9。

表 5-9　价值网络重构移动互联网企业价值创新路径

项目	内容
路径 1	从系统规则设计商流向系统集成商和模块生产商
路径 2	从模块生产商和系统集成商流向系统规则设计商

在物质流、信息流和知识流相互结合的过程中，产品的品种得到了增加，具体表现为对于系统规则设计商来说，价值流为其输出的要素；对于模块生产商来说，价值流为其输入的要素。在模块生产商的转换作用下，不同的企业能够输出同类的中间产品，此后通过系统规则设计商的转化，以知识为主要资源的报酬得到了明显的提升。

事实上，在价值创新的过程中，分工扩大了市场规模。与此同时，市场也反作用于分工，这种相互作用的机制形成了两种新型的价值源泉，具体内容见表 5-10。

表 5-10　价值网络重构移动互联网企业形成两种新的价值源泉

项目	内容
源泉 1	产业之间的分工体现出社会分工的层次，促进经济报酬的提升
源泉 2	专业化生产会降低企业的生产成本，进而增加企业的报酬

在移动互联网企业的价值再整合路径上，无论是系统规则设计商，还是模块集成商，都从众多的价值元素中挑选适合自身发展的价值元素。其中，模块生产商为系统规则设计商提供了外部经济的支持，而在技术扩散、专业人才和原材料运输的影响下，中小型企业开始不断地聚集在一起，与普通的中小模块生产商相比，系统规则设计商在集体学习、创新积累和资源共享等方面更具竞争优势。

5.5.3　移动互联网企业价值网络的升级

众所周知，模块的成功会增加价值网络的价值，反之，模块的失败对整个价值网络不会有太大的影响，人们可快速找到其他的替代模块。由此可见，不同的合作企业之间可以分享利益，而不能共同承担损失。通过这种方式，价值网络的总体成本得到了降低，最终产生了价值网络剩余。由于网络内的企业不仅具有竞争关系，也存在合作关系，在统一的规则下，整个网络就构成了一个自组织。对于外围的企业来说，成熟的价值网络具有更大的吸引力。

与此同时，移动互联网企业在服务外包的过程中，将资金流、知识流和信息流进行了整合。在网络重构中，各种生产性服务在寻找价值增值的结合点，其中生产性服务外包的作用可分为两个层面，具体内容见表 5-11。

表 5-11　生产服务外包企业价值产生的层面和作用

层面	作用
战略层面	外包的过程中，企业双方可相互学习，获取各种潜在的知识，成为价值网络的间接受益人
运营层面	生产服务业与制造业通过嵌套的方式整合在一起，其中生产服务业在网络体系中占据着主导的地位，最终将成为价值增加的主要来源

由于价值网络自组织的特征，系统规则设计商占据了极大的网络份额。从自组织的角度来看，系统规则设计商在得到丰富的网络剩余后，通过整合各项外部

的资源吸引不同的结点企业，最终构建出一套更为健全的价值网络系统，从而实现价值网络的升级。对于外围企业来说，升级后价值网络的准入条件随之升高，入围的压力也开始增长，只有真正优秀的企业才能够进入价值网络，这极大地提升了价值网络的能力，从而形成一个良性的发展系统。

本章小结

本章首先介绍了移动互联网企业从价值零散到价值网络的变化过程，并重点阐述了移动互联网企业的网络型价值结构，包括集中式、分散式和分布式三种结构，移动互联网企业的商业模式创新就是通过构造其中一种或几种结合的价值网络来实现的，最终总结出了移动互联网企业不同价值网络中的创新行为；基于前面对于移动互联网企业价值网络重构的分析，总结了移动互联网企业商业模式创新过程中的价值创造机理、价值实现机理和价值维持机理，这既是移动互联网企业价值创新战略范式的内容要求，又是移动互联网企业商业模式创新的重要理论基石。

在对价值重构后移动互联网企业的价值创造机理的分析中总结了价值创造模式和价值生产过程，体现了商业模式创新中运营模式的创新；移动互联网企业的价值实现机理不仅包括价值实现的手段，而且包括价值的赢利分析。移动互联网企业的价值维持机理体现在价值网络重构后持续竞争优势的保持和对企业价值的管理两个方面，这是商业模式创新中隔绝机制和难以模仿的优势体现。通过上述机理的分析，总结了移动互联网企业价值创新机制，这是移动互联网企业商业模式创新的内在逻辑。

本章基于价值网络的重构，围绕价值创新的战略分析了移动互联网企业的价值机理。其中，移动互联网企业追求的是消费者的价值和企业的价值。事实上，移动互联网企业通过价值网络的角色来共同创造价值，同时将价值传递给消费者，而企业的价值也是通过消费者来传递的，这就会引起企业价值的流失。通过价值网络的重构，尽可能地减少企业价值的流失，使消费者和企业成为价值活动的直接参与者，实现消费者价值与企业价值的统一。

第 6 章　移动互联网企业商业模式创新影响因素

6.1　影响因素的理论分析和研究假设

6.1.1　宏观环境对价值网络重构和企业资源能力的影响

1. 经济环境对价值网络重构和企业资源能力的影响

一般而言，经济环境特指企业在整个运营过程中必须面对的社会总体经济状况及经济要素之间的相关性等因素。它在影响企业经营的众多因素中是最直接、最基本的因素。考虑经济因素时，必须考察一国或地区居民的收入水平、人口状况、经济制度和市场结构等，它们通常是企业价值网络决策过程中首先要考虑的因素。收入水平是用不同指标表示的各类收入的高低，通过它可以对市场规模、市场潜力和市场购买力有一个大致的认识。反映收入水平的指标有国民生产总值、国民收入、个人收入、个人可支配收入、家庭收入等。经济发展环境是一个地区思想解放程度、市场发育程度和政府执政能力的主要表现形式。经济发展环境对于一个区域的总体发展状况意义重大，同时决定着该地区的企业能否健康发展。因此，若想快速发展某一地区的企业，首先要在该地区打造出一个良好的经济发展环境。

企业资源和企业所处的整个价值网络都或多或少地会与国家和区域的总体发展态势相关。随着全球经济一体化进程的不断推进，企业的资源水平和价值网络受全球经济状况的影响程度越来越大。社会总体经济状况的好坏与企业的发展目标有着直接的关系。例如，在经济态势较好的时期，企业之间竞争的焦点便转移到高自动化、高性能的尖端产品中，产品的外形设计、性能状况及营销策略等方面也会受到极大的重视。此时企业之间的竞争已经突破价格的桎梏。这意味着此时企业不必进行价格竞争，容易进行某种程度上的合作，而非价格竞争优势的实现往往需要价值网络中成员间的协同努力，体现 1+1>2 的优势，提升价值网络的发展水平。经济越发达，企业的价值网络系统变得更加复杂，整条供应链中不同职能部门的分工更加明确，制造商、分销商、零售商的概念逐渐明晰，价值网络发展水平逐步提高[159]。

2. 技术环境对价值网络重构和企业资源能力的影响

从 20 世纪 90 年代初期开始，世界范围内的科学技术进入了一个空前的高速发展期，这给企业带来了巨大的机遇和挑战。随着新技术的不断应用，企业之间原本高昂的交易成本迅速降低，对于知识型企业而言这种现象更为明显。著名学者 Clemons 在 1992 年将这一现象称为 Move to the Market[160]。除了这一现象外，部分学者指出，随着信息技术的广泛应用，社会中的各类经济活动逐渐过渡为中间组织形式，主要包括战略联盟和产期合约两类。学者们将这一现象称为 Move to the Middle。在这些基础性理论提出之后不久，学者 Hitt 等于 1995 年对这些理论做了验证，主要调查对象是 549 家“美国财富千强”的上榜企业，使用的数据是这些企业 1987～1994 年的各类经营数据[161]。结果显示：企业纵向一体化操作伴随着信息化水平的提升迅速减少，这表明企业边界趋向模糊化，产业价值链水平提高。2004 年，国内学者曾楚宏与林丹明指出，那些以知识作为依托的企业在信息化水平提高之后，相比生产成本而言外部协调成本降低得更加明显，这就意味着企业之间的边界将越来越模糊[162]。

随着互联网技术的飞速发展，世界各国之间的信息交换变得更为频繁，信息共享程度非常高。在这个背景下，发达国家开始不断开展海外业务，以此来延伸其产业链条赢得更多利润。与此同时，产业链条中的焦点企业开始以高度共享和传播迅速的信息技术为依托来寻找合作者，从而使整个产业链的格局更加合理和高效。信息技术的高速发展也给各类移动互联网企业带来了发展良机，因为移动互联网企业获取信息的成本大大降低，其进行市场营销、资源优化及管理决策等的成本也相应降低，企业利润提高。在信息高度共享的条件下，价值链成员之间信息传递非常迅速，这可以给新入驻企业提供良好的生存空间。价值链中的焦点企业可以以高速发展和共享的信息为基础来管理各个结点企业，这样协同效应在价值链成员之间将会很容易产生，运作效率大大提升[137]。同时，焦点企业信息不完备现象几乎消除，这使那些存在缺陷的价值链可以在焦点企业的作用下自行调整甚至重新组合。这说明技术因素是价值网络重构的外部驱动因素之一。

3. 市场环境对价值网络重构和企业资源能力的影响

根据第 5 章对于移动互联网企业价值网络的分析可知，消费需求既是价值网络的核心驱动力，也是价值网络存在的基础。现实市场中，消费需求对价值网络和企业的资源能力起着决定作用。消费需求之所以能够产生如此重大的作用是因为其本身的几大特征，具体见表 6-1。

表 6-1　移动互联网市场消费需求的四个特征

特征	内容
特征一：灵活多变、适应能力强	消费者往往喜欢追求新颖和个性化，只有永远不停地改变才能更好地迎合消费者的口味
特征二：完全符合方式的发展需要	消费者对某些消费品满足之后并不意味着后面会一直呈满足状态，这种满足平衡点是不断发展的，市场往往会寻找以更低的成本来更好地满足消费者的方式

续表

特征	内容
特征三：对方式的个性化发展需求满足能力较强	随着社会的发展，消费者个性化需求趋势越来越明显，只有个性化的产品才能更好地吸引消费者
特征四：对方式本身的多样化发展需求满足能力强	达到消费者满意状态的方法是多样的，一个产品在满足消费者的同时必定会有同质的产品也能达到该效果

消费者的消费需求是时刻发生变化的，为了更好地迎合消费者的口味，价值网络也不得不时刻发生变化，一旦价值网络的变化不够及时，那么其发展必定受到重创。所以，消费需求是影响价值网络最重要的因素[163]。

4. 政策环境对价值网络重构和企业资源能力的影响

根据社会经济发展阶段的不同，政府部门往往会采取一些宏观经济政策来进行调整，即政府政策、资金方面会对比较重要的产业进行扶持，以促进其优先发展。政府政策对价值网络重构的影响，最终是通过对消费需求和对移动互联网企业的资源配置产生影响来实现的。例如，我国投资建设的国家级光缆网络工程，无疑对信息技术产品的消费需求有极大的推动作用，消费需求的变化使移动互联网企业的产品生产和服务提供发生变化，企业的核心能力和资源也要满足消费需求的变化，从而最终导致价值网络的重构。Stigler 在 1951 年认为，一旦政府对市场干预过多，市场经济本身的价格机制就会陷入瘫痪状态[164]。此时，边际收益和边际成本的平衡点就会被打破，纵向一体化战略会重新被企业采用，企业边界不断扩张，从而影响产业链，最终体现在价值网络的发展水平上[165]。

现阶段，国家正在实施战略性新兴产业政策，此项政策一旦成功施行，必然给经济的发展带来巨大的推动作用。当前，各国纷纷将目标转移到战略性新兴产业政策的制定和实施中，这也将成为未来各国之间竞争的焦点所在。移动互联网企业、行业甚至整个产业都处于这个战略新兴产业规划的架构内。从基础设施的建设到技术创新及软实力的提升，无疑都对移动互联网企业和产业发展提出新的要求。这一政策的出台，将长期影响移动互联网企业资源和能力建设的方向，从而引起价值网络的重构，导致 IT 行业的聚变。移动互联网企业会因为国家这一政策的扶持加快发展，政策导向促使移动互联网企业的资源水平快速提升。这些对于移动互联网企业的价值网络重构和资源能力提升无疑都具有积极的影响和深远的意义[166]。

5. 资本环境对价值网络重构和企业资源能力的影响

良好的资本环境对于价值网络的重构和企业资源能力形成都具有促进和催化作用。经济衰退会让投资者长期看好科技类股票，公开市场上的科技股估值仍然过高，而且存在风险[128]。相对于其他股来说，科技股的风险仍然是非常低的，一些上市公司（当然不是全部公司）的增长表现也能超出预期。非理性行为一直都是股票市场的一部分，资本市场的不俗表现加速了移动互联网企业的价值网络重构进程。

综上所述，可以进行以下假设：

假设 1（H1）：宏观环境对移动互联网企业资源能力有显著正向影响。

假设 2（H2）：宏观环境对移动互联网企业价值网络重构有显著正向影响。

6.1.2　企业资源能力对价值网络重构和价值创新的影响

1. 企业独特的资源和能力对价值网络重构和价值创新的影响

在一个价值网络中，焦点企业往往起着决定性的作用，而焦点企业之所以能够对价值链进行整改是因为价值链中不同企业之间的资源是互补的。每个企业的发展历程不同，所以其掌握的资源必然各不相同，这些各不相同的资源也是各个企业赖以生存的核心竞争力所在，只有这些不同的资源形成互补关系才能成就价值网络中的焦点企业。如果资源的互补性不强，焦点企业可以依靠其核心地位来进行价值链的重构，以此来提高整条价值链的竞争力。在价值链中，资源绝不仅仅是互换的关系。例如，商誉、管理经验等五星资源的共享可以提高价值链中所有企业的商誉和能力。作为价值链的焦点企业，应当将这些有用的资源充分利用起来。但是价值链成员之间的信息共享并不是与生俱来的，而是在不断地磨合中逐渐形成的，一旦企业之间信任度不够，共享信息量少，那么价值网络将不复存在[96]。

McEvily 等 1999 年认为，价值创新网络内结点企业的资源越具有独特性，意味着创新系统成员的类型越多样化，对企业创新的支撑作用会更加明显，这样焦点企业将能够获得更多来自创新伙伴的互补性支持[167]。2000 年，赵林度和钱敬吉在对供应链的研究中发现，供应链成员企业间资源的同质性越高，它们之间的市场关联性越大，关联性大就意味着它们之间的竞争可能会更加激烈，但是也有可能达成合作创新的关系[168]。一旦从竞争关系转变成为合作关系，那么企业将更注重发展前景如何，以及如何通过知识创新来战胜竞争对手。因此，资源的同质性越高，市场关联性越大的企业之间合作创新的可能性越小。另外，2015 年，杨隽萍等从多元视角分析了网络异质性对新创企业创新的影响作用，并基于 SECI 模式，通过实证检验发现网络异质性对新创企业创新既有直接影响，也有通过知识异质性的间接影响[169]。

价值网络在某种意义上来说可以理解为移动互联网企业的活动系统，指移动互联网企业依靠其核心地位不断吸收和改进互补性资源。通常情况下，任务整合除了包括常规的产销协调外，更重要的是对整个流程的整合和再造。移动互联网企业的任务整合更加注重相互之间的配合。移动互联网企业可以充分利用价值网络来汲取必要的知识和信息，同时也保证了这些知识与信息传递的通畅性。在价值网络中，互补性的资源不断被整合进来，并不断地磨合，在这个过程中价值链的整体性能不断改进和提升。随着价值链整体性能的提升，其细分客户的能力也随之攀升，这些都在无形中提高了价值网络的核心竞争力。

2. 企业文化对价值网络重构和价值创新的影响

企业文化被很多学者认为是影响企业构建网络关系的重要因素之一。2008 年，余向平在进行大量的研究和验证之后指出，供应链企业之间的沟通和合作上存在各种问题的根源在于这些企业所拥有的企业文化不同[170]。供应链成员的企业文化与经营理念是否一致会直接影响供应链中的知识创新能否得以顺利入选，因此在建立供应链时要充分考虑以上因素，选择合适的供应链成员。企业应该认识到充分的技术合作和交流往往可以达到一种互利共赢的效果[171]。因此，应当扩大供应链各成员之间的交流范围和频度，尤其是企业之间掌握的信息技术的交流，只有这样才能充分实现技术的融合，提高供应链中企业总体的技术水平。

在开放性的企业文化环境中，存在着多元化的价值取向。这种多元化对价值创新的影响具有双重性，一方面会使价值网络内的文化气氛比较活跃，各种价值观的碰撞会产生新的火花，有利于价值创新战略的实施；另一方面多种文化的共存又会对价值网络的重构产生一些负面影响，但是只要形成知识文化共享的氛围，就会消除这些负面影响。简单来说，知识文化共享就是通过各个成员之间的交流和知识分享来提高每个人的综合素质，进而提高整个企业的竞争力。知识文化共享不是一朝一夕就能实现的，而是需要通过大量的教育和实践将这种观念不断向供应链成员灌输，久而久之便可形成互利发展、合作共赢的知识共享氛围。

3. 企业内部的创新要素和工具对价值网络重构和价值创新的影响

Kumaresan 和 Miyazaki 在 2000 年提出，从认知角度看，创新是产生、混合或修改及构建集聚知识的过程[172]。因此，企业内部拥有一定数量和质量的创新要素和工具是必不可少的。与创新有关的要素和工具主要有以下五点：创新人才队伍、必要的创新设备、相互之间的合作手段、技术能力、必要的技术工具。

魏江在 1999 年指出，特定的内部资源是实现一个企业和其合作伙伴之间创新交流的桥梁[173]。这里所谓的内部资源主要有专业的技术人员团队、必要的物质基础条件、满足对方需求的资金实力、掌握的信息资源量等。从某种意义上来说，企业的内部资源正是其综合实力的表现形式，因此其重要性不言而喻。能力是一个抽象的概念，只有依托必要的物质资料才能将能力具体体现出来，而物质资源反过来对能力的提升也有一定的帮助作用，能力和相应物质资源相辅相成。在实际中，很多企业并没有充分意识到外部交流的重要性，很多既定的交流工作由于没有一定的保障措施而变成一纸空谈，这就导致企业管理和发展陷入困境，竞争能力大大减弱[174]。

Bertola 和 Teixeira 在 2003 年认为，知识作为创新的重要资源，通过其隐形本质发挥重要作用，信息资源与技能的获取难易、价值链成员创造能力大小直接决定着各成员发现问题和解决问题的水平[175]。Thomke 在 2001 年指出，互联网对企业的整个项目开发过程都起着至关重要的作用，无论是研发组织构建的方式还是知识获取，互联网都是不可或缺的[176]。

El-Far 等在 2005 年发现，通信技术对于思想的交流促进作用非常大，此外还可以将通信技术接触的智慧与洞察力进行融合[177]。Kwan 和 Balasubramanian 在 2003 年研究发现，接触方式随着新技术的应用而不断增多，在不同的接触方式下员工因为受到激励而会将其掌握的知识贡献出来[178]。

4. 企业的网络能力对价值网络重构和价值创新的影响

这里所说的网络能力是指价值链中的焦点企业掌控和扩展其网络关系的一种能力，这项能力对于提高企业竞争力大有裨益。在价值网络中，各个结点企业在互动的过程中，具有效率高、执行效果好、沟通能力强和协作能力强的强网络成员企业能够与更多企业形成互补，企业之间能够在很大程度上发挥协同作用，与合适的合作伙伴一起实施创新性活动。网络能力作为一种跨越障碍的能力，能最大限度地减少因为观念和企业文化方面的不同而造成的摩擦和碰撞，使企业之间的交流成本降低。网络关系越强，双方企业共同执行任务的能力就越强，工作效率大大提升，对于双方的交往收益有极大的促进作用。这表明，若想提高交往收益，增强网络能力无疑是一种最有效的措施。需要注意的是，这里所说的交往收益是广义上的概念，其不仅涵盖交往中资源的共享过程，而且涵盖相互之间的协作与情感上的沟通。

Ritter 对 308 家机械和电子制造企业进行了大量的专项研究，其重点关注的领域是技术交织受网络能力的影响程度。技术交织是指价值链中核心企业与其合作伙伴等之间联系的紧密度。2003 年，Ritter 在其研究报告中指出，焦点企业的网络能力和技术交织之间呈现明显的正相关关系[179]。Bonner 关注的核心是技术密集型企业，重点研究了网络感知、关系嵌入、伙伴整合和网络学习四方面要素对技术密集型企业网络特征的影响程度[180]。2005 年，Bonner 在其研究报告中指出，网络学习和网络特征之间的关联度不是很密切，而网络感知、关系嵌入和伙伴整合三个因素对战略网络特征都有显著的正相关性影响。由此可见，移动互联网企业的网络能力既是移动互联网企业价值网络重构的必要条件，也是价值创新战略实施的重要基础。

因此，可以做出以下假设：

假设 3（H3）：企业资源能力对价值网络重构有显著的正向影响。

假设 4（H4）：企业资源能力对价值创新有显著的正向影响。

6.1.3 价值网络重构对价值创新的影响

1. 重构网络规模对价值创新的影响

价值创新战略是移动互联网企业商业模式创新的内在逻辑，它通过移动互联网企业价值网络的重构来承载，所以作为衡量价值网络重要性的量化指标——重构网络规模，为移动互联网企业的价值创新奠定了坚实的基础。网络规模（network size）一般是指价值网络集成者在价值创新过程中形成的网络关系数量的多少。Burt 等[181]和 Marsden[182]分别在 1983 年和 1990 年将网络规模定义为在创新过程中，与价值网络集成者直接相关联的创新伙伴的数目。Allen 在 2000 年，Boase 和 Wellman 在 2004 年[183]分别提出，网络规模的大小意味着价值网络集成企业可以获取的创新资源的多寡。因为网络关系是网络资源的载体，而且本身也代表着一种关系资源，所以关系数量的多少，决定了价值网络集成企业拥有的创新资源的丰富程度。价值网络规模的大小对企业关系资源的多少有直接影响，价值网络规模越大，企业的关系资源也就越丰富，更有利于企业实现创新的规模效应，进而突破创新活动阈值的限制[184]。

很多学者从实证的角度对网络规模与价值创新之间的关系进行了研究。例如，Roberts 和 Hauptman 认为外围联系活跃的企业会率先研发出新产品，Shan 在 1994 年研究出了合作关系数量和企业创新绩效之间存在的关系。Uzzi 通过研究于 1998 年提出信息获取的存量对企业的创新绩效有显著的正向影响。Batjargal 于 2003 年研究证明企业网络关系数量对企业创新绩效有显著影响，而这一影响和关系质量的强弱没有直接关系。我国学者也在这方面有一定的研究成果，其中邬爱其通过实证研究验证了企业内部资源与企业成长的相互关系[185]。资源丰富程度越高，越有利于企业的成长，反之，资源越少越会限制企业的发展[186]。2005 年，杨锐等人从杭州手机企业入手，研究了网络有效性规模对企业创新绩效的影响，认为两者有着显著的相关性[187]。无论是理论推导还是实证研究，都能够得出重构网络规模对价值创新有显著影响的结论。

2. 重构网络黏性对价值创新的影响

Porter 的企业价值链理论自诞生以来便迅速风靡世界，在 Porter 看来，企业经营问题就是如何构建企业价值链和产业价值链，经营核心是企业如何在价值链上定位。在这种思维导向下，企业将整个产业视为一种价值链，每一个厂商在价值链中都占据一个位置，上游的供应商提供原材料，中间的企业提供附加价值，再交给下游的顾客，由此构成了价值创造的全部过程。但是随着环境的变化，企业经营模式的思维已经发生了很大的改变，全球化、新经济和科技高速发展使价值创造出现了崭新模式，一些先进企业已着手建立新的价值创造体系。Ghoshal 等于 1999 年指出，Porter 的理论是静态的，在这一理论中，战略思维关注的是在股东的经济陷阱中得到最大可能的份额[188]。Jackson 等人 1997 年提出用“价值范畴”代替传统的直线式价值链，以此来克服传统直线式价值链的不足，反映员工、顾客、团队、利益相关者对组织的认识度、信任感及全部利益相关者的价值[189]。

可见，企业必须聚焦于创造价值的系统本身，商业模式可以看作企业价值网络的构建机制，通过创新商业模式，企业可以有效地把各个网络成员密切联系在一起，从而汇集力量一起创造价值。这种紧密的联系可以建立起稳固的网络成员关系，在共同创造价值的基础上各个网络成员相互依赖程度较大，即客户网络黏性较高，如果要换成其他网络成员，则要付出非常大的代价，因此商业模式对企业价值网络的构建有着重要的作用，创新商业模式有重要的意义。

顾客价值是价值网络的核心，可以从两个方面入手创造和提升顾客价值：一方面，当形成价值网络体系时，可以充分发挥主体企业的作用来提升顾客价值，利用网络成员的资源和能力优势，推动网络成员共同将更多的产品和服务提供给客户；另一方面，企业能够综合管理网络成员的研发工作，通过整合资源，共同研发潜在的客户需求，以此来创造新的顾客价值。

网络组织将各个网络成员紧密联系起来，形成一个跨地区的价值链，网络组织中的各个企业存在着价值互补的关系，通过价值链的不断增值，处于网络各个结点的企业都将得益于网络价值的创造和增加获得自身的发展。这种价值网络的锁定不同于单一的价值链锁定，它的结构更加稳固，是一种顾客、供应商、股东等利益相关者的立体网络锁定结构，因此它是一种比单一价值链锁定更为高级的系统锁定形式[190]。

价值网络的锁定现象在以知识为基础的 IT 产业中尤为显著，企业之间的竞争除了通过锁定自己产品的方式之外，还可以利用价值网络来参与竞争，并在此基础上以价值生态系统为中心创建企业间的锁定，以此放大新技术、新产品的正反馈效应。价值网络锁定所创造的优势主要体现在价值创新的过程中，价值网络的规模经济效应能够通过降低成员的总成本提高价值让渡率，各成员能够利用学习曲线效应来降低成本。价值网络锁定可以带来组织优势，依靠价值网络联盟，成员企业可以最大限度地利用网络伙伴资源。价值网络锁定改变了企业与顾客、企业与供应商之间的联系范式，处于网络中心的顾客可以充分表达需求，同时主体企业可以通过价值网络的锁定影响各成员企业商业模式的构建，进而形成一种结构上的融合。

3. 重构网络治理对价值创新的影响

网络这个词语含义的演变大致有三个阶段：第一，描述组织成员间松散的合作形式；第二，描述组织环境的构建形式；第三，描述权利和治理之间联系的手段。在最后的一个阶段中，网络实际上是一种联系各个成员之间关系的纽带，是以一种独立的身份进行协调和运作的。一旦将网络看作一种治理机制，就必然离不开治理工具，而网络本身通常是进行分析的最重要的主体。在对社会资本理论、网络结构理论、社会资源理论等一大批研究企业网络的基础性理论进行对比分析之后不难发现，这些理论研究都有一个共同点，那就是其关注的重点都是人和人、人和组织、组织和组织之间的联系。在现实中，一个企业若想存活，依靠自身的力量肯定是不够的，必须与其他人或企业发生或多或少的联系，只要存在联系就不可避免地会出现协调问题，即各成员之间的收益怎样分配、内外部资源如何优化配置等，这些问题就是网络治理所要关注的重点[191]。

利益相关理论主要以企业的利益相关者为主要研究对象，是指为了综合平衡各个利益相关者的利益而进行的管理活动。企业网络理论虽然和利益相关理论是不同的两种理论，但是它们存在着共同点，即研究对象都是企业的利益相关者。在企业网络体系中，各个网络成员之间存在着利益关系。企业之间的信任合作关系本质上是一种利益关系，通过竞争、合作、集团、控股等形式，以契约形式获取自身的利益。此外，企业内部经营网中，经营管理者、股东、员工等主体和企业之间的关系本质上也是利益关系，通过内部组织结构的建立获取各自的利益。

实行网络治理的主要目标有两个：第一，成员间利益的合理划分；第二，内外部资源的合理配置，具体见表 6-2。

表 6-2　移动互联网企业价值网络治理目标

主要目标	目标一：成员间利益的合理划分	目标二：内外部资源的合理配置
方式	公司各利益相关者之间的利益合理平衡	参与企业间网络获取其他网络主体资源
效果	使成员之间的权利分配有章可循	通过资源合理配置来提高企业总体的经营水平

企业资源是每个企业所特有的生产资料，是其他企业难以占据也难以模仿的，这往往也是一个企业赖以生存的核心竞争力所在。企业资源的概念很宽泛，凡是能促进企业发展的要素都可以归于此类。虽然企业资源是企业特有的，且不能被其他企业复制，但是处于价值网络中的成员往往可以利用其他企业的资源来提高运作能力。价值网络整合起来的庞大社会资源，要产生最大化的经济效益和价值创新，必须依靠高水平、科学化的网络治理结构[192]。

4. 重构网络强度对价值创新的影响

在价值网络进行重新构建之后，企业之间既可以以战略联盟的方式独立运转，也可以变为一种紧密的组织进行运作。此时的价值网络是一种高度开放性的组织形式，因为整个价值网络在核心企业的作用下既可以增强联系，也可以中断联系，若从宏观的角度来看，会看到系统边界发生的膨胀和缩减。当价值网络为了得到更多的资源而不断吸收新企业加入时，系统边界就呈现扩张的趋势；当整条价值链功能紊乱，成员之间不再合作时，价值网络便开始解体，系统边界呈现缩减的趋势。关系强度（intensity）是体现在基于价值网络重构的价值创新系统特征的重要维度。关系强度主要有强联系和弱联系两种表现形式，具体见表 6-3。

表 6-3　价值网络重构关系强度的划分及相关关系表

关系强度	强联系	弱联系
主要内涵	长期范围内的合作与交流，亲密度较高	偶发性的互动和松散型的联系
与价值创新的关系	企业之间信任度非常高，有用信息的共享度也非常高，这样使价值创新的实现变得更简单	可以增强各个企业之间信息交换的广度，使总体的组织结构灵活多变
主要优势	这种组织结构下的各成员之间相互信任，相互之间的合作也非常默契，成员之间愿意共享自己的信息，从而为更好地实现价值创造打下基础	这种组织架构下成员之间的研究方向各不相同，相互之间交流时可以学习不同的知识

从关于关系强度和创新绩效的实证研究来看，主流的结论是关系强度对创新绩效有正向影响。在进行大量的理论和实践研究之后，Bengtsson 于 2004 年指出，供应商和客户之间的关系越好，两者创造的价值总量越大[193]。陈东升在 2001 年以集成电路企业为例进行研究发现，集成电路企业具有区域网络和全球模式，可以获取领先技术或产品信息，完成技术人才的培训，促进新的研发范式的形成，提升生产技术水平和研发创新能力[194]。Bruderl 和 Preisendorfer 在 1998 年的研究发现，在强联系的作用下，那些新创企业的成功率会更高一些，但是在其他应用场景下，强联系未必比弱联系更有效[195]。Kraatz 在研究之后认为，弱联系性的组织形式更利于增强企业间信息交流的广度，使总体的组织形式灵活多变；而强联系性的组织形式更利于增强问题研究的深度，在增强整个团队工作效能的同时也会带来一些负面影响[196]。

Hall 等在 1977 年首次使用关系质量来表示组织间行为一致、默契的程度，关系质量是测度网络关系特征的一个重要指标[197]。Naude 和 Buttle 2000 年认为，组织间关系的质量是一个多维度结构变量，难以通过一个指标来测量，需要将不同的维度整合起来才能全面测量关系质量的内涵[198]。Crosby 等于 1990 年指出，关系质量是一个包括信任和满足的高阶段质量[199]，并于 1998 年将机会主义、顾客导向与伦理相关的因素纳入关系质量理论中。通常情况下，关系质量是企业之间进行合作的基础，这在大多数理论研究中都有指出。

因此，可以得出以下假设：

假设 5（H5）：价值网络重构对价值创新有显著的正向影响。

6.1.4　价值创新对商业模式创新的影响

企业在生产过程中为了迎合消费者的口味会不断改进其产品性能，这就在无形中增强了企业的创新能力，这一过程称为价值创新过程。需要注意的是，价值创新和产品质量的提升是不一样的，价值创新的出发点更高，一般是立足企业的长远战略而提出的，其核心要素是对关键资源和专业技能进行充分的挖掘和利用。价值创新这种新思路的提出，改变了传统的企业竞争观念，企业之间不再进行你死我活的竞争，而是重新认识产品和服务，对已经存在的利基市场进行重新开发和定位，为自己争取更多利润的同时也尽可能多地为客户带来价值，从而打造出一个新式的市场发展环境。换句话说，通过新式产品或服务的开发来争取更多的新客户，从而开发出新的市场或新的发展空间[200]。

国外著名学者 Kim 和 Mauborgne 对社会上的众多行业进行了分类调查和研究，并于 1997 年在《哈佛商业评论》中发表了一篇关于价值创新的高质量文章，提出了价值创新战略[201]。价值主张主要是指创造顾客价值，从而实现企业价值。在新经济范式下，顾客价值和企业价值出现分离，这一分离状态促使原有的价值网络解构，重新建构出新的价值网络，通过重新分配价值使免费给顾客提供价值的网络参与者能够获得相应的企业价值。价值创新与价值创造是一种包含与被包含的关系。以往的价值创造本身具有很多的缺陷，其中最大的缺陷就是在经济过剩的情形下缺乏对知识创新的利用能力，造成这一局面最直接的原因就是当时的价值创造已经被限制在固定的条件下，缺乏自主性和活力。为了解决上述缺陷，价值创新理论开始发展起来。

价值实现主要对应企业的赢利模式，但是市场的边界与产业结构却有着很强的不确定性。这是因为这两个因素很容易受到各方参与人员的影响，在移动互联网企业的情境下，根据价值创新战略的要求，关注重点要从竞争对手转向为顾客提供价值，这是企业战略层面上质的飞跃。根据 Prahalad 等在《竞争的未来：与消费者一同创造独特价值》提出的观点，只有让公司客户和消费者参与产品的改变，企业才能逃脱孤立而极端的行为陷阱，从而提高公司的效益水平。换句话说，价值创新也可称为内生增长理论，因为其基础的理论依据是超竞争环境增长理论[202]。

价值维持是指企业核心能力和核心竞争优势的保持，在新的价值网络中是对于竞争者的一种隔绝机制。一旦处于超竞争环境中，企业就必须开始不断地、大量地寻找可以利用的新资源。此外，在此环境下企业所面对的风险将大大增强，风险的来源变得更为广泛，所以企业应当尽可能地将自身核心竞争能力向外部延伸，从内而外重新构建价值要素和模块，实现价值网络整体价值最大化，固化重构后价值网络成员，提升核心能力，从而获得长期持久的竞争优势。

因此，可以得出以下假设：

假设 6（H6）：价值创新对商业模式创新有显著的正向影响。

6.2　概念模型的调查实施

6.2.1　样本及数据来源

为了获取真实的调查数据，本节选取了具有行业代表性的涉及通信及相关设备制造业、计算机及相关设备制造业、通信服务业、计算机应用服务业、互联网应用服务业及其他领域共十几家企业。为保证被访者的广泛性，问卷被访者包括企业各类管理人员、技术人员、营销人员和行政人员，他们的学历从专科、本科、硕士到博士均有，保证了问卷问题的回答结果具有较高的目标性、准确性和代表性（调查问卷的格式参见附录）。

6.2.2　调查方式与方法

本节首先通过专家访谈进行了结构方程概念模型的变量选取工作，然后通过文献研究法进行了测量量表的确定，最后利用问卷法进行 SEM 变量数据的采集工作，获取企业各类人员对于本节所研究问题的普遍看法。

6.2.3　调查样本回收

根据统计学相关理论，以在国际上普遍使用的“95%置信区间、3%相对误差水平”的调查统计分析原则为基础，本次调查采用了按比例随机抽样的方式，按企业分层到各类人群随机取样，对本节所研究的问题展开调查。计划抽取的样本数量配额表见表 6-4。

表 6-4　计划抽取的样本数量配额表

被访者	管理人员	技术人员	营销人员	行政人员	其他人员	合计
企业	80	60	60	50	50	300

本次调查共回收问卷 235 份，其中有效问卷 200 份，无效问卷 35 份，回收问卷的有效率为 85.1%。实际回收的样本数量配额表见表 6-5。

表 6-5　实际回收的样本数量配额表

被访者	管理人员	技术人员	营销人员	行政人员	其他人员	合计
企业	60	50	30	30	30	200

6.2.4　调查问卷调查内容统计

观察变量一览表见表 6-6。观察变量 person 相关系数见表 6-7。

表 6-6　观察变量一览表

测评项目	测评指标	测评尺度	所占比例/%
宏观环境	市场结构与市场中企业的竞争程度及市场需求对宏观环境有显著影响	1 非常不同意	10
		2 不同意	13.5
		3 不确定	20.5
		4 同意	30
		5 非常同意	26
	国民经济增长、居民收入的提高和人均消费支出对宏观环境有显著影响	1 非常不同意	21
		2 不同意	24
		3 不确定	28.5
		4 同意	18.5
		5 非常同意	8
	在不同产业技术发展阶段，信息和通信技术的演变对宏观环境有显著影响	1 非常不同意	20.5
		2 不同意	15.5
		3 不确定	10
		4 同意	24
		5 非常同意	30
	政府对产业发展及企业发展的政策调控对宏观环境有显著影响	1 非常不同意	19
		2 不同意	22.5
		3 不确定	18
		4 同意	20
		5 非常同意	20.5
	资本市场上资本流向与风险投资关注的重点对宏观环境有显著影响	1 非常不同意	14.5
		2 不同意	33.5
		3 不确定	17.5
		4 同意	18.5
		5 非常同意	16
企业资源能力	企业拥有的独特资源，如技术、人力及网络资源对企业资源水平有显著影响	1 非常不同意	8
		2 不同意	12
		3 不确定	8
		4 同意	21
		5 非常同意	51
	企业内部资源（专用性资产、企业外部联系的工具和技能）配备及积累的知识与技能对企业资源水平有显著影响	1 非常不同意	4
		2 不同意	10
		3 不确定	25
		4 同意	30
		5 非常同意	31

续表

测评项目	测评指标	测评尺度	所占比例/%
企业资源能力	独特的企业文化对企业资源水平有显著影响	1 非常不同意	2.5
		2 不同意	14.5
		3 不确定	15
		4 同意	22
		5 非常同意	46
	企业通过掌控、利用和开发其网络关系，在较大范围内搜寻到较为合适协作伙伴，嵌入企业关系网络之间的实际及潜在资源总和对企业资源水平有显著影响	1 非常不同意	11
		2 不同意	18.5
		3 不确定	29.5
		4 同意	16.5
		5 非常同意	24.5
价值网络重构	价值网络上与企业直接相关联的创新伙伴数目代表企业可以动员和整合的企业外部资源的可能性大小，对价值网络重构有显著影响	1 非常不同意	4.5
		2 不同意	10.5
		3 不确定	19
		4 同意	32
		5 非常同意	34
	网络成员对价值网络所创造的规模效应和成本优势的依赖对价值网络重构有显著影响	1 非常不同意	6.5
		2 不同意	18
		3 不确定	26
		4 同意	23
		5 非常同意	26.5
	价值网络上的利益共享机制、企业激励水平、网络成员角色的评价及调整等对价值网络重构有显著影响	1 非常不同意	13.5
		2 不同意	22
		3 不确定	24.5
		4 同意	22
		5 非常同意	18
	价值网络上不同组织间互动中的联结力量，包括强联系和弱联系（也可表示组织间行为一致和默契程度）对价值网络重构有显著影响	1 非常不同意	10
		2 不同意	28
		3 不确定	25
		4 同意	18
		5 非常同意	19
	价值网络上与企业直接相关联的创新伙伴合作交流的时间跨度对价值网重构有显著影响	1 非常不同意	16.5
		2 不同意	24
		3 不确定	21.5
		4 同意	22
		5 非常同意	16
价值创新	企业准确定位目标客户，准确定位自己在价值网络中的价值创新环节和位置对价值创新有显著影响	1 非常不同意	11.5
		2 不同意	16
		3 不确定	20.5
		4 同意	20.5
		5 非常同意	31.5

续表

测评项目	测评指标	测评尺度	所占比例/%
价值创新	企业通过产品交付，如何从整个价值网络的总盈利中获得更大的份额，如何降低成本，提高效率对价值创新有显著影响	1 非常不同意	23
		2 不同意	22.5
		3 不确定	20.5
		4 同意	19
		5 非常同意	15
	价值支撑或隔绝机制，防止竞争对手的迅速模仿而造成价值流失对价值创新有显著影响	1 非常不同意	3.5
		2 不同意	11.5
		3 不确定	19.5
		4 同意	18
		5 非常同意	47.5
商业模式创新	赢利性对移动互联网企业商业模式创新有显著影响	1 非常不同意	7
		2 不同意	27.5
		3 不确定	47
		4 同意	12
		5 非常同意	6.5
	顾客价值的实现对移动互联网企业商业模式创新有显著影响	1 非常不同意	7
		2 不同意	20
		3 不确定	51.5
		4 同意	11.5
		5 非常同意	10
	适应性对移动互联网企业商业模式创新有显著影响	1 非常不同意	2
		2 不同意	29
		3 不确定	30.5
		4 同意	28.5
		5 非常同意	10

表 6-7　观察变量 person 相关系数

可观测变量	VAR 1	VAR 2	VAR 3	VAR 4	VAR 5	VAR 6	VAR 7	VAR 8	VAR 9	VAR 10	VAR 11	VAR 12	VAR 13	VAR 14	VAR 15	VAR 16	VAR 17	VAR 18	VAR 19	VAR 20
VAR 1	1.00																			
VAR 2	0.37	1.00																		
VAR 3	0.41	0.24	1.00																	

续表

可观测变量	VAR 1	VAR 2	VAR 3	VAR 4	VAR 5	VAR 6	VAR 7	VAR 8	VAR 9	VAR 10	VAR 11	VAR 12	VAR 13	VAR 14	VAR 15	VAR 16	VAR 17	VAR 18	VAR 19	VAR 20
VAR 4	0.44	0.44	0.49	1.00																
VAR 5	0.42	0.39	0.54	0.63	1.00															
VAR 6	0.46	0.24	0.33	0.35	0.42	1.00														
VAR 7	0.17	0.12	0.20	0.14	0.23	0.05	1.00													
VAR 8	0.34	0.13	0.34	0.19	0.18	0.14	0.52	1.00												
VAR 9	0.16	0.21	0.12	0.11	0.11	0.05	0.40	0.57	1.00											
VAR 10	0.27	0.02	0.24	0.25	0.15	0.14	0.29	0.40	0.42	1.00										
VAR 11	0.20	0.04	0.20	0.24	0.14	0.00	0.16	0.24	0.16	0.40	1.00									
VAR 12	0.21	0.07	0.38	0.25	0.22	0.18	0.13	0.22	0.10	0.31	0.54	1.00								
VAR 13	0.11	0.11	0.19	0.20	0.17	0.03	0.12	0.21	0.24	0.23	0.37	0.50	1.00							
VAR 14	0.13	0.09	0.27	0.15	0.13	−0.04	0.05	0.12	0.00	0.25	0.47	0.55	0.51	1.00						
VAR 15	0.15	0.13	0.25	0.28	0.26	0.10	0.17	0.16	0.03	0.26	0.34	0.45	0.29	0.41	1.00					
VAR 16	0.19	0.06	0.27	0.25	0.17	0.01	0.15	0.20	0.15	0.33	0.51	0.62	0.53	0.65	0.42	1.00				
VAR 17	0.28	0.13	0.39	0.50	0.36	0.25	0.27	0.40	0.36	0.51	0.35	0.32	0.17	0.24	0.20	0.34	1.00			
VAR 18	0.00	0.03	0.03	0.05	0.01	−0.05	0.08	0.14	0.16	0.11	0.05	0.03	0.03	0.00	0.02	0.14	0.18	1.00		
VAR 19	0.02	0.06	0.09	0.15	0.04	−0.05	−0.06	0.12	0.10	0.04	0.06	0.15	0.12	0.20	0.16	0.26	0.21	0.21	1.00	
VAR 20	0.00	0.02	0.05	0.07	0.03	−0.03	−0.03	0.06	0.16	0.13	0.02	−0.01	0.05	0.10	0.06	0.10	0.14	0.14	0.18	1.00

6.3　结构方程建模

6.3.1　模型和测评指标

SEM 是当代行为与社会科学领域量化研究的重要统计方法，它融合了传统多变量统计分析中的因素分析与线性模型回归分析的统计技术，对于各种因果模型可以进行模型辨识、估计与验证。在量化研究取向的多变量统计方法中，有越来越多的研究者使用 SEM 进行各种测量模型或假设模型图的验证，SEM 已逐渐成为数据分析的一门显学。

通过检索文献作者发现国内很少有研究者使用 SEM 研究企业价值网络构建问题，本节所进行的实证研究补充了这方面的不足。为了探讨移动互联网企业宏观环境等各观察变量对企业价值机制的影响路径和方式，基于已有的理论和经验，初步建立以下结构方程混合路径递归模型。根据 6.1 节的理论推导可知，宏观环境、企业资源能力、价值网络重构、价值创新及商业模式创新这五个潜变量之间的关系，具体见图 6-1。

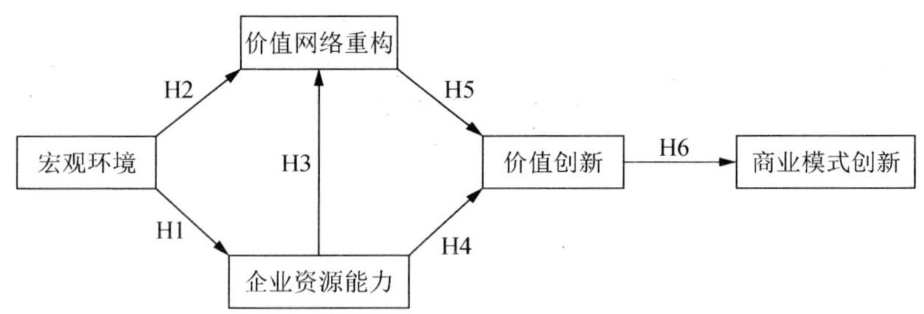

图 6-1　移动互联网企业商业模式创新概念模型

为了揭示被调查对象对影响商业模式各因素之间的因果联系和影响强度认可度的心理意识层面的特征，在查阅大量文献和理论解析的基础上，作者确定了影响商业模式创新的 19 个因素，见表 6-8。

表 6-8　价值网络重构下移动互联网企业商业模式创新模型的各级指标与测评变量解释

潜变量	可观测变量	测评变量解释
宏观环境	市场环境	市场结构与市场中企业的竞争程度及市场需求
	经济环境	国民经济增长、居民收入的提高和人均消费支出
	技术环境	在不同产业技术发展阶段，信息和通信技术的演变
	政策环境	政府对产业发展及企业发展的政策调控
	资本环境	资本市场上资本流向与风险投资关注的重点
企业资源能力	独特的资源和能力	企业特别是网络型企业拥有独特的资源和能力，如技术、人才、网络资源等

续表

潜变量	可观测变量	测评变量解释
企业资源能力	要素和工具	企业内部资源（专用型资源、企业外部联系的工具和技能）配备及企业与员工积累的知识和技能
	企业文化	独特的企业文化
	网络能力	企业通过掌控、利用和开发其网络关系，在较大范围内搜寻到较为合适协作伙伴，嵌入企业关系网络之间的实际及潜在资源总和
价值网络重构	重构网络规模	价值网络上与企业直接相关联的创新伙伴数目，表示该企业可以利用的外部资源的能力
	重构网络黏性	网络成员对价值网络所创造的规模效应和成本优势的依赖
	重构网络治理	包括价值网络上的利益共享机制、企业激励水平、网络成员角色的评价及调整等
	重构网络强度	价值网络上不同组织间互动中的联结力量，包括强联系和弱联系，也可表示组织间行为一致和默契程度
价值创新	价值创造	企业准确定位目标客户，认清楚自身在整个价值链中所处的位置和作用
	价值实现	企业通过产品交付，如何从整个价值网络的总盈利中获得更大的份额，如何降低成本、提高效率
	价值维持	价值支撑或隔绝机制，防止竞争对手的迅速模仿而造成价值流失
商业模式创新	赢利性	创新前后绩效的对比
	顾客价值	顾客让渡价值（顾客总价值和顾客总成本之差）的大小
	适应性	新的模式与企业内外部环境的匹配度

6.3.2　模型的假设前提

（1）合理的样本量

SEM 适用于大样本的分析。一般而言，数目大于 200 的样本，才能称为一个大样本。本章所采用的样本量为 200 个，符合要求。

（2）连续的正态内生变量

本章所采用的五级李斯特量表的变量格式为有序分类变量，变量基本呈正态分布趋势，且有一定的相关性。

（3）模型识别对变量及参数的要求

SEM 对于内生变量和估计参数的个数都有要求，以不少于 3 个为宜，而本章中确定的变量及估计参数的个数均大于 3 个，因此满足模型要求。

（4）完整的数据或对不完整数据的适当处理

本章对问卷调查数据中存在的缺失值和奇异值进行了补问处理，防止噪声数据对模型造成相应的误差。

6.3.3　问卷信度与效度的检验

由于 SEM 对于变量测量数据有相当高的要求，在做模型拟合之前，通常要进行问卷信度与效度的分析。只有通过了问卷信度与效度分析，才能进行 SEM 的拟合，否则，很可能无法产生理想的结果。鉴于此，本章进行了问卷信度与效度的检验，并最后通过了相关检验。

本章运用 SPSS 19.0 软件对总共 200 份有效问卷进行了敏感性分析(reliability analysis)，经过计算获得协方差矩阵，通过相关 F 检验，得到总体变量的 Cronbach 系数 Alpha 为 0.8459，且总体变量的 Cronbach 系数 Alpha 均大于 0.8，单个变量的 Cronbach 系数 Alpha 除商业模式创新外，其他均表现良好。从总体上看，可以说问卷的各个因素的内部一致性信度较高。具体结果如下。

```
总体变量: RELIABILITY ANALYSIS-SCALE(ALPHA)
                  Covariance Matrix
        N of Cases =       200.0
Inter-item
Covariances   Mean  Minimum  Maximum  Range  Max/Min  Variance
             .3400 -.0769    1.1901  1.2670 -15.4791  .0782
  Hotelling's T-Squared =481.7031      F =23.0596     Prob. =.0000
  Degrees of Freedom:          Numerator =19       Denominator =181
Reliability Coefficients    20 items
Alpha =.8459          Standardized item Alpha =.8394
宏观环境:  RELIABILITY ANALYSIS-SCALE(ALPHA)
Reliability Coefficients
N of Cases =200.0                  N of Items =5
Alpha =.7946
企业资源能力:  RELIABILITY ANALYSIS-SCALE(ALPHA)
Reliability Coefficients
N of Cases =200.0                  N of Items =4
Alpha =.6054
价值网络重构:  RELIABILITY ANALYSIS-SCALE(ALPHA)
Reliability Coefficients
N of Cases =200.0                  N of Items =5
Alpha =.7821
价值创新:  RELIABILITY ANALYSIS-SCALE(ALPHA)
Reliability Coefficients
N of Cases =200.0                  N of Items =3
Alpha =.5882
商业模式创新:  RELIABILITY ANALYSIS-SCALE(ALPHA)
Reliability Coefficients
N of Cases =200.0                  N of Items =3
Alpha =.3900
```

信度值参考范围——Cronbach 系数见表 6-9。

表 6-9　信度值参考范围——Cronbach 系数

Alpha 取值区间	可信度	备注
Alpha<0.300	不可信	—
0.300≤Alpha<0.400	勉强可信	—
0.400≤Alpha<0.500	可信	—
0.500≤Alpha<0.700	很可信	最常见
0.700≤Alpha<0.900	非常可信	次常见
0.900≤Alpha	十分可信	—

效度（validity）通常是指问卷的有效性和正确性，即问卷能够测量出其所欲测量特性的程度。通常包括问卷的敏感性（可靠性）分析和问卷的结构效度分析。本节运用因子分析来验证问卷的结构效度，验证量表的结构是否与制表的理论设想相符，测量结果的各内在成分是否与设计者希望测量的领域一致，具体为通过 KMO（kaiser-meyer-olkin）检验，判断数据是否适于因子分析，若 KMO 检验值>0.8，则属于优秀效度。KMO 和 Bartlett 检验见表 6-10。

表 6-10　KMO 和 Bartlett 检验

KMO Measure of Sampling Adequacy.		0.824
Bartlett's Test of Sphericity	Approx. Chi-Square	1377.515
	df	190
	Sig.	0.000

信度主要是指问卷是否精准（precision），信度分析涉及问卷测验结果的一致性和稳定性，其目的是控制和减少随机误差。信度通过估计测量误差大小的尺度来说明问卷测验结果中测量误差所占的比例。本节通过对协方差进行 25 次正交旋转的主成分分析得出，所构成的五个公因子能反映所有因素 59.989%的贡献，见表 6-11。从相关系数可以看出，各因素之间的相关性保持良好，大部分能保持在 0.1～0.6。

表 6-11　总方差解释

Component	Initial Eigenvalues			Extraction Sums of Squared Loadings		
	Total	Variance/%	Cumulative/%	Total	Variance/%	Cumulative/%
1	5.357	26.787	26.787	5.357	26.787	26.787
2	2.371	11.855	38.642	2.371	11.855	38.642
3	1.896	9.480	48.122	1.896	9.480	48.122
4	1.368	6.839	54.961	1.368	6.839	54.961
5	1.006	5.028	59.989	1.006	5.028	59.989

续表

Component	Initial Eigenvalues			Extraction Sums of Squared Loadings		
	Total	Variance/%	Cumulative/%	Total	Variance/%	Cumulative/%
6	0.899	4.497	64.486			
7	0.831	4.153	68.639			
8	0.788	3.938	72.577			
9	0.747	3.735	76.312			
10	0.711	3.557	79.869			
11	0.640	3.198	83.067			
12	0.509	2.547	85.615			
13	0.493	2.467	88.082			
14	0.473	2.363	90.445			
15	0.383	1.915	92.361			
16	0.365	1.824	94.184			
17	0.358	1.789	95.973			
18	0.293	1.464	97.437			
19	0.277	1.387	98.824			
20	0.235	1.176	100.000			

注：抽取方法为主成分分析。

6.3.4 模型设定

带有隐变量的 SEM 有两种基本模式：结构模式和测量模式。

1）结构模式：结构模式说明潜在外生变量和潜在内生变量之间的因果关系，这种关系以图形的形式表达出来，称为路径图。结构方程为 *G*=※***G***+***#N***+***F***，其中，***N*** 为潜在外生变量（潜在自变量）矩阵；***G*** 为潜在内生变量（潜在因变量）矩阵；***#***为结构系数矩阵，它表示结构模型中潜在自变量矩阵 ***N*** 对潜在因变量矩阵 ***G*** 的影响；※为结构系数矩阵，它表示结构模型中潜在因变量矩阵 ***G*** 的构成因素之间的相互影响；***F*** 为结构方程的残差矩阵。

2）测量模式：测量模式说明潜在变量 ***G***、***N*** 和测量变量 *y*、*x* 之间的关系。测量方程为 ***Y***=+***YG***+***E***，其中，***Y*** 为 ***G*** 的测量变量矩阵；+***Y*** 为测量系数矩阵，它表示潜在内生变量（潜在因变量）矩阵 ***G*** 和其测量变量矩阵 ***Y*** 之间的关系；***G*** 为潜在内生变量（潜在因变量）矩阵；***E*** 为测量方程的残差矩阵。

本章设定的 SEM 见图 6-1。

本章设置了一个外生观察变量，即企业宏观环境；四个内生潜在变量，即企业资源能力、价值网络重构、价值创新和商业模式创新。宏观环境（1HGHJ）是移动互联网企业价值网络重构（3JZCG）的外在动因，企业资源能力（2QYZY）是价值网络重构的内在基础，价值创新（4JZCX）是价值网络重构的战略表现，也是商业模式创新（5SYMS）的内在机理，价值网络重构是对移动互联网企业价值创造、价值实现和价值维持的过程重塑，是商业模式创新的网络化承载。因此，可以得出以下五个方面的研究假设：

H1：宏观环境对移动互联网企业资源能力有显著正向影响。

H2：宏观环境对移动互联网企业价值网络重构有显著正向影响。

H3：企业资源能力对价值网络重构有显著的正向影响。

H4：企业资源能力对价值创新有显著的正向影响。

H5：价值网络重构对价值创新有显著的正向影响。

宏观环境可以用市场环境、经济环境、技术环境、政策环境和资本环境五个可观测变量进行测量。

企业资源能力可以用独特的资源和能力、要素和工具、企业文化和网络能力四个可观测变量进行测量。

价值网络重构可以用重构网络规模、重构网络黏性、重构网络治理和重构网络强度四个可观测指标进行衡量。

价值创新可以用价值创造、价值实现和价值维持来观测。

商业模式创新可以从顾客价值、赢利性和适应性三个方面进行测量。

路径分析结构模型同时包括了显性变量（即观察变量）和潜在变量，这种模型被称为混合模型路径分析。

本章采用 SEM 专用分析软件 LISREL 8.7 的极大似然估计法进行概念模型的适配检验，以便最终得到理论模型的各参数标准化估计解。模型适配性检验图见图 6-2。

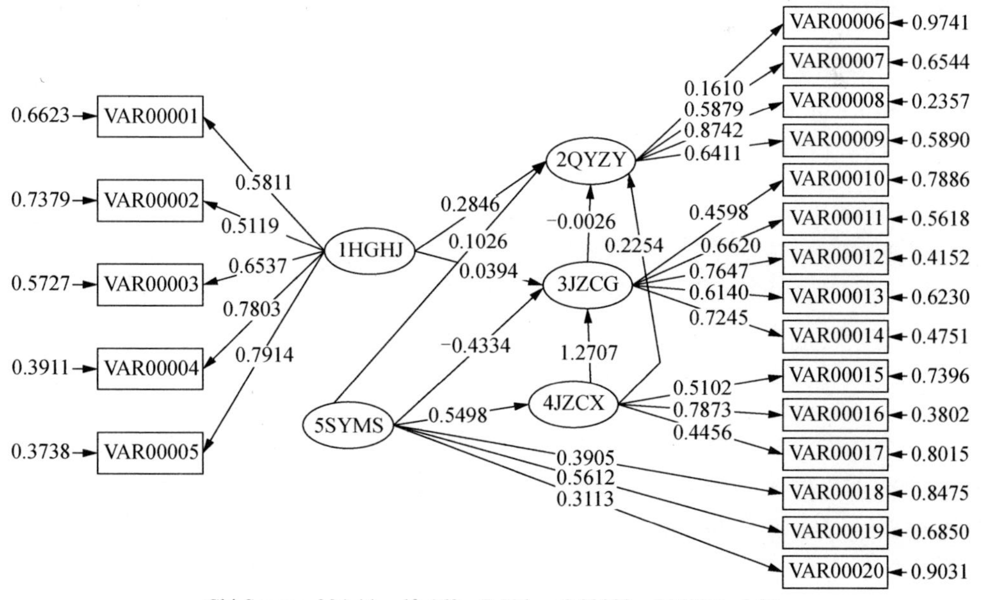

图 6-2　模型适配性检验图

6.3.5 模型拟合

LISREL 方法建立在协方差结构的基础上，它从变量之间的协方差结构入手，通过拟合模型估计协方差与样本方差来估计模型参数。该方法使用极大似然估计、广义最小二乘法等方法，构造模型估计协方差与样本方差的尼赫函数，得到使拟合函数最优的参数估计。以下是 LISREL 8.7 的部分运行结果指标值：

```
Normed Fit Index(NFI)=0.8354
Comparative Fit Index(CFI)=0.8905
Root Mean Square Error of Approximation(RMSEA)=0.08491
90 Percent Confidence Interval for RMSEA=(0.07431;0.09559)
P-Value for Test of Close Fit(RMSEA<0.05)=0.0000
Root Mean Square Residual(RMR)=0.2231
Standardized RMR=0.1311
Goodness of Fit Index(GFI)=0.8346
```

SEM 拟合指标建议值见表 6-12。

表 6-12 SEM 拟合指标建议值

拟合指标	χ^2/df	GFI	AGFI	NFI	IFI	CFI	RMR	RMSEA	P
建议值	<5	>0.9	>0.9	>0.9	>0.9	>0.9	<0.05	<0.08	>0.05

6.3.6 模型修订

对 T-Values 和 Modification Indices 进行模型修订工作，直至 T-Values 达标。先后对 SEM 进行了四次模型与程序的修订，最终形成了修正后的 SEM，见图 6-3。运行结果的拟合指标具体为

```
Normed Fit Index(NFI)=0.83
Comparative Fit Index(CFI)=0.89
Incremental Fit Index(IFI)=0.89
Root Mean Square Residual(RMR)=0.22
Standardized RMR=0.13
Goodness of Fit Index(GFI)=0.83
Adjusted Goodness of Fit Index(AGFI)=0.78
```

其中，χ^2/df、P 值已经满足建议值，各项指标也有些改善。在修订过程中，将一些结构系统存在明显偏差的情况予以纠正，使最终模型更能反映研究实际。模型拟合优化结果见表 6-13。

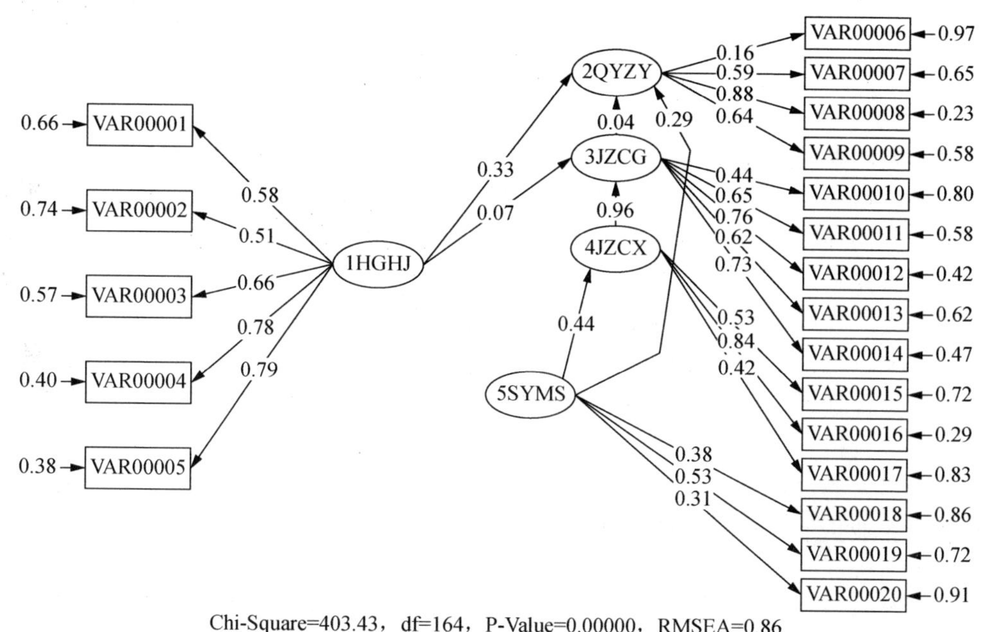

图 6-3　修正后的 SEM

表 6-13　模型拟合优化结果

拟合指数	NFI	IFI	CFI	RMSEA	RMR	SRMR	GFI	AGFI
指标值	0.833	0.89	0.89	0.085	0.22	0.13	0.83	0.78

由表 6-13 可以看出，绝对适配度指数 RMSEA 低于 0.1，表示整体模型的适配度基本合理；经过四次检验修正后，增值适配度指数 NFI、IFI 和 CFI 已经非常接近其评价标准 0.9。

从结果可以看出，虽然各项拟合指标都接近建议值，而且有个别指标如χ^2/df、*P* 值已经满足建议值，但仍然有进一步优化的可能性，所以作者后面又对模型进行了多次修订，期望能实现更好的拟合效果。

6.3.7　研究结论

从 SEM 的最终结果可以看出，移动互联网企业宏观环境直接影响移动互联网企业资源能力和企业价值网络重构，直接影响程度分别为 0.33 和 0.07。移动互联网企业资源能力对企业价值网络重构有较小的直接影响，影响程度为 0.04。价值创新对商业模式创新有直接影响，影响程度为 0.44。商业模式创新对企业资源能力有直接影响，影响程度为 0.29。价值网络重构对价值创新有较大的直接影响，影响程度为 0.96。企业价值网络重构对商业模式创新有间接影响，影响程度为 0.44×0.96=0.4224。价值创新对企业资源能力有间接影响，影响程度为 0.96×0.04=0.0384。

本 章 小 结

首先，本章主要以创新理论为基础，从宏观环境的影响出发，根据前人的研究成果、移动互联网企业价值网络重构的外在表现形式和价值创新的内在逻辑，总结了移动互联网企业商业模式创新的主要影响因素，构建了概念模型，并提出相应的研究假设。

其次，通过设计调查问卷，以移动互联网行业的企业为调查对象，运用深入企业实地走访、发放问卷和电子邮件调查等方法收集数据，运用 SPSS 19.0 对原始数据进行处理，再运用 LISREL 8.7 对概念模型进行了测量模型检验和结构建模。原假设得到验证，模型的拟合优度合理。

最后，通过模型的实证检验，研究假设成立。因此可以说，宏观环境是移动互联网企业价值网络重构的外在动因，企业资源和能力是价值网络重构的内在基础，价值创新是价值网络重构的战略表现，是商业模式创新的内在机理，价值网络重构是对移动互联网企业价值创造、价值实现和价值维持的过程重塑，所以，价值网络重构是商业模式创新的网络化承载。

第 7 章　移动互联网企业商业模式创新动因、路径和评价

7.1　移动互联网企业商业模式创新的基本框架

7.1.1　移动互联网企业商业模式创新的主要方式

移动互联网产业是一个快速发展的产业，是一个不断满足客户需求，挖掘和引导客户需求的产业，尤其是技术的变革常常带来商业模式的创新，移动互联网企业只有建立一个开放合作的、具有较强柔性特征的商业模式才能不断适应行业发展需要。随着价值创造活动的网络化趋势，企业越来越倾向于通过构建网络实现发展，重构价值网络已经成为企业商业模式创新的主要方式[203]。

1）从价值网络的重构逻辑来看，移动互联网企业一是要突破传统的狭义网络思维，超出当前运营中所面对的价值链关系或普遍流行的价值网络常态，从更大的价值生态范围内探寻价值网络的重构可能。因为许多看似无关联的参与者之间或要素之间，往往蕴含着价值创造机会。二是要改变纯粹的“将投入转换为产品”逻辑和顾客价值的创造思维，转向关注价值创造的合作者或潜在合作者，通过辨析网络参与者之间外显的或内隐的价值交换逻辑，建立一种联结顾客、企业及其他参与者的新型协作关系。

2）从价值网络的重构内容来看，移动互联网企业需遵循上述颠覆性思维，重新审视当前价值网络的交易内容、交易结构和交易方式，重构内容包括如下几点：①改变交易内容，调整参与者或产品、服务及知识组合，如引入新参与者或新的增值产品等；②改变交易结构，重新定义参与者在网络中的角色和功能，如顾客分类模式和第三方市场模式；③改变交易方式，变革参与者之间的价值交换关系，如逆向收入源。作为组织间重新分工和重新组合的动态行为，价值网络重构活动会一直持续下去。重构带来全新的价值创造方式，企业商业模式创新可以是其中任一方面的创新，也可以是多种创新路径的融合。

3）从价值网络的重构过程来看，顾客价值创造与企业价值实现并不是单维的链式交易过程，而是由多个参与者、多条价值链的交互作用构成的多维交易。在整个过程中，主导产品或原目标顾客的价值创造为先导，在此基础上企业可以通过一定的扩散机制，选择性地逐步纳入其他价值链及相关利益体并结合在一起。顾客价值创造与企业价值的实现过程可能是分阶段的，企业选择在初始阶段努力

创造顾客价值以产生流量，期待在未来阶段产生收入的做法颇具风险，因为两者之间不存在天然的线性关系。企业能否将流量转化为收入的关键在于：如何多方位地发掘企业收入来源及实现可能性。当主导产品或服务无法给企业带来预期收入时，企业需要积极拓展其他收入来源，这依赖于原目标顾客与新用户群的互动支持效应，以及主导产品与附加产品之间的关联功能开发等。

7.1.2　移动互联网企业商业模式的创新运作

在顾客价值的强力驱动下，移动互联网企业受到外在条件变动的作用，商业模式的创新呼之欲出。移动互联网企业先要全面、客观地研究本身的发展实力与实际状况，在此基础上对短期策略进行调整，调整的外在表现就是价值网络的重构。移动互联网企业再对其价值活动进行模块化整合，努力寻求一种最优的组合方式，这就是一个开展评估与协调的发展过程，推动了商业模式的创新，让企业的核心能力得到提升，充分发挥出竞合的优越性，促进企业的长远发展，为消费者创造更高的价值[204]，具体见图 7-1。

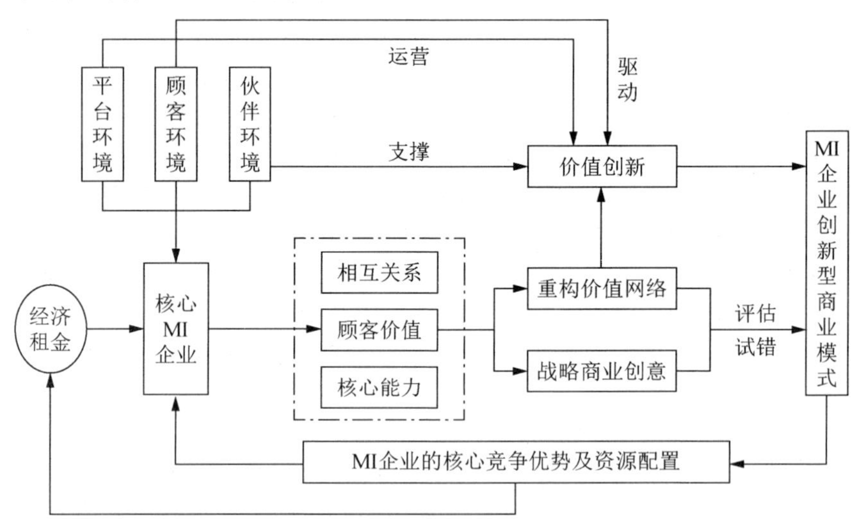

图 7-1　移动互联网企业商业模式的创新运作

在内部与外部条件发生巨大改变时，移动互联网企业商业模式的创新活动便开始了。在商业模式的构成体系中，静态分析、数字、逻辑与市场检测都是其历程中的重要环节，在检测之后方能走向定型。正是在这样反复的过程中，移动互联网企业的商业模式才能得到创新发展[205]。

移动互联网企业价值的模块化让价值链走上了解构之路，价值网络由此构成。所以，新型的商业模式和价值网络的关联是必然的。就根本而言，价值行为的存在意义就是与客户的需要相适应，获得商业收益。也就是说，新型的商业模式与价值、价值网络的构建有着同样的目的。价值网络虽然具有虚拟性，但是可深刻作用于商业模式的创新行为[206]。在现代创新认知体系中，创新行为要产生作用离不开价值网络的支持，具体体现的因素见表 7-1。

表 7-1　移动互联网企业商业模式创新的网络化实现方式

项目	内容
价值网络重构让移动互联网企业不以创新单一元素为关注的焦点	移动互联网企业要获得虚拟领域中的商业收益，价值网络在其中扮演着重要的角色，单独针对某些元素进行创新，通常无法获得商业收益，而要展开统一元素的创新。所以，在价值网络中开展创新活动，从始至终都应该以获得商业收益为关注的焦点，开展以此为目标的系统创新活动
重新构建价值网络，奠定企业创新的活力与运营基础	根据调查显示，协作机制与协作的活力、目标群体的筛选、运营体制等元素有着紧密的联系，且价值网络也和诸多元素密不可分。协作对象的筛选、科技与成果的配置，都以价值网络本身的组织性与内在机制为指导，且价值网络还是协作创新的动力源泉，它的稳定性确保了协作创新的有序进行
重新构建价值网络，奠定科技创新的组织基础	作为活动类型之一，科技创新在时空上都有严格的规范，尤其是开放型科技。就时间而言，因为创新全局具有开放性，时间的重复累积与倒置现象大量存在，而价值网络提高了这种现象发生的概率；就空间而言，开放型的创新行为没有区域的限制，价值网络便为这种突破空间限制的调整奠定了组织基础
实行网络化创新的载体是价值网络	商品规划的版块化是构成价值网络的源头，所以网络化创新是价值网络的发展源泉。价值网络的概念极其宽泛，经济组织价值活动的全局都有涉及，这就表明它是实现网络化创新的重要载体。据研究资料显示，从宏观的角度而言，创新与价值网络的所有组成部分大致相同
重新构建价值网络，让效益关联体之间的协作得到深化	价值网络可以实现优质资源的高度集中，当这些具有优越性的组成元素聚集在同一个发展平台上时，相关的企业便能实现资源共享，提高市场生存能力。基于价值版块化，企业构建的价值网络可以使各个成员组织的创新科技与优质资源得到充分的展示，使企业的竞争力与抵御危机的能力都得到大幅度的提高。因此，价值网络确保了各方效益的均衡发展，加强了彼此间的良好沟通与协作，达到互利共赢
重新构建价值网络，让移动互联网企业与价值链实现较好的融合，提高国际竞争力	处于版块化体系中，企业本身的价值系统、对于价值网络的认知程度，都对企业的竞争力有着决定性作用，这就表明企业的竞争集中在价值网络方面。对于规模较大的企业而言，由重新构建价值网络来扩充实力，是一种非常流行的做法。因此，就一定意义而言，价值网络的创建为企业进行无地域限制的发展奠定了坚实的基础

进行商业模式的创新和重新创建价值网络有着密不可分的联系，特别是在网络经济的背景下，以技术为先导的高附加价值的移动互联网企业开放式创新模式，是依附于价值网络的创新模式，价值网络的运行机制和协调机制都会对开放式创新产生影响；同时，开放式创新模式也反作用于价值网络构建的内在机制，两者是互相促进的[207]。

7.1.3　新趋势下移动互联网企业商业模式创新思维

如果说上一轮基于互联网的商业模式创新的本质是泛互联网化，那么新一轮的基于移动互联网的商业模式创新则要建立在超越互联网、超越移动通信的思维之上。链接、跨界与融合、开放不仅使许多新的商业模式产生，而且使行业边界呈现模糊化趋势。基于这些思想的商业模式创新，开拓了企业追求高层次差异化的新境界。

1．链接

移动互联网的高链接性、高可获得性、丰裕性使业务活动频率急剧上升，这些活动不仅表现为市场化的交易，而且包括介于市场机制与科层机制之间的各种合作，以及业务之间在企业内的结合。交易频率的急剧上升使交易成本的节约成为企业设计交易结构和交易机制关注的中心问题，也是决定整个经济运行效率的关键问题。移动互联网的发展使交易成本得到多方面降低，无障碍零距离沟通、开放的信息和标准、资产专用性的降低、少数人的联合等平台式商业模式既是因交易成本降低需要而产生的，也是交易成本降低的结果。平台式企业在商业生态系统中扮演着越来越重要的角色，这种商业模式创造价值的逻辑就是通过链接与融合降低平台参与者各方的交易成本，并使网络效应得以发挥。根据平台所链接与融合的对象不同，平台式商业模式又可以分成客户平台、数据平台、技术平台或三者兼而有之，其本质都是基于移动互联网的中介组织。

一些商业模式兼具客户平台、数据平台和技术平台的性质，如苹果公司为iPhone手机推出App Store（应用程序商店）模式。苹果公司为全球软件市场带来了一种全新的模式，2012年张利斌和张广霞认为，各大操作系统提供商、网络运营商和手机终端制造商相继推出自己的App Store，如谷歌公司的Android Market、中国移动的MM、诺基亚的Ovi Store，它们都希望借助App Store模式，尽可能多地把参与者聚集在自己的平台上，从而创造最大价值[208]。

2. 跨界与融合

从资源基础论的视角来看，企业边界主要取决于企业所拥有核心资源的价值辐射能力和企业控制能力。当移动互联网成为企业的优势核心资源时，对资源规模经济和范围经济的追求激发了以移动互联网为中心的扩张，出现数据相关多元化（data-relation diversification），除技术相关多元化、市场相关多元化之外，移动互联网资源和技术成为企业决定其边界的新依据。

从交易成本的视角来看，外部交易成本的降低提高了互补资源的可获得性，内部交易成本的降低提高了企业的管控能力，这也为企业跨行业扩张提供了可能性，一些前瞻性的公司已经开始尝试跨界与融合。这种跨界与融合主要有三个方向：①产业链外企业依托天然拥有的大数据资源向移动互联网产业链扩张，涉足移动互联网的生产；②产业链内企业依托移动互联网资源向其他行业扩张，涉足移动互联网行业外应用；③以移动互联网为核心资源的全方位扩张。

例如，2011年被微软公司以85亿美元收购的Skype公司，通过提供基于网络的免费通话服务成为电信行业的破坏性创新者。Skype公司开发了以Skype命名的软件，在计算机或智能电话上安装这个软件以后，用户可以在设备间拨打免费电话。Skype公司跟传统电信运营商的成本结构完全不同，其提供的免费电话完全是通过网络基于“点对点”技术路由的，这项技术利用了用户的硬件和互联网作为通信的基础设施。因此，Skype公司不必像电信运营商那样管理自己的网络，除了后端软件和用户账号托管服务外，其基本没有自己的基础设施，用户只有在呼叫固定电话和移动电话时才需要付费，而且费率非常低廉。Osterwalder 等于 2011 年指出，尽管 Skype 公司提供的是通信服务，但是其商业模式更多地遵循软件公司的经济规律[20]。

3. 开放

创新移动互联网企业的商业模式，其实就是用开放式的思维对商业模式的各个组成元素进行再度界定与变革，进而影响价值网络的重构和商业模式的改变，见表 7-2。

表 7-2　移动互联网企业商业模式开放式创新思维

项目	内容
开放性运营机制	为了创建用户流量和黏性，先要进行免费即时通信与杀毒，再依靠宣传、商品的关联获得收益，这就是对消费者展开的开放性运营机制
开放性赢利机制	电子阅览以内容上的获利为重点，而非硬件利润，这是开放性赢利机制的典型例子。亚马逊公司拥有 100 万部正版的电子书，这成为其 Kindle 与平板式计算机备受青睐的深刻原因。由于我国的书籍出版组织过多地关注印刷市场，忽视了电子出版领域的发展，所以该领域的库存量非常短缺，且多是盗版书籍。盛大文学旗下的作品多是小说，目标群体也多是青年人，这和网游并无本质区别，体现不出电子书的知识性
开放性获益机制	在开放性获利机制中，动漫领域的发展是其中的杰出代表，如动漫造型的产权、专题乐园、片子放映与广告宣传等，都是动漫领域获利的途径
开放性营销途径	C2C 的典型例子淘宝网、B2C 的典型例子凡客诚品，是有效运用开放性营销途径的杰出代表，它们从根本上变革了传统、密闭、透明度低的营销模式。对于传统的营销产品而言，京东、当当、1 号店等很难拥有透明的价格体系

上述创新改变了企业对外部资源需求的内容及方式，改变了企业创造价值、传递价值的方式及路径，改变了企业的商业生态，使企业的资源边界、市场边界和契约边界呈现模糊化的趋势。王琴于 2011 年指出，企业对资源的获得和利用过程也是企业重构外部关系网络和价值网络的过程，价值网络重构已经成为企业商业模式创新的重要方式之一[209]。

7.1.4　移动互联网企业商业模式创新层次模型

基于价值网络重构的移动互联网企业商业模式创新层次模型见图 7-2。在图 7-2 中，可以清晰地看到移动互联网企业重新创建价值网络、创新价值体系与商业模式。价值网络中的移动互联网企业，可以试行多种运作方式，也就是说，企业可以依靠新的商业运行机制，在动态的试行过程中增加企业的价值，继而进入接下来的过程[210]。基于从链状到网状的演进，移动互联网产业实现了从价值链到满足用户需求的价值网络的过渡。行业的界定不清晰、企业对于价值链的复杂态度，使跨行发展的运作方式逐渐产生，这正是价值创新所诠释的战略逻辑。

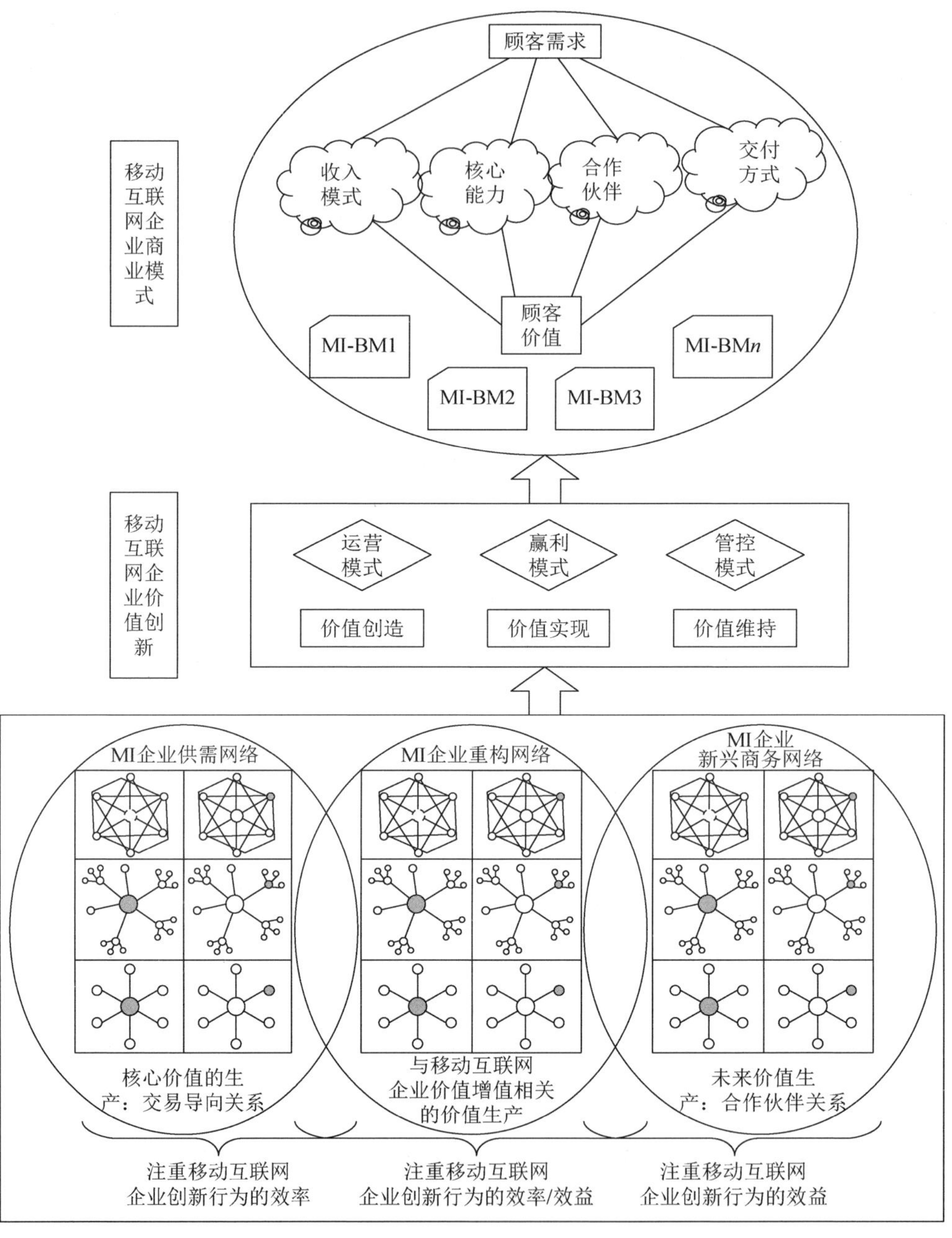

图 7-2　基于价值网络重构的移动互联网企业商业模式创新层次模型

移动互联网企业价值网络重构从价值网络的成效、创新行为等元素上开展，商业模式的差异性让相应的价值网络的内在机制也具有一定的差异。本章基于价值网络的重新创建与创新发展样式的研究，对移动互联网企业的商业模式与创新活动进行全面的探析。移动互联网企业的价值网络在构成层面、标准化商品的供应体系中，表现出核心与结点机制，以供应标准化商品的移动互联网企业为网络核心。该类企业在供应标准化商品的过程中，若其价值网络的格局是多样化的，则不能称为网络的核心。移动互联网企业价值网络重构是价值创新范式的网络化承载。移动互联网企业价值模块运用所属资本来开展价值网络的创建，其内在的机制是较为稳固的，而开放性的变动条件与之不相适应。在价值网络的环境下，移动互联网企业所构成的诸多竞合关联和这个环境是相适应的[211]，具有动态的特性，进而构成价值网络重构的常态化，促进移动互联网企业的商业模式不断创新。

7.2　移动互联网企业商业模式创新动因

7.2.1　基础层移动互联网企业的创新动因

1. 价值动因

一个企业在价值网络中的位置直接决定了其在该企业获得的附加价值，宏碁集团创始人施振荣先生提出的微笑曲线说明了企业在价值网络中的位置与获得的相应附加价值之间的关系[212]。微笑曲线或苦笑曲线（图 7-3）表明价值网各环节与附加价值之间的 U 形关系，一般而言，利润最薄的位于曲线的底端，然后随着附加价值的增加，价值创造环节向曲线两端移动。就基础层企业而言，加工制造环节位于曲线的底端，利润最薄弱，随着附加价值的提升，这个利润最薄弱的环节开始向两边延伸，左边延伸到了如专利、材料、设计和研发等高附加价值环节，右边延伸到了销售、传播、网络和品牌等环节。这种分化和延伸会随着专业化分工的不同价值出现差异，即附加价值集中体现在那些离曲线底端距离远的延伸环节。

基础层企业商业模式创新的根本动力是获取商品的价格提升带来的价值增值，同时提供顾客接受的商品和使用价值。根据苦笑曲线，基础层企业价值网络是基于附加价值的获取进程而得以拓展的。电子企业针对价值网络所进行的一系列的建设活动，其实就是获取较高的附加价值的过程，获取附加价值能让基础层企业价值生产增加新的环节，拓展新的市场空间，因此附加价值是基础层企业进行商业模式创新的动力[213]。

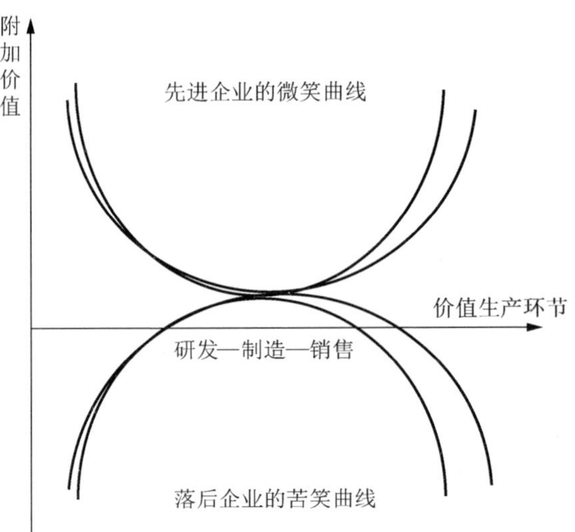

图 7-3　价值微笑和苦笑曲线

2. 市场需求动因

基础层企业价值链多是基于需求联系构成的，上游的商品满足了下游的需求，价值链的最终商品又满足了市场的需求。在 *The Competitive Advantage of Nations* 一书中，Porter 第一次对钻石模式进行了明确的阐述，突破了各种比较优势理论的局限，为后来的研究工作提供了新的理论分析范式[214]。后来 Rugman 等人将钻石模型拓展为适合加拿大研究的复合型钻石模式[215]，Moon 等人又将之进行了延伸，产生了经济发展程度不高的国家适用的一般化的双重钻石模型[216]。

本章借鉴该模型来分析基础层企业的竞争优势，并提出了维持企业竞争优势的四个不可缺少的因素，具体见图 7-4。在这四个要素中有两个涉及消费需求，基于双重钻石模型的市场需求是促进基础层企业进行商业模式创新的另外一个动因。

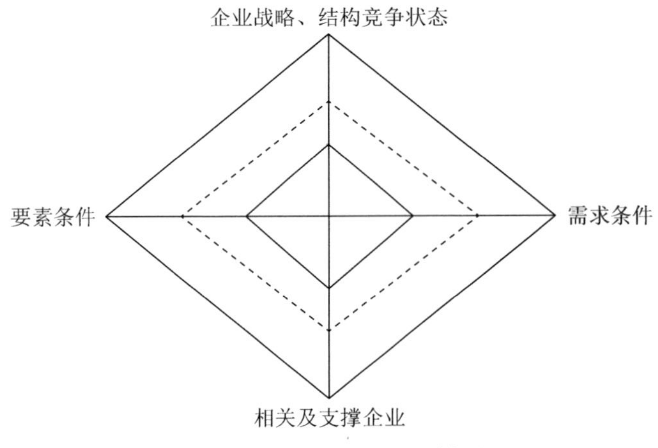

图 7-4　改进的双重钻石模型

3. 自组织协同动因

自组织（self organized）是系统科学的一个重要概念。它是复杂系统演化时出现的一种现象[217]，具体见表 7-3。

表 7-3　自组织动因

要素	内容
定义	在与外部环境进行能量与物质等互换的过程中，某个体系本身的熵值减少，从而使内在机制的有序性得到增强，自身的生存能力得到显著提高
特征	系统在没有外部环境参与的情况下进行自主性的协调、变革、推进，使自身的发展状态实现由无序到有序的转变
本质	系统在特定的环境中自发构成有序发展，这就是这个过程的根本意义，也就是说，在系统的诸多组成要素的互相作用下，形成了协同机制，并衍生出序参量支配，让宏观时空的内在机制得以有序发展
理论支撑	在协同理论中，系统内在的诸多元素的竞争与协同作用是其演进的力量源泉，系统的非均衡性来源于竞争，而子系统里有的发展元素相互融合、扩散，构成的序参量则来源于协同机制，处于主导地位，为该系统的发展提供强大的支撑

基础层企业的商业模式创新基于当基础层企业产业链处于上升与下降的边缘时，价值体系内在的自发应对机制便会开启，诸多成员会在新信息的指导下再次判定发展态势，从而制定正确的发展策略，并对彼此的关系进行协调，确保其价值可以在新的稳固环境中顺利运作。

网络成员为了自身的发展需要，对发展机制进行合理筛选。处于价值网络中的诸多企业以消费者的切身需求为核心，从而找到适宜的协作对象，为了克服企业自身的缺陷，企业应自主与合作伙伴的价值生产环节进行对接，协调企业的各种性能，凝聚企业统一体的优势力量，推动价值网络的全面发展[218]。

7.2.2　应用层移动互联网企业的创新动因

1. 行为主体驱动性

应用层企业价值体系的繁杂性主要体现为诸多形式的元素共同构成了系统的框架，如软件及其管控组织、高校与科研组织、中介与风险投资组织等。诸多元素中还具有繁杂的关联，具体见表 7-4。

表 7-4　应用层移动互联网企业商业模式创新的驱动行为主体

行为主体	驱动表现
软件经济体	处于知识转换的核心地位，承载着高校、科研组织的成果转换，并接收来自于中介组织的各项服务
高校与科研组织	基础研发占据着核心地位，为企业的变革活动奠定理论基础，在知识创新中具有主导作用
中介服务组织	其主要任务是加强系统中各个组成部分的沟通，在推动知识流动中起着主导作用

续表

行为主体	驱动表现
软件业的管控组织	在宏观管控方面，该组织通过出台相关的法规章程等，产生积极的影响，依据条件的变动对行业的发展全局进行及时管控，促进该行业的良性发展，在宏观调控中起着主导作用

应用层企业价值体系和外部环境互换物质与信息等时，也在进行着自发性地协调、组织、借鉴、调整准则、与环境共同发展等活动，拥有动态与历史推进等特点。诸多系统的构成元素表现出极其繁杂的发展特点，线性化不易实现，且它们的内在结构也会在动态的环境中发生不小的变动。系统的组成要素相结合，使系统呈现出复杂的特性[219]。

2. 涌现性的驱动机制

在繁杂的系统理论里，涌现现象一直是研究的焦点，成为很多研究者探析的重点。系统的涌现性是指系统具有其组成部分或部分总和没有的性质，这是系统最重要的特性。也就是说，系统和它的诸多构件取得了非常巨大的发展，这就是涌现现象在系统科学中的深刻内涵。对此种现象的认识见表 7-5。

表 7-5　应用层企业商业模式涌现性创新驱动的特征

项目	内容
特征 1	涌现现象只存在于系统全局中，而在部分元素中则没有，或存在于较高层级系统中，但是如果恢复到低层级状态则该现象会立即消失
特征 2	系统的层级分布导致了涌现现象的产生。逐步上升的层级代表着较高级别的产生，让系统的组成框架更为繁杂，这就说明涌现所带来的影响就是让系统层级不断提升
特征 3	部分是全局涌现的源泉，换言之，出现在较高层级中的元素无此种特性，较低层级是其源头，处于较低层级中的元素在不断作用之下，产生了各种涌现现象

产生涌现现象的条件是系统要表现出非线性、自发协调、非均衡、与吸引子相分离等特点[220]。

应用层企业商业模式创新涌现性驱动的规模效应主要体现在两个方面，见表 7-6。

表 7-6　应用层企业商业模式创新涌现性驱动的规模效应

项目	内容
数量上的规模（量的程度）	整体系统能力的涌现性必须以一定数量的能力单元集合在一起才能够产生
实力上的规模（质的程度）	系统的整体能力的涌现性需要每个能力单元都具有能力并且将其进行融合才能够体现出来

3. 消费者需求驱动

目前随着经济的发展与科技的进步，消费者的需求也在不断发生改变，不同的阶层拥有不同的消费群体。消费者的价值实现是移动互联网企业商业模式创新的核心驱动力，无论消费者组织形式如何千变万化，产品都必须通过市场的监督与检验之后才能够进行消费以此获得消费者的认可，很大程度上该产品是否成功以消费者的接纳程度为主。Gereffi 在 1994 年提出全球价值链的顾客驱动观点[221]。Woodruff 在 1997 年也指出，顾客价值作为竞争优势的源头所在，必须以满足其需求为主[222]。

在商业模式的概念中，整个市场需求以顾客为核心驱动力，以顾客需求为中心进行商业模式创新，是企业发展变化的基本动力，促使企业为了获取更多的经济效益不断地调整其商业经营模式，以满足顾客的需求。应用层商业模式主要以顾客的需求为基准，只有上下游企业之间、市场与价值网络之间形成一种需求与被需要的关系，才能促使最终产品的产生，以此促进其商业模式不断进行创新和演变。

7.2.3　终端层移动互联网企业的创新动因

1. 内生动力驱动

随着信息革命和技术的飞速进步，信息服务产业已经成为经济全球化引领之下的信息服务的龙头产业。由于信息技术的出现推动了信息服务业的技术创新，进而推动信息服务业逐渐走向成熟，因此技术创新作为信息服务行业的核心力量有着十分重要的作用。随着信息技术的不断发展与进步，市场的需求被飞速发展的创新性技术和产品发明所填补，信息服务行业也因此得到了飞速的发展[223]。

第三次科技革命爆发以后，信息技术产业得以蓬勃快速发展，信息服务发展的趋势以信息服务为主体蔓延，信息服务行业也因此备受关注。从其发展历程来看，国内的信息服务行业已经逐渐与国际接轨，并且信息服务体制也开始逐渐改革，由公益服务产业走向了复合型服务产业，并且创造了一个多种所有制共同发展，形式多元、格局灵活的发展前景。在当下的信息服务业产业链中，运营商是主要的推动力量，其发展也得益于产业链各环节的推动、市场的需求、使用成本不断下降和易用性的提高。

在终端层企业商业模式的创新过程中，随着企业的发展和用户的不断成熟，其价值网络由以生产为中心的业务导向型（这一阶段推动企业发展的触发机制是技术创新）转变为以产品为中心的消费导向型（这一阶段推动终端层企业发展的触发机制是消费者的需求），形成商业模式的良性发展[224]。可以说，终端层企业价值网络中每个环节共同协调发展，最终推动了整个行业的不断成熟和完善。伴随技术的不断发展和消费者需求的不断延伸，终端层移动互联网企业商业模式不断进行创新。

2. 外生动力驱动

（1）需求牵引

企业应重视现有用户的应用需求。由于技术创新日新月异，信息技术的复杂化程度日益加深，产业内分工和国家分工越来越细化，促进了终端层企业价值网络的重构与商业模式创新的过程。随之，价值网络的重构引起了价值网各环节利润分配的差异。终端层的产品和服务的核心包括来源于企业用户商业化需求和来源于普通消费者及家庭个性化体验需求两个方面[225]。企业要想和社会全方面接轨势必要将应用需求考虑进去，作为辨别客户的基础应用需求，并与创新技术不断地结合，最后组成新的应用需求模式凝聚为更加强大的企业竞争力，以获取更多的市场份额。

（2）政策驱动

纵观信息服务类企业政策在国民经济及区域经济发展的中心作用，公共政策是服务业信息化创新发展的催化剂，能够促使发展、传播和分享的成本下降；政府政策可以促进信息基础设施建设、提高全民数字能力、积极利用信息技术提高服务业的创新发展。政策鼓励范围包括软件开发业、系统集成业、信息服务业等。在全球经济出现衰退的影响下，作为全球性的终端类企业也因此受到重大影响，国内相关部门采取了一系列策略应对这一危机。知识产权保护政策通过鼓励和资助国外知识产权申请、完善知识产权保护机制、加大保护力度等政策推动知识产权战略的实施。终端层企业的发展一方面需要中央和地方政府相关政策的大力支持，这是信息服务企业向前发展的助推力和保障力；另一方面终端用户的需求及在其他地区培育和发展新的信息服务体系也是必不可少的，这是终端层企业构建更为科学合理的商业模式的潜在能力[226]。此外，终端层企业的价值系统本身的触发和生成机制，以及核心资源驱动力也是终端层企业商业模式创新的动因之一，这作为其商业模式创新的内在动因刺激着终端层移动互联网企业进一步向前发展。

3. 企业核心资源驱动

作为第三产业中活跃程度较高的产业，终端层企业的崛起无疑为国民经济的快速提升、人们物质文化生活及社会生产生活、信息科技资源共享做出了不小的贡献。一方面终端层企业为管理与决策提供了更为科学的方法和意见，另一方面有效地配置资源、大力发展循环经济和绿色经济为资源市场注入了更新鲜的活力。随着市场经济的快速发展，政府与社会对信息的需求量逐渐增多，所涉及的领域更加宽泛，并且一些潜在的用户开始逐渐演化为实际用户，从而促进了国内信息服务行业的飞速发展与进步[227]。终端层企业的商业模式创新主要受以下几方面的核心资源驱动，具体见表 7-7。

表 7-7　终端层企业的商业模式创新核心资源驱动

核心资源	驱动途径
管理资源	实现兼并合作走联合发展之路
	实施品牌战略

续表

核心资源	驱动途径
技术资源	加强网络信息系统和网络基础设施建设
	加强网络信息资源数据库建设
人才资源	通过正规教育来培养高素质的网络信息人才
	加强网络信息人员的在职培训
服务资源	实现精品服务
	用户个性服务

7.3　移动互联网企业商业模式创新路径

7.3.1　基础层移动互联网企业商业模式的创新路径

1. 基于硬件智能的商业模式创新

腾讯微信开放硬件接入，消费者戴着智能手环，每天的运动量都可以在微信朋友圈上分享。微信可以通过可穿戴设备的接入，将虚拟游戏和真人实体游戏相结合，如用户走十步楼梯就可以得到十个游戏金币。智能冰箱检测到用户家里的牛奶采购速度太慢，会提醒消费者在朋友圈中咨询，并可在微信支付中寻找口感更好的牛奶。朋友们能更加真实地分享彼此此时此刻的现实生活。小米公司的智能家居系统、苹果公司的 Home Kit、谷歌公司的 nest Lab，都在瞄准智能硬件。先进企业进入硬件市场在很大程度上加速了智能硬件的普及。据统计，2016 年中国可穿戴设备市场出货量高达 3876 万台，同比增长 57.1%；全球可穿戴设备销售额高达 250 亿美元，同比增长 59%。因此，智能硬件市场被分析机构普遍看好。

现在凡是可穿戴硬件设备，均不够智能，存在生态链尚未建立、功能单一、非“刚需”等问题。其商业模式的创新可以从以下几个方面进行：

1）靠知名科技企业攒人气、价格低廉，靠规模出厂量存活再谋求独立发展。例如，借腾讯公司、小米公司、百度公司、苹果公司等的平台提升知名度。

2）继续精工细做，研发应用。智能硬件将保持“做提升品质的利器”的定位，首先满足小众人群，树立口碑形象。

3）利用资本构建自己的生态系统。专注做自己的平台，占据用户相关的数据所有权，挖掘数据背后的资本。

4）退出竞争激烈的市场，细分领域和目标人群，让产品受众由普通人群转向特殊人群，如老人、孩子、肥胖人群等。做利基市场，真正做到某个人群非常需要，像手机一样，成为必带设备，并为人们带来一种新的生活方式。

2. 基于跨界与融合的商业模式创新

跨界与融合是一种新的观点，打破了原有传统的产业链模式，甚至突破了原有不相关多元化的概念，使看似不相关的业务和领域出现交叉，甚至融合的态势。这种产业的交叉融合，打破了传统产业的边界，与新兴的产业和市场进行结合，使原有的传统产品和业务的内涵得到进一步的提升，增加了传统产品和业务的技术含量，使其经济附加价值得到了很大程度的提升[228]。这种新的产业的交叉融合，给很多原本沉寂的市场带来了无限生机。许多新型产品的出现，新的业务领域的崛起，引领了新的业态，形成了前所未有的产业，带来了新的经济增长点。

产业的交叉融合给移动互联网企业商业模式创新带来了无限的生机与可能，同时它使企业的性质和产业边界变得模糊不清。当欧洲债务危机重重，全球经济持续低迷时，苹果公司却逆势增长，在全球创造了巨大的新市场，几度成为全球市值最高的公司。事实上，人们已经很难明确地判断苹果公司是属于什么行业的企业，有人认为它是手机制造企业，也有人会认为它是计算机企业，然而美国的一项全球调查结果发现，苹果公司是在互联网行业排名第一位的企业，而乔布斯则认为，苹果公司是全球最大的教育公司。苹果公司的商业模式就是基于跨界与融合型商业模式创新的代表，苹果公司的成功体现了产业之间交叉融合，大大提升了产品和服务的价值，它同时也是产品研发跨越多重技术领域、产品应用跨越多个行业领域的典型案例。

3. 基于 IaaS 的商业模式创新

IaaS 是基础设施即服务模式，提供给消费者的服务是对所有计算基础设施的利用，包括中央处理器（central processing unit，CPU）、内存、存储、网络和其他基本的计算资源，用户能够部署和运行任意软件，包括操作系统和应用程序。消费者不管理或控制任何云计算基础设施，但能控制操作系统的选择、存储空间、部署的应用，也有可能获得有限制的网络组件（如路由器、防火墙、负载均衡器等）的控制。

例如，在线零售商业模式的先驱亚马逊公司 2006 年开始新一轮的商业模式创新，开始销售云计算服务，即提供在线存储空间业务与按需服务器使用业务。自此，亚马逊公司开始以完全不同的价值主张迎合完全不同的客户细分群体。这个策略可以实施的根本原因在于亚马逊公司对其强大的基础设施应用的再思考，以使其基础设施能被零售业务运营和新的云计算服务所共享。采用这一模式的企业主要包括大数据存储设施、计算设施、网络设施的销售商，也包括新兴的提供云存储、云计算业务的服务提供商（相当于硬件设施的出租）等[229]，Dropbox 公司、华为、联想都是此类公司的代表。例如，Dropbox 是 Dropbox 公司运行的在线存储服务，通过云计算实现因特网上的文件同步，用户可以存储并共享文件和文件夹，采取免费+收费的商业模式，它为初始用户提供 2GB 的免费文件空间，用户可以通过邀请其他人参与、使用及付费等方式获得更多文件空间。

4. 基于循环可持续理念的商业模式创新

循环可持续理念是以节约资源为基准，以科技创新为基本途径，以经济合理为基本原则，以可循环和绿色资源为目标，保证客户的经济利益、企业利益和社会整体生态效益的最大化。循环可持续理念要求基础层企业开创一种新型的商业模式，即绿色生产、绿色产品、绿色经营、绿色营销等，循环可持续理念要求企业形成物质流、能量流、信息流的闭合优化，构建闭合、高效的基础层企业循环经济系统，解决电子产品的开发与生产环节中的环保问题，减少辐射、噪声污染、电子垃圾。电子产品更新换代速度快，电子垃圾的回收和利用成为基础层企业进行商业模式创新掣肘要素。基于循环可持续的理念解决基础层企业价值生产的业务模块设计，构造出符合绿色环保要求的价值网络，就是基于循环可持续理念商业模式创新的过程。

构建基础层企业循环价值网络要以绿色资源为中心进行技术创新，在企业实际运作和经营中将循环经济所涉及的成本问题及时解决，并且以技术创新为基准营造新的产业和市场，最后扩展产业链，扩大产业规模，进一步实现资源的合理划分，提高资源利用水准，开展循环经济和绿色经济，以经济、合理、高效、客观地使用准则为基础，注重人与自然之间的生态法则的平衡，使其既能为企业提供丰富的经济效益，又能不违背自然发展的趋势，实现空间、时间、质量与数量上的有效融合和转换[230]，有利于构建循环可持续发展的价值网络，促进基础层企业商业模式的创新行为。

7.3.2 应用层移动互联网企业商业模式的创新路径

1. 基于技术创新的商业模式创新

应用层企业所在的产业链和价值创造过程的复杂性在于系统内部由各种形式的众多主体组成，如应用层企业、大学和科研机构、中介服务机构和风险投资机构等。在其技术创新系统中，各参与主体以技术创新为核心，各主体相互作用，使与技术创新相关的各个学科部门及系统之间通力合作，在实现创新的同时，不断作用于相关的经济、政治及社会学科等，以此推动整体技术创新机制的发展及驱动力量的进步，使其能够实现具有技术创新倍乘式效应的新的系统[231]。创新不仅需要符合企业自身的需求，而且在于能够以一种独特、新颖、技术叠加的模式迎合市场的发展。高效的合作系统提供了强劲的内生力，使技术、市场向更合理的方向发展，使技术创新系统螺旋式前进。

采用这一模式的企业主要是技术与服务提供商，这些提供商围绕 Hadoop 架构开展一系列研发，提供大数据存储、检索、数据挖掘等技术和服务，它们提供专为解决数据挑战而创建的优化型技术，用以捕获、处理、分析和显示非结构化和结构化数据，并将其转换为有意义的洞察性信息。例如，在算法层面，目前国内提供非结构化数据处理技术的代表性公司有语音数据处理领域的科大讯飞股份有限公司、视频数据处理领域的北京捷成世纪科技股份有限公司、语义识别领域的北京拓尔思信息技术股份有限公司、图像数据处理领域的超图软件、大数据存储领域的同有科技公司等；在应用层面，如全球商业智能和分析软件与服务领袖——SAS 公司，它一直致力于数据统计软件的开发和销售，在综合的企业智能平台上提供一流的数据整合、存储、分析和商业智能应用，帮助企业更快、更准确地进行业务决策。

应用层企业的整个技术创新系统以技术创新为出发点，对科研机构、大学及中介服务机构等进行松散关系的耦合，这样就能形成一个无形的价值网络，而价值网络中的各个结点企业有互动式影响。为了满足用户定制化需求，实现用户价值，价值网络中的高校与研究院就必须将其研究的科技成果进行转化，从而利用科技创新来大力提升软件产品及软件工艺技术的创新力。在价值网络中，如果科技成果的供给者想要突破技术难关势必要有强有力的资金支撑，研究经费的申请和来源需要政府和相关中介及服务机构的大力支持，这样价值网络的各个环节通力合作，完成软件产品的设计、交付和使用。在整个过程中，应用层企业是价值网络的集成者，但资源的配置又受到政府和机构的制约，所以这个商业模式创新是以技术创新为原动力，需要价值网络重构实现的过程[232]。

2. 基于开源软件的商业模式创新

开源软件的兴起和繁荣使传统的操作系统、中间件、数据库等平台级软件的同质化的趋势越来越明显，使最终用户关注的焦点转变为如何解决企业的业务问题，而不是购买谁的设备、使用谁的数据库或操作系统，深度定制化成为需求的基本特征。所有使用软件的客户，包括企业或个体，都能够在网络平台上实现资源的共享，并促进软件技术的创新，同时也实现了全球用户群体的资源共享，将开源软件爱好者、科研团体、相关厂商和政府凝聚成一个整体，把创新社群的资源应用于解决专业化应用开发方面的问题上，合力促进开放源代码软件的推陈出新。

开源软件模式改变了传统的产品收费方式，以服务收费为利益获取的主要途径，使生产商将目光转移到了产品的服务项目上，一方面方便广大用户群体，另一方面服务费用的提高，也为企业赚取了更多的利益。除此之外，开源软件还将大大降低系统软件及相关软件的成本，加快软件和计算机的普及速度，缩小富裕与贫困地区的差距。

开源软件是指以大型的硬件公司为背景，通过捆绑或嵌入等方法进入硬件，以硬件的销售、咨询及服务为渠道获取信息，或以一种区别于传统软件的模式通过提高费用获取更多经济效益的模式。开放源代码作为信息社会下以开放创新、共同创新为特点的商业创新模式在软件开发与应用领域的典型体现，使软件业进一步渗透到社会生活的各个层面[233]。

在移动互联网行业中，应用软件互联网化改变了消费者获得和使用软件的方式，软件价值的载体虚拟化，使软件的价值传递方式和收益模式必须发生改变，如开源软件模式、App Store 模式等，企业利用“门户化”建立排他性，提高客户黏性；利用“碎片化”把原来大型臃肿的软件，拆分成多个独立的功能组件，用户可以按需下载，从而降低客户的总体拥有成本，企业的关键流程也由开发、复制、销售软件向开发、服务、提供问题解决方案转变。

3. 基于 SaaS 的商业模式创新

SaaS 是软件即服务模式，提供给客户的服务是运营商运行在云计算基础设施上的应用程序，用户可以在各种设备上通过客户端界面访问，如浏览器。消费者不需要管理或控制任何云计算基础设施，包括网络、服务器、操作系统、存储等。软件服务就是应用层企业利用软件这一承载知识的工具，在协调公司的诸多理论、移动互联网科技与管控知识的同时，综合考量用户的实际状况，使其所有的问题得到圆满解决。这一模式得益于行业的垂直一体化系统，在这个系统中企业与客户在各个方面积极交互，其价值主张是为客户提供全方位一体化的方案[234]，从根本上解决移动互联网问题。

按照 Miles 关于知识聚集型服务业的理论体系，软件业应划分为基于科技而形成的知识聚集型服务业，见表 7-8。

表 7-8 应用层企业服务创新商业模式的基础

项目	内容
条件 1	为用户出谋划策，让其可以顺利解决生产体系中的诸多难题
条件 2	软件经济体是运用新科技的核心力量，给用户带来诸多创新原料与系统

上述两大条件催生了新型的软件产业链服务模式，即 SaaS 模式。SaaS 是一个理论上的模型，是由包括软件运营服务系统在内的各角色组成的。未来的软件生态经营体系将由移动互联网用户，软件运营商，SaaS 软件集成商，SaaS 软件提供商，软件运营服务平台提供商，咨询、实施和维护服务提供商，软件基础设施提供商及硬件和网络基础设施提供商八种不同类型的角色组成，见图 7-5。

SaaS 生态经营体系的角色逐渐完善，尤其是 SaaS 软件提供商，此类软件经营平台提供商以规模不大的软件服务与集成方为服务对象，除了让 SaaS 能够满足服务的品质与可信度、客户切身体会等方面的需求之外，也使很多规模不大的软件研发方、软件服务与集成方的基本开支最大限度地减少，让它们更加重视提高业内服务品质、扩大目标群体，使基础设备得到高效运用，从而减少价值网络反复投资[235]。我们可以进一步细分 SaaS，使其更加完善，产业链和生态关联将更加清晰化。所以，SaaS 商业模式是值得创建的，可以让客户享受多样性、统一、点到点的定制 SaaS 服务。

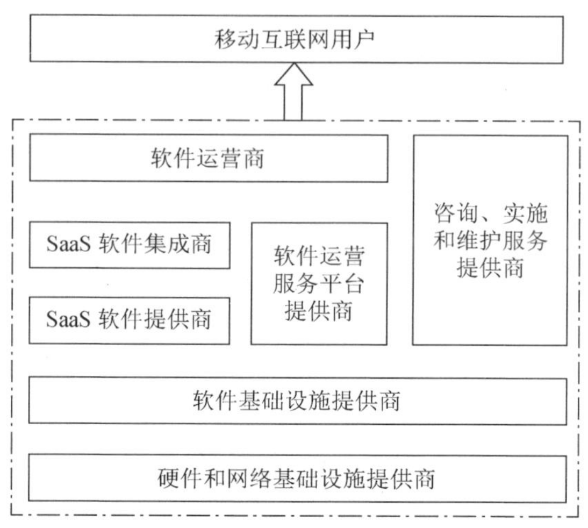

图 7-5　SaaS 商业模式理论模型

4. 基于合纵高端战略体系的商业模式创新

应用层用户需求的多样化发展，使原有单纯依靠提供单一产品或服务的商业模式已无法满足用户的个性化需求。这种来自于市场的原动力必然使应用层移动互联网企业的价值网络进行重构，重构的过程中位于价值网络上不同环节的参与者，如管理软件供应商、咨询公司、技术及平台厂商、行业及专项领域应用系统供应商、系统集成商等各种不同的角色，由于要合作才能开发出用户需要的产品和服务，因此它们之间不得不结束竞争，从全方位发挥自身优势进行互补合作，在标准化的技术平台上，通过价值网络的协作，为用户提供个性化的应用产品和服务，如增值的水平应用解决方案、行业解决方案及专业化的服务[236]。

Billings 于 2012 年提出 Oracle 公司的数据库产品取得行业领袖位置以后，首先向产业链下游扩张，加强对终端客户的掌控；然后向产业链上游扩张，涉足中间件供应和服务器制造，从而实现了产业能上下游的全覆盖，包括主机、操作系统、数据库、中间件、应用软件，形成战略性的新产品 Exadata（新一代海量关系数据管理平台）[237]。SAP 公司在 2012 SAP 全球技术研发者大会上正式宣布推出基于 HANA（高性能分析应用软件）平台的 Business One 解决方案。至此，SAP 公司通过与芯片、系统厂商的深度定制和紧密捆绑实现了其软硬一体化战略。这些创新源于不同的起点、沿用了不同的路径、依托不同的资源和优势，但是它们的逻辑起点却是相同的——提供最佳客户体验，并在这一思想指导下实现了突破产品边界、业务边界甚至产业边界的创新。

应用层产业中各个企业需按照增值、互利共赢的发展要求，借助于业内多种有利资源的配合，创建作用于高层次领域中用户的商品、服务联合体、解决策略，让高端商品、专业而符合个人需求的解决策略与增值服务等能够被众多的经济组织和客户使用，让我国高层次的应用型移动互联网企业价值网络得以重建，从而构建新的价值创新范式，推动移动互联网企业商业模式的创新，以此推动中国高端用户的信息化发展。

用友公司是我国高层次软件研发商的杰出代表，它创建了以 NC 高层级解决策略为核心的价值生态链。该公司基于细化分工与互惠共赢的思想体系，以 NC 管控软件平台的供应为依托，和诸多合作方、科技研发方、咨询服务方、营销方等一起构成了高层级的软件价值生态系统，让用户享受到更加优质的全程服务。重建价值网络的过程可以最大限度地增强软件经济体的竞争力，促进软件商业模式的整体提升[238]。应用层企业基于合纵高端战略体系的商业模式创新见图 7-6。

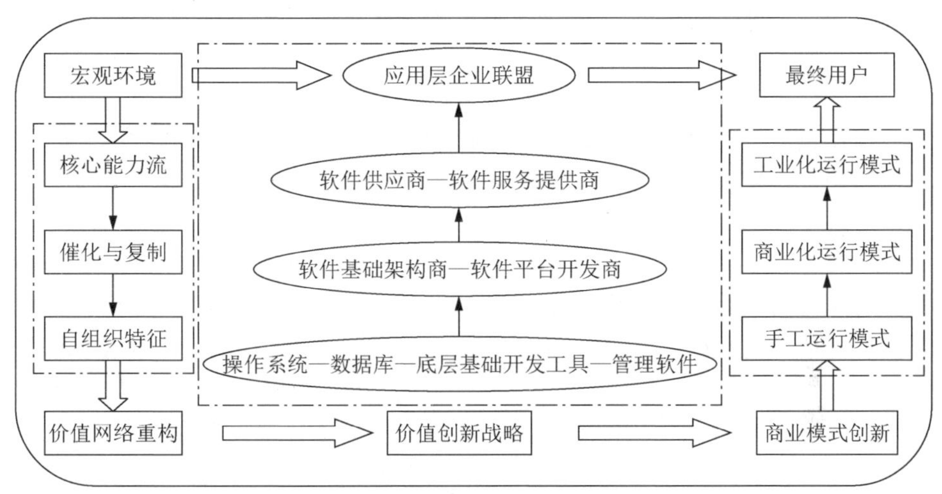

图 7-6 应用层企业基于合纵高端战略体系的商业模式创新

7.3.3 终端层移动互联网企业商业模式的创新路径

1. 基于免费准入的商业模式创新

免费准入模式的主要内容：想方设法提供免费的产品给顾客，短期内扩增用户基数，目的通常是为后续的增值服务提供基础。在互联网行业依靠流量赚钱是屡见不鲜的，主要有两种类型：第一类依靠免费、丰富的内容增加用户数量和使用频率，提高对商家的广告费用获取收入，以百度、新浪、搜狐、网易等几大核心门户网站为代表；第二类依靠免费游戏吸引玩家，除了广告费用以外，还出售虚拟游戏币和游戏道具赚取收入，如巨人网络、盛大网络、腾讯游戏等大型网络游戏公司。

免费准入模式激发了移动互联网企业对移动互联网各细分市场的关注，并使其在价值网络中准确自我定位，选择合作伙伴，创造新的赢利模式。例如，中国三大移动运营商纷纷和各大手机厂商等寻求合作，通过“预存话费免费送手机”的营销手段吸引并拥有很大一部分消费人群，实现了客户增加、业务增值等企业增值；与此同时，各大手机厂商也从中获得了客户产品体验带来的价值，提高了产品知名度和顾客忠诚度[239]。

免费模式就是流量转化广告收入模式，如即时通信工具 QQ、Skype 及杀毒软件（如 360 杀毒）等。这些模式首先利用免费方式吸引顾客进入，形成顾客黏性，从而创造更大的附加价值，实现顾客价值，为价值网络上的核心企业和各个结点企业实现企业价值奠定基础。

2. 基于 PaaS 的商业模式创新

PaaS 是平台即服务模式，提供给消费者的服务是把客户采用或提供的开发语言和工具（如 Java、Python、.NET 等）开发的或收购的应用程序部署到供应商的云计算基础设施上去。客户不需要管理或控制底层的云基础设施，包括网络、服务器、操作系统、存储等，但客户能控制部署的应用程序，也可以控制运行应用程序的托管环境配置。

平台企业的涌现是移动互联网企业在移动互联网时代创新的结果，企业可以构建的平台分为三类：一是客户平台商业模式，主要是指通过互联网以某种方式把大量客户吸引到自己的平台上，通过提供双边或多边客户价值相互转化与传递机制创造价值，这种商业模式运行的基础是客户的链接和聚集，其关键资源是平台聚集的庞大的客户群，主要通过网络效应的发挥创造和传递价值，如 Facebook、腾讯 QQ 等；二是数据平台商业模式，指通过提供多行业、多企业的合作机制，聚集海量的数据，通过数据挖掘、分享、运用创造和传递价值，这种商业模式运行的基础是数据的链接和融合，其关键资源是平台所聚集的庞大的数据资源，主要基于数据资源的互补和共享创造新价值，如 IZP 公司，通过与全球电信运营商及互联网网站合作，基于自主创新的大数据量智能分类处理技术，在全球互联网上部署跨多个国家、多个地区、多个语言体系、覆盖面最广的超级互联网媒体平台，它最具战略性的资产是经过授权使用的客户数据，特别是真实可靠的社会关系数据；三是技术平台商业模式，指通过提供技术开发的基础条件吸引技术相关各方的参与，以离散化的状态实现各方对互补技术优势的高效利用，这种商业模式以技术的链接与聚合为原动力，通过技术的创新与应用创造价值，如众包（crowdsourcing）。Howe 等于 2006 年指出，众包是指把传统上由指定代理人（通常是雇员）完成的任务以公开选拔的形式外包给大量不特定的个人去做的行为，众包模式的实质是对离散社会资源的有效利用[240]。在移动互联网行业，开源社区（open source community）就是众包的典型模式。目前各大移动互联网企业都争相采取这种模式构筑自己的创新“生态圈”，其他行业的许多世界性大公司也都建立了自己的网络平台或借助众包中介（crowdsourcing intermediates）以众包方式解决技术、创意、设计等原来完全由内部流程和资源完成的活动。

3. 基于资源链接的商业模式创新

资源链接的形成是一个必然趋势，重构价值网络就是要与价值网络成员共同创造价值，而通过资源链接的方式可以实现这个终极目标。

1）利用伙伴资源丰富自我。例如，智能手机生产者首先在协作方的支持下，可以在最短的时间内完成大规模的生产任务；然后借助通信经营方的网络，使商品快速问世；最后借助内容供应方、网络经营方让商品得到完善，创造更为可观的增值效益。

2）焦点企业通过占据同自己连接的伙伴之间的核心利益来获取经济收益。例如，DoCoMo 公司凭借紧抓手机规格制定权占据移动通信和娱乐产业之间核心利益，导致日本移动通信出现一条默认的规则：想加入 DoCoMo 移动价值网络就必须与 DoCoMo 协调一致。

3）通过伙伴提升内部资源的价值。企业组织设计存在如同鸡肋的人员、资金、原材料、产能，其将会在日积月累中变为不可忽视的沉没成本，为“激活”这些资源，同外部伙伴的连接是再好不过的机会[241]。

4）外部资源内化为企业资源。例如，索尼公司通过和苹果公司的协作，不仅掌握了笔记本式计算机的制造技术，还学会了如何科学管控商品的研发时间，将诸多的借鉴经验运用到具有优势的消费电子领域中，获取了更多收益。

4. 基于多元化的整合的商业模式创新

移动互联网企业发展到后期都出现了多元化产品和服务的局面，这些产品和服务都是单独价值链，企业更需要进行整合，将多元化产品和服务整合形成一个价值网络，将企业的细分顾客捆绑到一起，并增加顾客的转移支付成本，让顾客为企业提供更多的价值。

例如，在三网融合的背景下，联想、PPTV、三星等众多移动互联网企业开始实施它们的一云多屏战略，即将电视、手机、计算机等电子产品通过云端服务实现产品内容资源之间的共享[242]。这样即可带动手机、计算机，尤其是市场已经饱和的电视产品之间的交叉销售，最大化地整合利用了不同屏之间的服务内容资源，并带动相关媒体的发展。在多元化产品服务整合过程中，除了企业内部的产品服务外，还可以与其他企业的产品服务进行整合创新应用[243]。

5. 基于全方位扩张跨界的商业模式创新

全方位扩张跨界商业模式的典范是移动互联网巨头谷歌公司。谷歌公司发展到今天，人们已经很难定义它的性质。它的扩张包括大数据产业的垂直整合、价值链扩张、行业融合，兼具客户平台、数据平台、技术平台特征，业务布局为从应用（地图、搜索、YouTube 等）、平台（Google Play 应用商店）、操作系统（Android）到硬件（手机、平板式计算机、谷歌眼镜、无人驾驶汽车）。谷歌公司创造价值的逻辑是，对于个人用户而言，所有的应用都是免费的，所有的软件都是在线的，用户在免费使用这些产品的同时，把个人的行为、喜好等信息免费地送给了谷歌公司，谷歌公司的产品线越丰富，它对用户的理解就越深，创造价值的能力也就越强。

曾担任谷歌公司董事长的 Eric Schmidt 指出，谷歌公司在两天内收集的数据相当于从人类起源到 2003 年所产生的数据总和。人们可以认为谷歌公司是一家搜索引擎公司、网上服务公司、出版商、广告平台、制造商，但就其核心而言，它是一家数据收集公司，其所有的业务都是基于大数据的。正如谷歌研究部主任 Peter Norvig 所说："我们没有更好的算法，我们只有更多的数据。"全方位扩张跨界模式就是要打造一个基于大数据的超级商业生态帝国。

7.4　移动互联网企业商业模式创新评价

7.4.1　移动互联网企业商业模式创新评价标准

移动互联网企业商业模式创新主要是通过重构价值网络来实现的，其焦点企业和各结点企业追求的是新的商业模式的价值共赢性[244]。具体来讲，移动互联网企业商业模式创新性主要从以下六个方面评价。

1）获取资源优势，见表 7-9。

表 7-9　获取资源优势评价标准

关键要素	关键环节
获取资源优势	商业模式可以定义为，企业获取并使用资源，与竞争对手相比，为客户提供更多的价值以赢得利润的方法
	企业要发展"内生"资源，还应当对资源间的很多合作共赢手段高度重视，如交易、合资、联合、合并等，进而赢取越来越多的新财富
	后发企业的创新主要利用共赢性商业模式实现，对战略伙伴互补资产充分利用，有效与当地的价值网络相融合，这对于企业的颠覆性技术价值掌握而言十分关键；创建商业模式既有利于技术型创新企业对新产生的缺陷实现攻克，为其资源整合创造了条件，也有利于其取得合法性地位，商业模式的构建意义深远
	社会网络、价值网络、共赢的商业模式设计，企业同伙伴企业、利益相关者之间展开合作与交易，能够在较短时间内尽快获取资源，并且付出的成本较低，使企业能够在较短时间内组建完成并进行价值创造
	对于新企业获取资源，价值网络这种途径非常关键，能够为企业成长创造重要的促进条件
	当外部环境出现显著变化时，主体企业要想突破资源限制，利用市场交易与企业内生资源是难以实现的，可以利用契约和利益相关者联盟，提高企业间合作的开放性，进而更好地对进行资源获取

2）效率成本优势，见表 7-10。

表 7-10　效率成本优势评价标准

关键要素	关键环节
效率成本优势	共赢性商业模式下，主体企业同其他企业建立的合作关系应不断深化。这种合作关系不仅包含正式的契约安排，而且包含很多非正式的、具有鲜明情感特征的关系。企业和企业伙伴之间利用非正式制度安排，对于组织间的相互连接具有促进作用，有利组织活动空间与边界拓展，使交易成本降低
	共赢性的商业模式有利于合作关系的建立，并对这种关系的稳定具有很好的维持作用，在企业系统观点的角度而言，开展信息交流这一条件是必备的
	比较于纯粹的经济关系方面的联系，嵌入性的联系依靠信任、问题共同解决机制、信息共享，降低企业成本，使企业获取高效率优势
	共赢性商业模式，对企业及企业合作者获取、理解、可视化、传递、共享商业逻辑具有积极的作用，使协调成本降低，进而取得更高的合作效率，提高合作的紧密性与稳定性

3）难以模仿优势，见表 7-11。

表 7-11　难以模仿优势评价标准

关键要素	关键环节
难以模仿优势	Accenture 发表观点说，成功的商业模式一定是很难模仿的，这一点使商业模式的价值有了保证
	共赢性商业模式发挥自身的积极价值，主体企业控制、整合各资源的能力非常关键，这种能力的形成要经过一定的培养与学习，共赢性商业模式的难以模仿性就是这样形成的
	共赢性商业模式下要求企业应具备的整合能力，是商业模式所专有的，要想复制各个单位间的链接难度很高
	共赢性商业模式能够督促企业积极学习供应商与顾客的行为，使企业的竞争优势能够快速积累，并能够长期获益

戴尔模式能够取得成功的主要原因是其零库存管理，这对其直销模式起到了关键性作用，从价值链角度分析就是对后勤流这个价值产生环节实施了专有组织方法；从商业模式的角度分析主要体现为为企业提供确定、显现、分析、传播、存储和价值创造逻辑方面相关的知识[245]。其中包含着复杂性的知识，在共赢性商业模式中，要求对多个参与者的知识进行整合，模仿难度很高。这种模仿难度主要集中在资源能力、伙伴关系、协调能力和学习能力四个方面，见表 7-12。

表 7-12　难以模仿性的保持方式

关键要素	关键环节
资源能力	主体企业在资源整合与识别方面具有一定的能力，要想具备这种能力需要依靠特别的努力，并且企业特征特别突出
伙伴关系	主体企业和其他企业之间形成伙伴关系，相互之间存在正式的契约与非正式的关系，在谈判与交往方面需要花费很多时间，其他企业要想模仿这种商业模式，必须付出同样多甚至更多的时间

续表

关键要素	关键环节
协调能力	共赢性商业模式下形成了价值网络合作关系，这种关系的形成离不开各企业之间相互协调、相互磨合，如此才能更好地发挥作用
学习能力	企业间要想实现深度合作，企业必须不断展开自我学习，同时在组织间展开学习，学习所获取的隐形知识不能脱离企业及企业合作范围

共赢性商业模式不仅有利于为企业赢得竞争优势创造条件，而且这种优势具有很难被模仿的特点，这种“先占优势”也是造成模仿者居于劣势的主要原因。

4）产业链整合优势，见表 7-13。

表 7-13　产业链整合优势评价标准

关键要素	关键环节
产业链整合优势	Mahadevan 持这样的观点，作为行业领导者必须创新“妨碍性”商业模式，采取各种方式，如实现范围经济、掌握垄断资源、控制供应链、把握经济范围等，对现有客户的转换成本予以提高[246]
	共赢性商业模式主要对客户、组织间关系、组织内部之间关系的架构进行描述，这个架构能够产生隔离机制，为企业赢得竞争优势创造条件
	共赢性商业模式形成的价值网络具有非常紧密的特征，这个网络通常会占据一整条产业链，使企业的竞争优势得以增强，同时也使风险降低
	共赢性商业模式下，需要企业立足于比价值链更大的商业生态系统中，关注自身在商业生态系统中的具体定位，更好地掌握整个商业生态系统，使系统性竞争优势得以建立
	主体企业与众多组织联合，对共赢性商业模式系统进行构建，能够对客户进行成功锁定，使竞争者进入壁垒
	企业采取很多战略手段，如协同、投资、合作等，不断深化产业链上下游企业的关系，在各个环节，如生产、研发、物流、营销等紧密合作，适时调整自身定位，把产品、服务与产业价值链融合
	改善企业自身的运作效率，使企业占据有利的产业链位置，使产业链能够更好地为己所用；使产业链的整体竞争能力不断提高，形成垄断竞争优势，这些对于其他企业而言具有较高的效仿难度

2005 年，Osterwalder 等经过不断研究探索，认为行业内界限已经逐渐变得模糊，商业模式会取代行业，发展为新的分析单位[54]。2011 年，Zott 等人也持同样的观点，并阐释了共赢性商业模式的发展趋势与产业链整合优势。

苹果公司对 iPod 硬件、iTunes 软件，以及互联网、音乐产业进行整合，构建了新的商业模式，为自身创造了多重赢利的条件，为音乐产业开创了新的赢利模式与商业模式。在电信产业内，产业链共赢性商业模式表现得格外突出，这是近年来，我国电信业商业模式的发展方向[247]。

5）多重价值优势。共赢性商业模式是对共赢暗示价值创造的多重性进行强调，这种多重价值优势见表 7-14。

表 7-14　多重价值优势评价标准

关键要素	关键环节
多重价值优势	企业能够对自己的赢利模式进行调整、拓宽、转变，对收入源进行改变。在市场变化、全球竞争、新技术变迁的影响下，企业价值实现过程、顾客价值创造过程两者正呈现出分离趋势，即企业向顾客提供优质的服务与产品，对顾客的需求予以满足，从中不能直接实现收入
	企业对其他企业的价值创造与获取做到充分掌握与了解，为其实现提供帮助，不断拓宽、增加、转变自身的赢利来源
	同一产业链的协同者与没有丝毫关联者均可以是获取价值的主体，依靠创造性组合，完成合作
	采取联盟等方式对更多参与者与产品进行整合，对产品系列不断调整、扩增，以更好地满足顾客需求
	联盟产生的组合价值，能够充分利用参与者之间的互补优势，不断提高顾客价值，使企业赢利空间不断拓宽

6）创新优势，见表 7-15。

表 7-15　创新优势评价标准

关键要素	关键环节
创新优势	企业间合作经营是推动企业商业模式持续创新的动力和方向
	现代企业的商业模式变革一方面要调整企业内部，另一方面要构建充满生气的企业外部生态系统
	商业模式能够构建一种启发式逻辑，主要对技术潜力与经济价值实现进行链接
	在商业模式创新方面，开放性的作用主要有在时间、成本、风险管理方面实现创新；开放式创新需要企业构建的商业模式具有开放性，也就是依靠紧密合作，使企业间在知识与想法上完成互相交换、相互利用，开放式商业模式具有鲜明的共赢性特征
	在共赢性商业模式的作用下，企业提高了自身与合作网络商业逻辑的管理水平，并提高了企业对外界压力的反应能力，环境本身充满不确定性而且变化迅速
	商业模式的创新具有破坏性，它需要对原有的组织障碍予以打破，在商业生态网络中需要企业重新定位与调整自己的角色
	共赢性商业模式一方面可以实现本身的创新，另一方面会对产品、技术、服务等方面的创新产生带动作用，并且有利于提升创新速度、降低风险，创造出更高的价值

以中国移动推出的移动梦网为例，其对多种数据业务服务进行汇聚，将一个公平、开放的信息通道与平台提供给各种利益主体，如手机制造商、应用开发商、移动用户、内容提供商等。以“合作、开放、共赢”的原则为指导，中国移动对上下游资源，如设备提供商、服务提供商、软件集成商等进行积极吸纳，在新业务方面完成了合作和创新、共享渠道与信息资源、分担风险[248]。

7.4.2　基于 NK 模型的移动互联网企业商业模式创新评价方法

NK 模型这种计算机仿真方法，主要基于主体的结构化特征，探索系统怎样依靠适应性快速有效地搜寻最优绩效值，以及系统环境和系统内部要素之间具有的相互作用关系如何对系统整体适应性产生影响。在导致系统复杂性的重要因素中，系统内部要素之间的相互作用关系是比较突出的因素，依靠实证数据展开测量存在较高的难度。

因此，NK 模型的优势主要体现在可以对相对简单的不能用实证方法来探索的问题进行处理，如系统的复杂性如何对系统整体适应性产生影响，以 Simon 关于复杂性的具体阐释为依据，系统复杂性是由内部要素间的相互作用 K 与内部要素数量 N 两个参数控制的。复杂系统在 NK 模型中，被看作具有适应性的主体，有属于自己的独立的适应度景观，这个适应度景观能够表示主体对更高绩效的空间搜寻，在适应度景观上，主体不断寻找最佳的系统状态，使适应度景观最终实现最高峰。

虽然 NK 模型方法的主要思想与基本术语均来源于自生物系统，但是以 Kauffiman 为代表的不少学者均将 NK 模型看作一种普遍适用的工具在复杂系统的研究中应用，尤其是在经济与管理系统中 NK 模型应用得更为广泛。本节通过 NK 模型的方法，探讨移动互联网企业商业模式如何实现创新。

（1）移动互联网企业商业模式的复杂程度与创新实现的可能性

移动互联网企业商业模式具有鲜明的复杂性，导致商业模式实现创新具有很强的可能性。商业模式组分形态与要素形态的多样性使移动互联网企业商业模式创新具备了更高的可能性条件，但商业模式显示的鲜明的复杂性特征与组分形态和要素形态的多样性并不相同。移动互联网企业商业模式创新主要是为了能够发现性质不同的商业模式核心界面组分形态与要素形态的组合，具体分析见表 7-16。

表 7-16　移动互联网企业商业模式的复杂性和创新可能性分析

NK 模型要素	商业模式要素对接
商业模式组分形态	客户界面、内部构造界面和伙伴界面要素形态的有意义组合
商业模式要素形态	客户群体、产品主张、客户关系、收入逻辑、合作伙伴网络、核心能力、分销渠道、交付方式
复杂系统的组分效应或结构效益	商业模式组分之间相互作用关系的随机性、多样性和非线性，具体体现为结构复杂性

（2）移动互联网企业商业模式创新 NK 模型的分析框架

通常，NK 模型包含五个可以变化的结构或参数，分别为系统组分个数 N、组分之间相互作用的关系数量 K、K 个相互作用关系在 N 个组分中的分布情况、每个组分所拥有可能形态数量 A、每个组分对系统整体使用度的影响函数 W。

假设能够利用商业模式的 N 个组分 $\{a_1,a_2,\cdots,a_n\}$ 评价企业商业模式，结合研究，本节研究移动互联网企业依靠六个参数评价移动互联网企业商业模式，即组分 N=6，这些参数具体涉及资源获取优势、效率成本优势、难以模仿优势、产业链整合优势、多重价值优势、创新优势。六个组分的值将会决定移动互联网企业对其商业模式的整体评价，是这个六维向量的函数，即 $E=E(a_1,a_2,a_3,a_4,a_5,a_6)$，通过七维图形可以对其进行描述，这六个组分只要有一个组分给定，就能够对评价值进行计算。

图 7-7 所示为 N=2 时移动互联网企业商业模式的评价景观图。在一个连续的决策期移动互联网企业能够持续不断投资对组分的取值进行建立或改变，努力使评价值达到更高的点（也称为爬坡或增益性游走），所以商业模式的评价景观实际

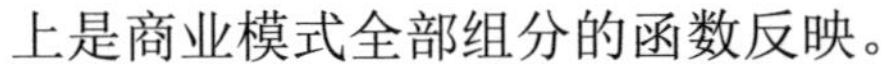
上是商业模式全部组分的函数反映。

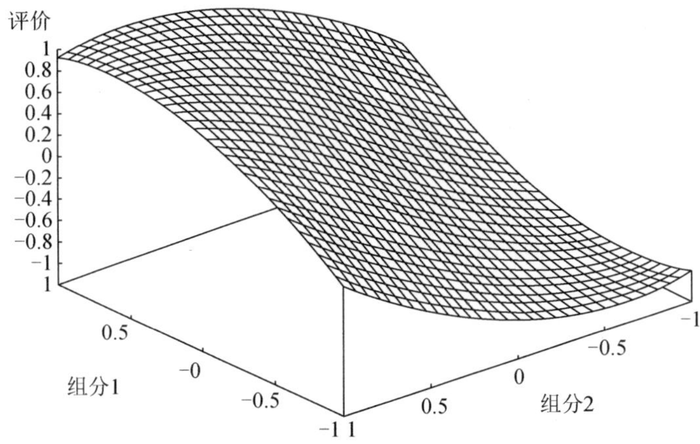

图 7-7　N=2 时，移动互联网企业商业模式的评价景观图

为了使分析简化，本节做出了这样的假设，即每个组分只取 0 与 1 两个值，它们的含义具体指这项组分的具体水平，即高低与强弱。实际上，取值超过两个的条件下，得到的规律具有相似性。同时，本节同时还做了这样的假设，即移动互联网企业商业模式的整体绩效是平均每个组分的评价，若对每个组分的评价为 (a_1, a_{-1})，其中 a_{-1} 表示对 a_1 绩效产生影响的其他决策活动，移动互联网企业商业模式的整体绩效表示为

$$E(a_1, a_2, \cdots, a_6) = \frac{1}{6}\sum_{i=1}^{6} e(a_i, a_{-i})$$

移动互联网企业商业模式创新 NK 模型各组分对适应度的影响处理流程见表 7-17。

表 7-17　移动互联网企业商业模式创新 NK 模型各组分对适应度的影响处理流程

流程	关键点	关键环节	假设前提
步骤一	通过适应度 W 可以衡量企业商业模式绩效评价	一个商业模式所产生的价值、利润，或其他有意义的管理指标与经济指标均能够成为适应度	若全部组分对商业模式的适应度形成相同的影响，则各组分适应度影响的平均就是商业模式的整体适应度
步骤二	企业商业模式具有鲜明的复杂性，造成商业模式的六个组分间形成特有的相互作用关系，这种关系显示随机性与非线性的特征，而且难以预测它们相互作用的结果	各组分对于商业模式适应度影响的函数关系很难确定，可以应用“复杂系统的统计力学”理论方法，通过商业模式的适应度地图探究商业模式创新的统计规律	假设各组分对商业模式的适应度影响范围，在(0,1)这一区间中分布有很多具有随机性的变量，在商业模式出现创新，也就是商业模式出现组分形态变异的条件下，就能够以这个组分与其他组分的相互影响关系为依据，对若干服从某特定分布的(0,1)区间的随机数进行随机抽取，将其作为组分和其他组分对企业商业模式适应度的影响结果，最终做到掌握商业模式新的适应度

Kauffman 于 1993 年通过很多模拟试验得出了非常重要的结论：适应度地图的许多性质仅对参数 N 与 K 的数值表现敏感，对其他参数几乎不敏感。也就是说，NK 模型适应度地图大部分由参数 N 与 K 的数值决定，这使对适应度地图方面的研究显著简化，也充分说明本节简化处理适应度影响参数具有可行性。

（3）移动互联网企业基于 NK 模型创新商业模式评价流程

本节以 NK 模型为基础的移动互联网企业商业模式创新对评价部分比较侧重，即比较商业模式创新前后的整体绩效差异，确定是否采用新型商业模式，循环实施，一直到取得了能够满足需要的创新效果为止。以 NK 模型为基础的移动互联网企业商业模式创新，大致有五个评价流程，见图 7-8 和表 7-18。

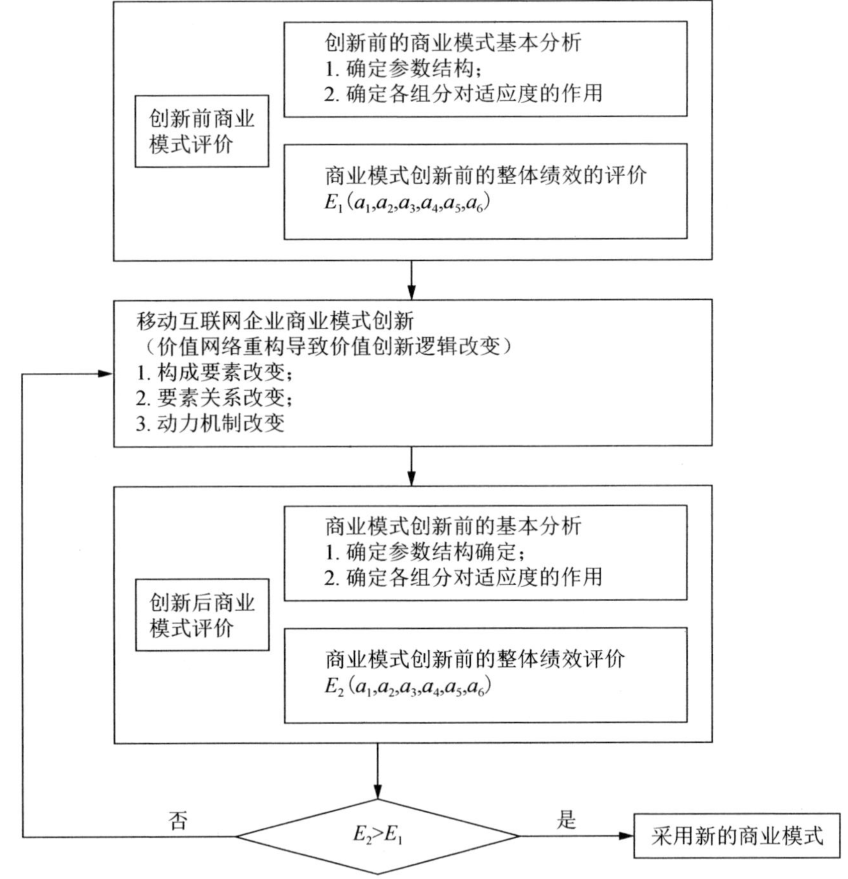

图 7-8　基于 NK 模型的移动互联网企业商业模式创新评价流程图

表 7-18　基于 NK 模型的移动互联网企业商业模式创新评价基本操作步骤

步骤	流程	具体做法
步骤一	商业模式创新前的评价	确定系统参数结构与各组分对适应度作用，是基本分析主要的两个方面。确定系统参数结构主要涉及组分间相互作用关系 K、系统组分个数 N、在 N 个组分中 K 个相互影响关系分布情况、每个组分可能形态的数量；确定各组分对适应度作用，以“复杂系统的统计力学”理论思想为依据，随机抽取若干服从某种特定分布的(0,1)区间随机数。商业模式创新前整体绩效评价会反映当前商业模式在其适应度景观图中的位置，对其整体绩效 $E_1(a_1, a_2, a_3, a_4, a_5, a_6)$进行计算，为和商业模式创新后整体绩效展开对比创造便利条件
步骤二	商业模式创新	分析及标准化目前商业模式显现的不足，对比较合适的创新模式、创新方法进行选择，针对问题展开求解，对最佳方案予以确定，对商业模式创新后的过程进行确定
步骤三	商业模式创新后的评价	创新后的移动互联网企业商业模式的参数结构势必会有显著的变化，所以需要重新分析创新后的企业商业模式，并对它的整体绩效进行评价。方法和商业模式创新前的评价方法是一样的
步骤四	对比整体绩效	对商业模式创新前后在适应度景观图的位置情况进行观察，对其整体绩效展开比较，衡量创新前后绩效情况，为正确决策提供依据
步骤五	最终决策	若商业模式创新后整体绩效比商业模式创新前整体绩效高，也就是 E_2 大于 E_1，下一个决策阶段改进的基础实行创新后商业模式，否则，恢复原来的商业模式，并对商业模式创新进行重新起步，这样循环，一直到商业模式创新效果令人满意为止

环境与客户的变化、企业与网络成员关系的发展，这些因素都要求商业模式不断地自我评估、反馈，进行模式优化，实现商业模式的演进。商业模式是一个复杂的动态系统，移动互联网企业需要从内外两方面不断地进行评估，以加快商业模式创新的步伐。

本 章 小 结

本章在分析移动互联网企业价值创造机理、价值实现机理和价值维持机理的基础上，从内外两个方面完成了移动互联网企业价值网络的重构和商业模式创新的对接，构建了商业模式创新的基本框架。

基于该框架，对移动互联网企业从商业模式创新思维、创新动因、创新路径和创新评价四个方面进行商业模式创新研究。

首先，在开放性思维的指导下，从市场需求、价值、自组织协同、涌现性、行为主体、政策、核心资源等方面立体化多维度剖析了三类不同移动互联网企业商业模式创新动因。

其次，基于三类移动互联网企业不同的创新动因，在价值创新战略新范式的统领下，以顾客价值为核心，引入跨界与融合、循环可持续、合纵高端等先进理念，从技术创新、服务创新、网络联盟等方面切入，构建了三类不同移动互联网企业的商业模式创新路径。

再次，三类移动互联网企业商业模式创新的共性是实现价值共赢，因此提出了基于价值共赢性的商业模式创新六个方面的评价指标。

最后，运用 NK 模型对移动互联网企业商业模式创新进行有效性评价和适应度评价。这种事前评价的体系可以有效预防和控制移动互联网企业商业模式创新的风险，减少创新失误带来的损失。

第 8 章 移动互联网企业商业模式创新案例分析

8.1 移动互联网企业商业模式创新的典型代表：苹果公司

Drucker 曾说，产品竞争已经不是现在企业之间竞争的核心，商业模式的竞争才是企业获得市场的关键。尽管相同行业有着基本相同的外部环境，但会有一些企业在行业中表现得更加突出，这些企业通常可以获得比行业平均水平高的收益，其中商业模式创新在一定程度上对企业的绩效表现产生影响。让苹果公司度过艰难时期并成为行业霸主的力量是什么？究其原因，作者认为，苹果公司与众不同的商业模式为企业获取竞争优势注入了鲜活的生命力。

苹果公司作为外部价值网络的集成者，处于整个网络的主导地位，控制着整个价值网络的运行，并动态实现整个网络信息、资源的规划和管理，苹果公司控制着核心的设计、研发、渠道和销售环节，自主研发核心技术，进行基于苹果计算机操作系统的优化、图形操作界面设计、材质与色彩的选用及外观设计等，而把非核心的零部件生产和终端的制造过程通过相应的规则和协议外包给合作伙伴或从合作伙伴处采购。这样，苹果公司不仅可以通过合作或购买获得苹果产品中的一大部分技术，而且能够控制从产品设计到零售体验店的每一个环节，有效地控制整个价值网络，进而严格控制产品终端，为顾客提供完美的体验。

8.1.1 苹果公司的价值网络分析

苹果公司价值网络的构建体现的整体思想是自主研发核心部件、零部件采购或外包、应用软件和内容与程序开发商合作、生产外包等，以充分整合外部的研发能力。苹果公司作为价值网络的集成者，始终严格控制着产品的设计、研发及渠道销售等，利用全球产业能将生产制造外包给世界各地的供应商和组装加工厂商，将内容外包给第三方内容服务提供商，并与网络运营商及经销商等进行合作，通过相应的规则和协议与各合作伙伴建立关系，从而形成了一个相对开放的价值网络系统。苹果公司动态的、开放的外部价值网络系统使其能够吸引大量的合作伙伴参与价值网络的构建，广泛地整合公司外部的资源能力，从而使苹果公司能够处在产业能的制高点构建商业模式。苹果公司外部价值网络结构包括苹果顾客、作为价值网络集成者的苹果公司、合作伙伴（如零部件供应商、终端设备制造商、第三方内容服务提供商、网络运营商与授权经销商等）及规则和协议，具体见图 8-1。

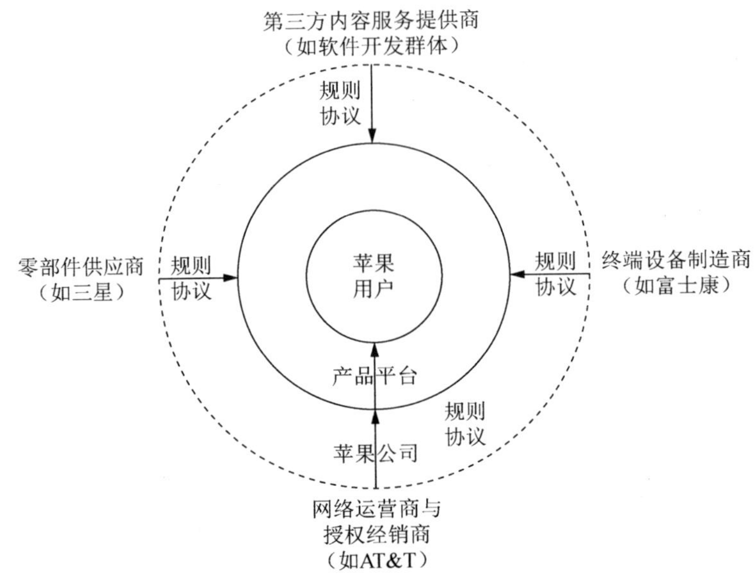

图 8-1　苹果公司的价值网络结构

图 8-1 中，内部的实线圆代表苹果用户，处于整个网络的中央位置，是整个网络的核心部分，充分体现了价值网络“以顾客为中心”的价值思想，一切生产经营活动都是围绕着顾客展开的，为用户提供最大的价值是价值网络构建的核心，因此顾客是网络构建的出发点和整个价值网络的服务对象；中间的实线圆代表苹果公司，是整个网络的集成者，它通过完整的产品研发设计和提供完美产品平台，将各合作伙伴的资源和能力整合起来，它不仅要捕捉顾客真正的需求信息、维持顾客关系，还要管理供应商网络，确保原材料快速、低成本地及时供应及与第三方内容/服务供应商等合作伙伴之间的协作关系；苹果公司与客户之间是苹果产品平台，苹果公司通过打造完美的产品平台，吸引大量的顾客和合作伙伴的参与，从而将客户与合作伙伴间接联系起来；外面的虚线圆代表苹果公司的各类合作伙伴，也是外部价值网络的重要组成部分，其中虚线表示苹果公司与其合作伙伴之间的关系是通过规则和协议维持的，是虚拟化的协作关系，不同于一般价值链的上下游关系。

8.1.2　苹果公司基于价值网络重构的商业模式

苹果基于价值网络的商业模式是以产品为中心构建的商业模式，苹果产品是苹果公司与外部企业发生联系的接口，是苹果公司价值网络构建的关键。苹果公司首先搭建一个具有竞争力的价值网络，在此基础上，以完美的产品为核心，吸引不同行业的大量合作伙伴积极参与构建外部价值网络，把资源能力互补的合作伙伴整合在一起，共同创造价值，为顾客提供由完美的产品和丰富的内容服务组成的体验式消费平台，创造了全新的商业模式。苹果公司基于价值网络进行的商业模式创新，实现了多方的共赢[249]。苹果公司基于价值网络重构的商业模式结构模型见图 8-2。

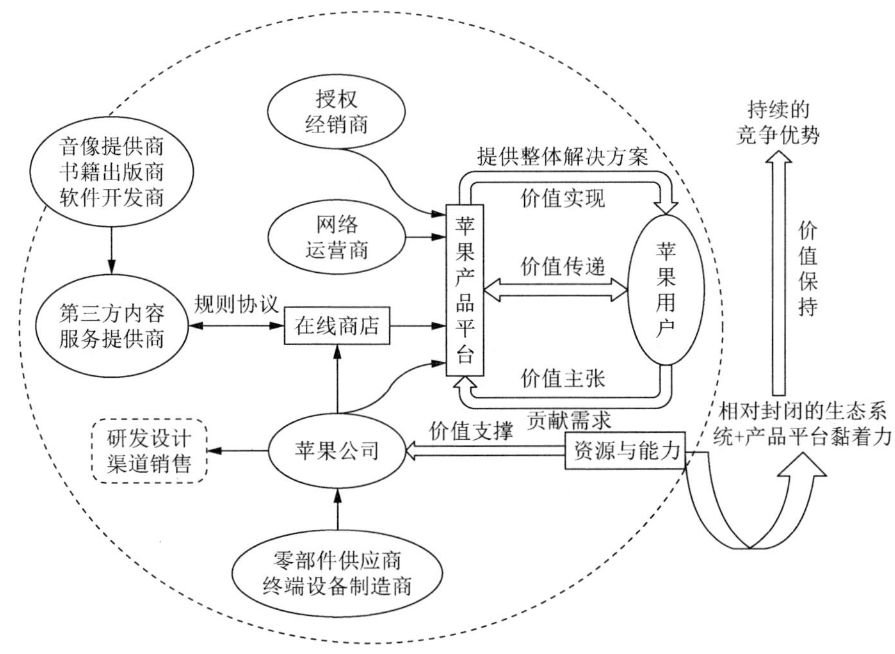

图 8-2　苹果公司基于价值网络重构的商业模式结构模型

苹果公司基于其核心技术，不断拓展产品功能，提升产品性能，通过替代现有产品市场和开辟新的需求市场，将核心技术跨越性地运用于多个产品领域和市场领域。苹果公司不断增加研发投入、坚持深化核心技术、拓展应用领域，以创造新的经济增长点。以人机交互技术为例，苹果公司一直是业界公认的该项技术的领跑者，继 Apple Ⅱ、Macintosh 和 iPod 之后，苹果公司又创造性地将人机交互技术应用在了智能手机领域。iPhone 手机第一个使用了多点触控、光线感应器、重力感应器及微电子机械系统（micro electro mechanical systems，MEMS）陀螺仪等 200 多项先进的技术专利，并且所使用的技术在产品中都体现出了应有的价值。2010 年，苹果公司又把人机交互技术延伸到了平板式计算机领域，推出了 iPad，开辟了共同创造价值，为顾客提供整体的解决方案；之后苹果公司通过价值传递这一独特的营销方式将其与合作伙伴创造的价值有效地传递给顾客，进而顺利实现价值；同时，其产品先发优势建立的相对封闭的价值生态系统，以及苹果产品具有的高度融合性和可定制性使产品平台具有黏着力，使苹果公司形成了有效的利润保护机制，构成了苹果公司持续竞争优势的基础。从图 8-2 中可以看出，苹果产品在整个价值网络中起着重要的作用，它将苹果公司的内部价值创造活动和外部价值创造活动联系在一起，从而将内部和外部资源能力整合起来，共同为顾客提供由完美的产品和丰富的内容服务组成的整体解决方案。

8.1.3 苹果公司商业模式创新思维

苹果公司创造了开放思维下封闭模式的新传奇。其实封闭与开放都是相对而言的，苹果公司的封闭主要指的是封闭的软件和封闭的硬件系统，从软硬件的设计、生产到销售是一种封闭式的产业生态系统，没有其他公司介入。

封闭与开放对于普通用户而言，最大的区别在于系统设备是否多样化及能否自由安装各种 App，苹果公司的封闭主要指具有统一的 iOS 和唯一的 App 商店。这种封闭只能说明苹果公司的准入制度高，它制定规则，别人只能被迫接受规则，但这并没有妨碍用户体验价值的最大化，所以“封闭”并不意味着落后与禁锢，而“开放”在某种意义上转化为中性词，给消费者带来自由的同时也造成了不便[241]。

因此，苹果公司的商业模式是在跨越多重技术和行业领域的开放式思维下造就的封闭模式，这种封闭一方面降低了成本，另一方面秉承了苹果公司追求优雅和品质的文化理念。其体现在商业模式上，就是创造了一个看似不可能的商业传奇。

8.1.4 苹果公司商业模式创新动因

（1）价值动因：微笑曲线的整体上移

苹果公司的微笑曲线见图 8-3。苹果公司通过不断技术创新，跨多个行业和领域，提高产品附加价值，使其价值曲线在叠加的基础上整体上移，从而推动苹果公司商业模式的创新[250]。

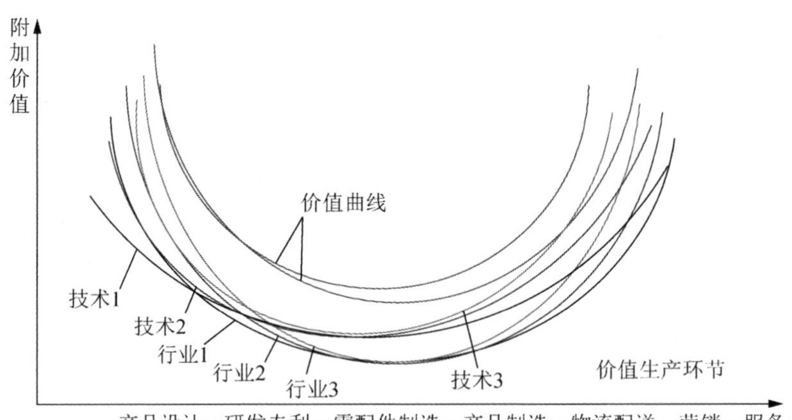

图 8-3　苹果公司的微笑曲线

（2）市场需求动因：双重钻石模型的需求升级

苹果公司的双重钻石模型见图 8-4。

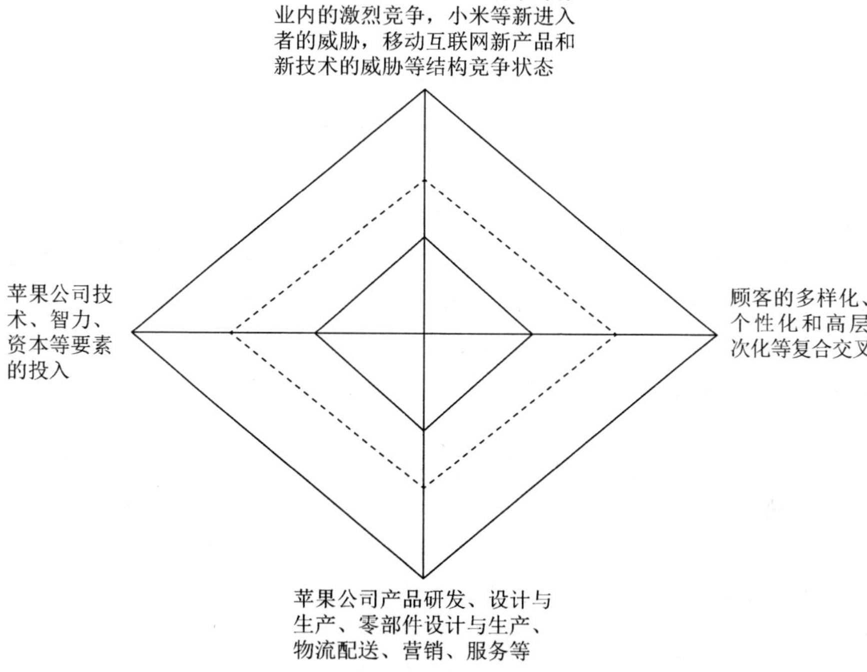

图 8-4　苹果公司的双重钻石模型

（3）自组织协同动因：硬件+软件+服务的良性互动

苹果公司的自组织协同动因见图 8-5。

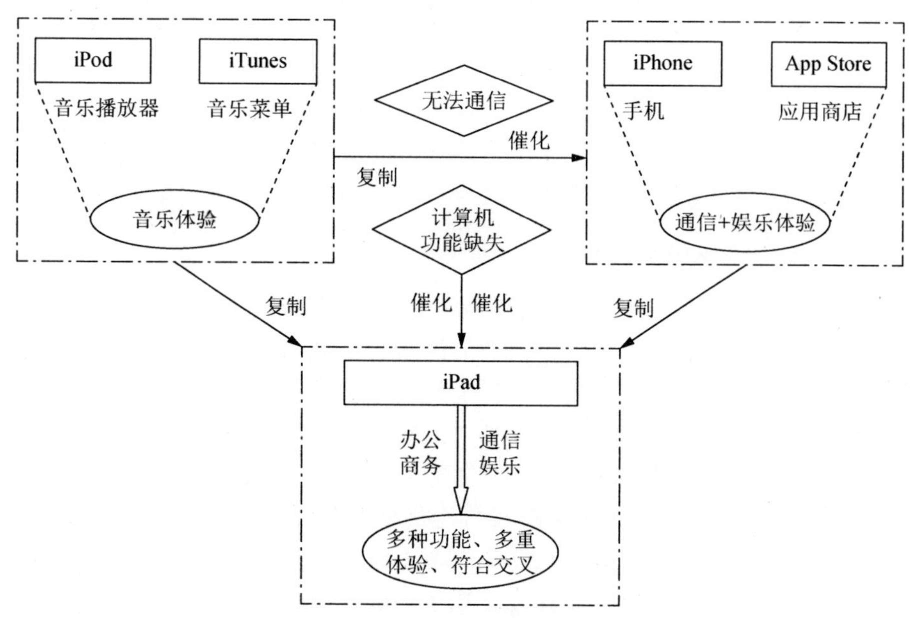

图 8-5　苹果公司的自组织协同动因

8.1.5 苹果公司商业模式创新路径

1. 基于核心资源价值辐射能力的链接创新——平台模式

苹果公司推出的所有产品都有着艺术品般的品质，产品设计理念经常领先于行业水平和超越消费者的想象。苹果公司对产品进行调整不是依赖于生产的可行性，而是利用超前的技术和创新设计获得消费者青睐。例如，如今广泛应用的重力感应器、多点触控、USB 及 Wi-Fi 网络的首次使用者都是苹果产品。苹果公司还首次将一项用于屏幕显示的 Retina（视网膜）屏幕技术应用于推出的 iPhone 4上，对比以往的 iPhone 系列，使用者即使近距离观看屏幕也不会产生颗粒感。

研发团队的客户体验设计主要源自苹果公司的精英团队对消费者需求的洞察力，产品功能并不是研发者最关心的，消费者对产品的使用指标即是设计宗旨。苹果公司采用一种双重机制来收集消费者的反馈：首先，采用"开箱体验"方式把消费者从苹果产品的开箱到产品的使用全过程以视频形式记录下来，设计师观看视频找出产品可以改进的地方；其次，在新产品开始销售后的一段时间内，产品设计师亲自接听消费者热线，答复消费者提出的问题，并倾听消费者提出的建议。苹果公司坚信，对客户的产品体验深入研究是产品获得成功的关键[251]。

2008 年 3 月，苹果公司推出了 SDK 开发程序并且可以无偿下载，以便于软件开发商开发出用于 iPhone 上的第三方软件，这就给所有具备创新思想的编程者和企业提供了便捷高效的公共平台，减少了开发者的成本。开发商仅支付 99 美元就能够入驻苹果开发者计划（Apple Developer Program），一方面可以获得官方提供的技术，另一方面可以利用 App Store 销售软件，开发商自主定价，获得收入的30%支付给苹果公司，并且不存在如挂载、管理、财务等其他费用。这对于个体或企业开发商来说极具吸引力，并且有利于调动开发商的积极性。在账目结算方面，通过与信用卡联合，苹果公司与开发商之间可以直接在网上结算，简化了结算程序，并且使自身业务能快速增长。

2. 基于产业链纵横交错的跨界创新——商业生态模式

商业生态模式是指企业把内外部环境当作一个系统，构建一个与生态系统相似的商业体系，主要由产业链、相关价值链组成，涵盖了相关联的上下游企业、消费者、中介机构等。由于市场的不稳定性和消费者需求的多样化，依靠企业自身力量很难满足消费者的需求，因此需要由整个体系寻求解决方案。以企业商业生态为中心而做出的创新活动称为商业生态创新。

苹果公司打造的 iPod+iTunes 模式为其商业生态创新模式奠定了坚实的基础，事实上，乔布斯对完美的积极追求彻底变革了众多产业，如个人计算机、动画电影、音乐、移动电话、平板式计算机、数字出版及零售连锁。从苹果公司的产品系列来看，其主要有两大类的产品：一类是硬件和软件相结合的产品，如 iPhone、 iMac、iPad 等；另一类是软件产品，如 iWork、iTunes、iCloud 等多媒体工具或服务平台，这些产品分属不同的产业，由其产品分类可以看出苹果公司通过产业交叉融合进行商业模式创新的本质[252]。

苹果公司每设计出一款新产品都能引起行业革命，从开始的 iMac 到随后的 iPod 和 iPhone 等产品都对相关行业的商业环境造成了极大影响：iPod 造成了唱片行业的变革，iPhone 造成了手机行业市场格局的变动，iPad 不仅使电子阅读器行业快速发展，而且造成了出版行业的变革。苹果公司制造了商业生态系统的变革，为全球市场带来了一种全新的模式，这些创新改变了企业对外部资源需求的内容及方式，改变了企业创造价值、传递价值的方式及路径，改变了企业的商业生态，使企业的资源边界、市场边界和契约边界都呈现模糊化趋势。

3. 基于点、线、面全方位融合创新——混合创新模式

苹果公司通过识别客户的价值主张进行价值定位创新。苹果公司的价值主张是通过价值网络的构建，与合作伙伴共同为顾客提供以完美的产品为载体的整体解决方案，然后通过独特的价值传递方式将其产品与服务有效地传递给顾客，并通过外部价值网络的构建，与合作伙伴共同为顾客提供完美的消费体验。

苹果公司建立了有效的价值保持机制。首先，苹果公司的价值保持能力体现在以苹果产品的先发优势建立了相对封闭的价值生态系统，严格控制公司的硬件，不允许苹果产品兼容机存在，从而能够将竞争对手隔离开。虽然苹果公司这种相对封闭的系统使其丧失了成为行业标准的可能，市场占有率较低，但是这种封闭的系统不仅具有很好的协同机制，而且能够严格控制产品终端，进而给顾客提供完美的体验。因此，当其他制造商选择商业化时，苹果公司却能够以其差异化的产品保持极高的利润率。其次，苹果产品具有高度融合性与可定制性，使苹果产品对顾客有着较强的黏着力，进而能够给顾客带来一致的、完美的体验，因此使苹果产品保持较高的顾客忠诚度的同时，也使其能够保持持续的竞争优势。简言之，苹果产品先发优势建立的相对封闭的价值生态系统及产品的高度融合性和可定制性形成的产品平台黏着力，使苹果公司形成了有效的利润保护机制，构成了苹果公司持续竞争优势的基础。

混合创新模式就是价值定位创新、资源能力创新、商业生态创新三者的相互融合。根据调查发现，可以把价值定位创新、资源能力创新、商业生态创新中的任意两者相融合进行混合创新，能够有效提升企业的经营绩效，苹果公司更是把混合创新的作用发挥得淋漓尽致，有效融合了这三种创新模式[253]。苹果公司从赢利点出发，寻求在关键资源能力上的创新，推出了 iPhone+App Store，这也标志着苹果公司创造利润的空间已经转移到中心为价值定位创新，依靠关键资源能力创新，辅以商业生态创新的价值创造系统上来。如今的苹果公司，已经完成从“硬

件软件一体化、硬件创造利润”到“软件+硬件+服务+商业生态”模式的转变。

8.1.6　苹果公司商业模式创新评价

本节利用本书提出的商业模式创新的五大评价标准，对苹果公司利用强大的产品研发能力搭建了客户平台、技术平台和数据平台，通过链接、跨界与融合的方式，依托自身所拥有的核心资源的价值辐射能力和控制力，拓展了移动互联网企业现有的产业链，重构了外部社会关系网络和价值网络创新的商业模式进行评价，具体见图 8-6。

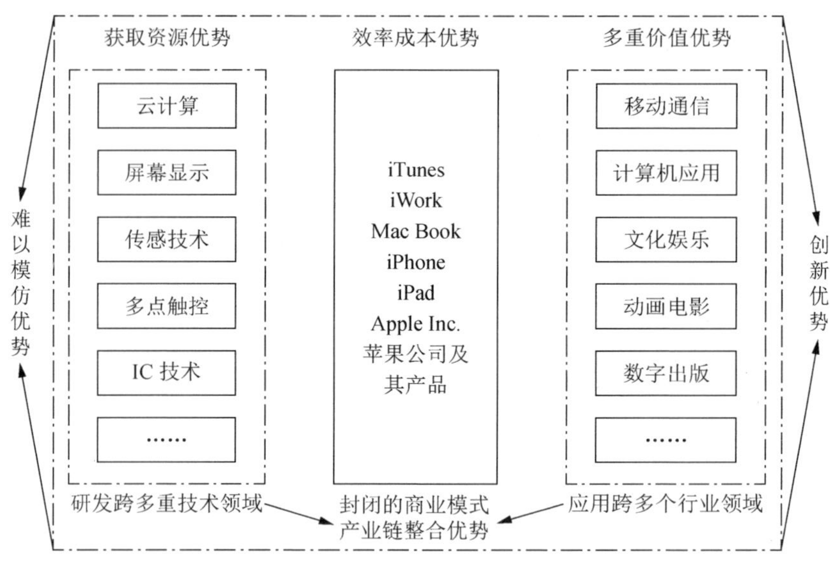

图 8-6　苹果公司的商业模式创新评价

1）产品研发时跨越多重技术领域（several techniques crossed）。苹果公司在研发产品过程中跨越了多重技术领域，通过整合多种技术，使其产品的功能得以拓展。以苹果公司的 iPad 设计为例，在新版的 iPad 上，苹果公司应用了云计算、屏幕显示、传感技术、多点触控、集成电路（integrated circuit，IC）等多种不同的技术与服务。

2）产品的应用由于功能的拓展而跨越多个行业领域（several sectors crossed）。就产品的应用功能而言，苹果公司的 iPad 超越了基本的通信和互联网应用，涉及艺术、文学、媒体、娱乐、金融、证券等多个领域，其应用软件还涉及图书、地图导航等许多跨产业的服务。

3）苹果公司及苹果的产品，如 iPhone、iPad、Mac Book、iWork、iTunes 等，这些产品都体现了其基于研发、应用两个维度商业模式创新的本质。

8.2　移动互联网企业商业模式未来趋势的代表：阿里巴巴公司

8.2.1　阿里巴巴的价值网络结构

阿里巴巴建立的平台商业模式的价值网络结构属于集中式、分散式和分布式相结合的混合形态，见图 8-7。阿里巴巴有着众多的双边市场平台，形成自己的核心能力，制定规则，收集客户数据，利用价值网络中众多行为主体的资源、能力、知识、信息的共享突破业务边界、企业边界和行业边界，涉足物流、金融和云计算行业，打造了一个具有自组织特征的生态网络。

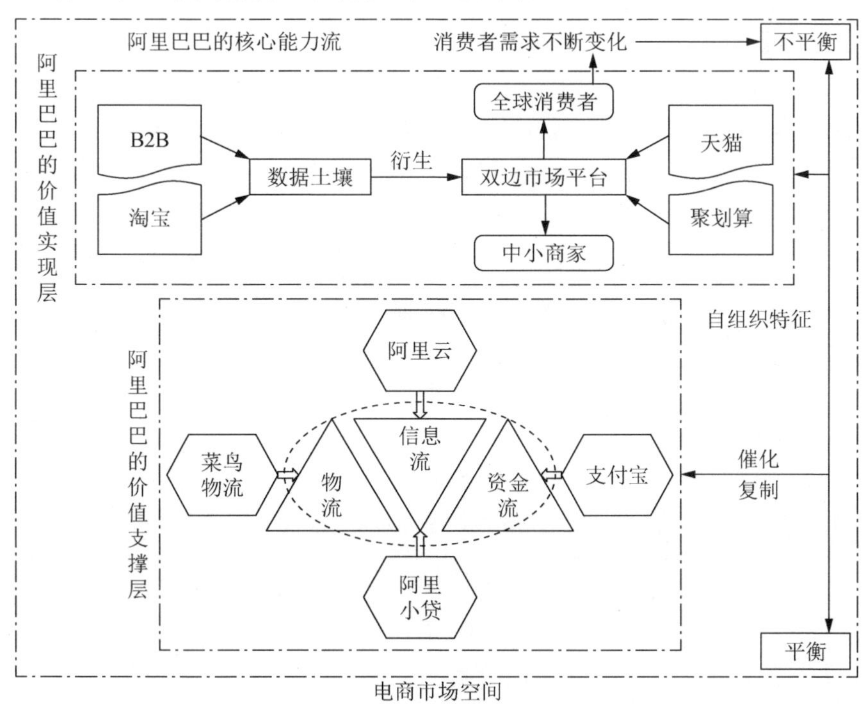

图 8-7　阿里巴巴的价值网络结构

8.2.2　阿里巴巴的商业模式演变

1. 创业期：平台规则价值与网络数量效应

在创业期，平台通过提供第三方支付、阿里旺旺、信用互评与网商概念，创造了平台规则价值，满足了用户安全且实惠网购需求与商家低成本网络创业需求，激发了网络数量效应，平台成长需要大规模用户来提供动力，连接双边市场，平台的赢利建立在选择性地对一“边”收费的基础上，因此“边”的规模越大越好，如果此时把重心放在网络效应质量的建构上，很可能导致平台用户规模增长乏力，在平台竞争中处于弱势的地位。

2. 成长期：平台数据价值与网络质量效应

在成长期，平台通过提供增值服务，创造了平台数据价值，满足了用户的品质需求与商家的精准营销，优化了网络质量效应。平台规模扩大后，需要把重心从扩大规模转移到提升平台质量上来，不良用户的加入会使平台已有用户效用与意愿降低，通过筑起用户过滤机制将一部分有可能带来负向网络效应的用户清除，提升平台已有“边”的质量。这样虽然会失去一部分潜在用户，但平台整体质量提高能吸引更多用户，同时使平台已有用户形成更强的黏性，从而激发更大的网络效应。

3. 成熟期：平台生态价值与网络增量效应

在成熟期，平台通过开放式创新，聚集了众多专业服务商为商家提供精准化、个性化服务来增强用户黏性，创造平台生态价值，扩大网络增量效应。随着网络数量效应和质量效应的建构，平台增长乏力，平台自身的服务无法有效满足商家与用户日益增长的差异化需求的问题，此时平台以开放式创新吸引更多细分领域的专业服务商加入平台。阿里巴巴不同时期商业模式创新比较见表 8-1。

表 8-1　阿里巴巴不同时期商业模式创新比较

时期 项目	创业期	成长期	成熟期
用户	数量增多	满意度上升	黏性增加
需求	实惠需求	品质需求	个性需求
需求手段	信息搜索、信誉商家、支付保障	品牌商品、正品保障、附加服务	不同市场类型、多个子平台切入
平台	规则价值	数据价值	生态价值
平台手段	电商知识、信息技术、资源整合、制定规则	技术优化、服务创新、数据分析	开辟细分市场、整合优质资源、创造生态价值
战略	成本优势	精准营销	品牌管理
战略手段	免费政策、创业机会	规范市场、规则制定、增值服务	平台声誉、福利补贴、流量共享
商家	数量增多	过滤筛选	多样化
效应	数量效应	质量效应	增量效应

8.2.3　阿里巴巴的价值创新战略范式

阿里巴巴运营的不是一个公司，而是一个生态系统，一个用新技术、新理念组建而成，由全球数亿的消费者、零售商、制造商、服务提供商和投资者组成的仍在持续增大和进化的新经济体。在马云的战略思想下，阿里巴巴用 15 年打造的平台商业模式，对于阿里巴巴来说，是最优的电子商务模式。它不做实体的经营，不做物流，不卖货，致力于为中小卖家和网络消费者实现自身价值，打造了一个生态系统，为双边市场上的中小卖家和广大消费者提供便利，外部价值网络则依靠其自组织特征的演变形成庞大的生态系统。这种价值创新战略范式下的商业模式并没有实质性的投入，但回报却不低。阿里巴巴公司的价值创新战略范式见图 8-8。

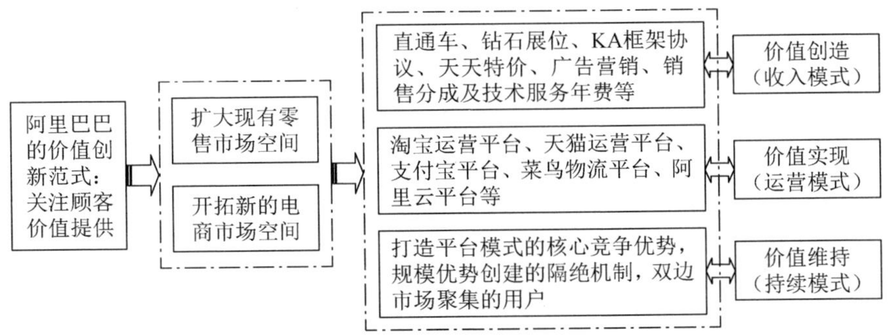

图 8-8　阿里巴巴公司的价值创新战略范式

8.2.4　阿里巴巴的商业模式创新

（1）阿里巴巴的赢利模式

阿里巴巴目前的赢利主要来源于淘宝、天猫、聚划算、1688.com、全球速卖通、Alibaba.com 等。其中，淘宝和天猫的收入占据了绝大部分，淘宝的收入主要来源于直通车、钻石展位、KA 框架协议、天天特价等；而天猫的收入主要来源于广告营销、销售分成及技术服务年费等费用，销售比例为 3%～5%。

（2）阿里巴巴的平台商业模式的困境

阿里巴巴的商业模式是一个相对来说比较传统的网购模式。线下的购物模式首先是地产商，然后是零售商或批发商，与消费者的交易是由商户负责而不是由地产商负责，将线下的购物模式搬到线上就是目前阿里巴巴的模式。相对来说，它完整地把线下的从商业地产到零售的模式搬到了线上，这种模式以规模制胜，它的规模要比任何线下的商业地产要大得多。

但是这种模式有一个很大的问题是平台的利益与商户的利益是有冲突的。有人说过，如果一个菜市场很赚钱，利润率非常高，但是菜市场内经营的商户都不赚钱，菜农也不赚钱，那么这个模式是有问题的。洪波认为，阿里巴巴在过去十多年一直没有收入，淘宝自建立以来也没有挣钱，马云也多次说过淘宝不准挣钱。阿里巴巴一直没有让淘宝这样一个巨大的平台产生利润，而是将赚的钱花到平台上，继续扩大平台的规模。目前，不再说平台不能挣钱，而是有条不紊地不断扩大它的收入。实际上过去十多年，为最近两三年收入的增长做了很好的铺垫，这种增长可能还会维持一段时间。

（3）阿里巴巴商业生态圈雏形

阿里巴巴商业生态圈雏形见图 8-9。最初，阿里巴巴以 B2B 和淘宝起家，建立其数据的土壤，并由此衍生出天猫、聚划算等多个业务线，形成了买卖双方、批发零售的交易关系，参与者优胜劣汰；其外面一层由支付宝、阿里小贷、菜鸟物流、阿里云形成支持体系，从而形成资金流、物流、信息流的循环；再外面一层是来自阿里巴巴在过去投资及收购的企业，如新浪微博、高德等，形成电商市场、平台和生态系统，获得更大的业务想象空间。阿里巴巴到底要用何种手段来调节市场，以达到生态系统的平衡，获取更大的业务想象空间，是阿里巴巴未来要寻求的答案。

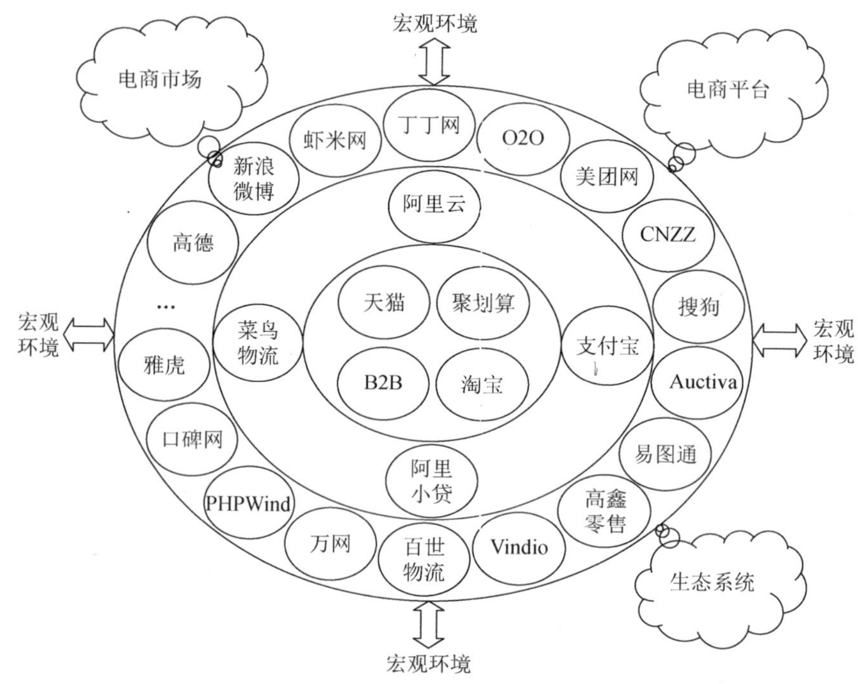

图 8-9　阿里巴巴商业生态圈雏形

本 章 小 结

不同的移动互联网企业有着不尽相同的商业模式，企业的每次商业模式创新都可能带来产品形态和利润创造领域的改变。具备冒险精神的创新是商业模式具有吸引力的原因。假如商业模式是单纯地对企业经营要素进行组合，那么在很大程度上进行的商业模式创新是一种效仿或抄袭，并没有创新。商业模式创新能够为企业创造机会，其提供了重塑产业结构和行业秩序的工具，初创企业如果能发挥好商业模式创新的作用，就可以打破传统产业中领头企业制造的渠道壁垒、品牌壁垒及资源壁垒。很多具有冒险精神的创新案例成就了商业模式多样化的格局。

移动互联网行业的商业模式创新基本是打破以前的产业、产品，甚至消费者的生活经验所做出的创新，如基于互联网而创新的各种产品（从门户到即时通信软件，再到 C2C、B2C 及后来的 SNS、LBS、O2O 等），人们根据先前的行业规则、产品使用特性及生活方式根本无法想象，正是超越原有思想的束缚才有了商业模式创新。

创造不曾存在的新事物、新的产品形式及新的行业体系是移动互联网企业进行商业模式创新的根本意义所在。在苹果公司通过 App Store 将应用广泛化之后，Android 系统的出现也对智能手机等电子产品及家庭影像产品造成了巨大的冲击。商业模式创新通常是把多个参与要素在“缺少参照、缺少数据、缺少条件”的前提下进行突破性创新。不存在哪种商业模式创新是在“不能理解、不能论证、无法预测”的条件下产生的，如果不存在这些条件，产品形态创新、商业模式创新就难以取得突破性成功。

换句话说，商业模式创新并不是单纯地对已有事物的见解和认识，而是创造出未知新奇事物的创新。利用已知求未知，仅是试验；从未知得未知，才能创新。有中生有，顺其自然，从襁褓到成熟，必然性占据绝大多数；无中生有，从不可能变成可能，偶然性占据绝大多数。创新是企业家勇于冒险思想的表达和实践，是企业家精神的极致体现，即利用创新（产品、服务甚至商业模式）改变世界。

第 9 章　结论与展望

9.1　研 究 结 论

本书以复杂性科学理论、双边市场理论和创新理论为主要理论基础，综合运用文献综述、调查研究、统计分析、案例研究等实证研究和规范研究相结合的方法，从网络化的视角，以价值为主线对商业模式创新问题进行了深入的研究。研究内容包括移动互联网企业商业模式分类、移动互联网企业价值网络解构与重构、移动互联网企业商业模式创新的内在价值机理、移动互联网企业商业模式创新的影响因素和移动互联网企业商业模式创新动因、路径和评价等方面的内容，得出以下结论：

1）从内外两个方面提出移动互联网企业商业模式的构成因素，通过价值链、价值商店和价值网络三种不同的价值结构的商业模式构建方式，基于移动互联网产业协作关系的不同，将移动互联网企业商业模式构建为三类：基础层移动互联网企业商业模式、应用层移动互联网企业商业模式和终端层移动互联网企业商业模式。

2）在对三类移动互联网企业商业模式进行深入剖析的基础上，本书将移动互联网企业商业模式创新诸多影响因素概括为三大类：宏观环境、企业资源能力和价值网络重构。通过理论和文献推导构建了概念模型，并利用实证研究检验了资本环境对企业资源和价值网络发展水平的影响，以及价值网络重构受客户的网络黏性和网络治理结构的影响。

3）对移动互联网企业商业模式创新的源头进行了深入研究，发现商业模式创新源于新理念的形成，新的理念能够帮助企业发现并提出新的顾客价值主张。因此，对大量典型的移动互联网企业商业模式进行了分析，概括性地提出了移动互联网企业商业模式创新思维包括链接、跨界与融合、开放三种全新理念。

4）从价值网络重构的视角研究移动互联网企业商业模式创新的问题，主要以价值为主线，围绕商业模式的本质逻辑，即价值创造、价值实现和价值维持展开。移动互联网企业的价值链演变为价值网络，价值网络受竞争、技术和环境压力不断解构与重构，使网络的价值创造逻辑重塑，价值网络的参与者通过价值创新的方式得以在动态演变的价值网络中生存和发展，表现在企业实体上就是价值网络的重构导致移动互联网企业商业模式创新。因此，可以说价值网络重构是移动互联网企业商业模式创新的网络化承载，价值创新是移动互联网企业商业模式创新的内在化过程。

5）移动互联网企业商业模式创新是商业模式的内在和外在构成要素的协同演化并形成良性互动的过程。本书从框架和模型两个方面实现了移动互联网企业价值网络重构和商业模式创新的完整对接，深入剖析成功商业模式创新的共同特征，针对性地提出了基于不同创新动因的三类移动互联网企业商业模式创新路径。

6）确立了移动互联网企业商业模式创新的六大评价标准，基于 NK 模型为移动互联网企业建立了科学合理的商业模式创新评价体系。该体系既可以评价现有商业模式的效率和效益，又可以对商业模式创新方案的可行性和有效性问题进行评估。

7）研究了移动互联网企业对于商业模式创新的结果的保持。作者认为通过在价值网络重构的过程中建立价值维持机制实现商业模式创新的移动互联网企业就可以防范模仿者和复制者的竞争，保持长久持续的竞争优势。

9.2　研究特色和创新点

9.2.1　研究特色

本书的研究特色主要体现在以下几个方面：

1）与前人的研究对象相比，本书选取了应用新一代的信息技术和网络技术的移动互联网企业为研究对象，与时俱进，具有时代背景特色，可以丰富商业模式应用研究领域相关内容。

2）与前人的研究视角相比，本书选取了价值网络重构的视角，因为价值网络重构已经成为企业商业模式创新的重要方式之一，具有网络化趋势的特色。

3）与前人的研究方法相比，本书选取了 SEM 的方法分析商业模式的创新问题，进行了探索性的尝试。

4）与前人的研究内容相比，本书研究移动互联网企业商业模式的创新，提出三大类移动互联网企业商业模式的创新应用，同时提出移动互联网企业原有商业模式的诊断和创新型商业模式的预评估方法，具有研究内容方面的特色。

9.2.2　创新之处

本书的创新点主要体现在以下几个方面：

1）从复杂科学性理论角度研究了移动互联网企业商业模式系统的复杂性，为移动互联网企业商业模式适用性问题的研究奠定了理论基础。

2）提出了价值网络重构是移动互联网商业模式创新的主要方式，重构过程改变了价值创造、价值实现和价值维持的机理，从而引起企业价值结构的重塑，导致商业模式的创新，这是研究视角上的创新。

3）构建了三类移动互联网企业的商业模式，提出了基于不同创新动因的三类移动互联网企业商业模式创新的路径，丰富了商业模式创新在移动互联网企业情境下的研究。

4）采用了 SEM 的方法，将移动互联网企业的商业模式创新的影响因素归结为环境因素、企业资源能力因素和价值网络重构三大类，通过实证的方式验证了这三大类因素通过价值创新实现了商业模式的创新路径。

5）建立移动互联网企业商业模式创新的评估标准和基于 NK 模型的科学评估方法。该评估方法既可以对现有商业模式进行诊断，又可以对商业模式的创新方案进行可行性和有效性评估，实现了评价手段上的创新。

9.3　研究的局限和未来研究方向

根据目前的研究状况，今后需要进一步研究的问题如下：

（1）移动互联网企业价值网络重构临界点的问题

研究移动互联网企业价值网络产生聚变效应导致重构的临界点和条件，是价值网络的基本研究问题之一，值得后续研究者关注。

（2）移动互联网企业商业模式创新的可持续性问题

如何通过商业模式创新获得可持续性是商业模式研究的重要内容，应受到国内学者的重视；如何使企业从社会和环境效益实现中获取经济价值是商业模式设计或创新所面临的关键挑战，是可持续性商业模式研究亟待探讨的重要课题，值得国内学者关注。此外，可持续价值主张、可持续价值传递等问题也可能成为今后国内研究的重点。

（3）移动互联网企业商业模式创新的网络化和开放式问题

网络化、开放式商业模式的本质、构成要素、实现途径、价值评估和维系（关系管理）等问题应受到国内学者重视。基于开放性前提，如何构建此类商业模式的模仿壁垒以避免竞争对手的快速复制将成为重要的研究课题。

基于价值网络的移动互联网企业商业模式创新是一个不断演化的过程，其内容和目标都在不断发展，移动互联网行业本身就处在一个发展变化极为迅速的、动态的社会经济环境中。云计算和智能硬件的兴起、电子商务的快速发展、移动互联网的普及和物联网的应用等将给移动互联网企业甚至关联性较强的行业发展与整合带来新的冲击，增加了移动互联网业的不稳定因素。在价值网络环境下，移动互联网企业商业模式创新将会导致新的企业整合和新的商业模式的产生，这些将是作者下一步关注和研究的问题。

参考文献

[1] 马君．企业商业模式创新研究[D]．天津：天津大学，2008.

[2] KOEN P A, BERTELS H M J, ELSUM I R. The three faces of business model innovation: challenges for established firms[J]. Research Technology Management, 2011, 54(3): 52-59.

[3] CHESBROUGH H. Open business models: how to thrive in the new innovation landscape[M]. Boston: Harvard Business School Press, 2006.

[4] NENONEN S, STORBACKA K. Business model design: conceptualizing networked value co-creation[J]. International Journal of Quality and Service Sciences, 2010, 2(1): 43-59.

[5] 欧晓华，张鸿，陈志强．基于价值网的 IT 企业商业模式创新路径研究[J]．西安邮电大学学报，2013，18（6）：109-111.

[6] 苹果公司成功的秘密在哪里[EB/OL]．[2017-10-18]．http://www.dianliang.com/brand/chuanbo/yanjiu/201203/194011.

[7] GIESEN E, RIDDLEBERGER E, CHRISTNER R, et al. When and how to innovate your business model[J]. Strategy & Leadership, 2010, 38(4): 17-26.

[8] 罗珉，曾涛，周思伟．企业商业模式创新：基于租金理论的解释[J]．中国工业经济，2005（7）：73-81.

[9] SANCHEZ P, RICART J E. Business model innovation and sources of value creation in low-income markets[J]. European Management Review, 2010, 7(3): 138-154.

[10] FAWCETT S E, ALLRED C, MAGNAN G M, et al. Benchmarking the viability of SCM for entrepreneurial business model design[J]. Benchmarking: An International Journal, 2009, 16(1): 5-29.

[11] BRDULAK H. Diversity management as a business model[J]. Kobieta I Biznes, 2009(1-4): 29-35.

[12] HAWKINS R. The phantom of the marketplace: searching for new e-commerce business models[J]. Communications and Strategies, 2002, 6(2): 297-329.

[13] AMIT R, ZOTT C. Value creation in e-business[J]. Strategic Management Journal, 2001, 22(6-7): 493-520.

[14] SHAFER S M, SMITH H J, LINDER J C. The power of business models[J]. Business Horizons, 2005, 48(3): 199-207.

[15] RICHARDSON J. The business model: an integrative framework for strategy execution[J]. Strategic Change, 2008, 17(5-6): 133-144.

[16] BELTRAMELLO A, HAYE-FAYLE L, PILAT D. Why new business models matter for green growth[J]. OECD Green Growth Papers, 2013(2): 6-79.

[17] BOCKEN N M P, SHORT S W, RANA P, et al. A literature and practice review to develop sustainable business model archetypes[J]. Journal of Cleaner Production, 2014, 65(4): 42-56.

[18] SLYWOTZKY A J, MORRISON D J, ANDELMAN B. The profit zone: how strategic business design will lead you to tomorrow's profits[M]. Chichester: John Wiley & Sons, 1997.

[19] BOVET D, MARTHA J, CONSULTING M M. Value nets: breaking the supply chain to unlock hidden profits[M]. Chichester: John Wiley & Sons, 2004.

[20] OSTERWALDER A, PIGNEUR Y. 商业模式新生代[M]．王帅，毛心宇，严威，译．北京：机械工业出版社，2011.

[21] 李栋华．复杂适应视角的产业系统和产业竞争力[J]．科技进步与对策，2010，27（1）：77-80.

[22] 吴汉洪，孟剑．双边市场理论与应用述评[J]．中国人民大学学报，2014（2）：149-156.

[23] REDIS J. The impact of business model characteristics on IT firms' performance[J]. International Journal of Business, 2009, 14(4): 291-307.

[24] MKINEN S, SEPPANEN M. Assessing business model concepts with taxonomical research criteria: a preliminary study[J]. Management Research News, 2007, 30(10): 735-748.

[25] 石宇辉．PPG 商业模式创新研究[D]．南京：南京理工大学，2008.

[26] 余东华，芮明杰．模块化、企业价值网络与企业边界变动[J]．中国工业经济，2005（10）：88-95.

[27] FELLER J, FINNEGAN P, HAYES J. Delivering the whole product: business model impacts and agility challenges in a network of open source firms[J]. Journal of Database Management, 2008, 19(2): 95-108.

[28] RIGBY D K, CHRISTENSEN C M, JOHNSON M. Foundations for growth: how to identify and build disruptive new businesses[J]. Social Science Electronic Publishing, 2002, 43(3): 22-31.

[29] TUCKER R B. Strategy innovation takes imagination[J]. Journal of Business Strategy, 22(3): 23-27.

[30] MAGRETTA J. Why business models matter[J]. Harvard Business Review, 2002, 80(5): 3-8.

[31] SIGGELKOW N. Evolution toward fit[J]. Administrative Science Quarterly, 2002, 47(1): 125-159.

[32] TIDD J, BESSANT J. Managing innovation: integrating technological, market and organizational change[M]. 4th ed. Chichester: John Wiley & Sons, 2009.

[33] 乔卫国．商业模式创新[M]．上海：上海远东出版社，2009.

[34] 杨锴．企业商业模式创新的概念及原则探析[J]．商业文化（下半月），2011（12）：176.

[35] 王雪冬，董大海．商业模式创新概念研究述评与展望[J]．外国经济与管理，2013，35（11）：29-36.

[36] TIKKANEN H, LAMBERG J A, PARVINEN P, et al. Managerial cognition, action and the business model of the firm[J]. Management Decision, 2005, 43(6): 789-809.

[37] 罗珉，王雎．中间组织理论：基于不确定性与缓冲视角[J]．中国工业经济，2005（10）：104-112.

[38] BAGHDADI Y. A business model for deploying web services: a data-centric approach based on factual dependencies[J]. Information Systems and E-Business Management, 2005, 3(2): 151-173.

[39] EISENMANN T, PARKER G, ALSTYNE M W N. Strategies for two-sided markets[J]. Harvard Business Review, 2006, 84(10): 92-101.

[40] 谢德荪．源创新：转型期的中国企业创新之道[M]．北京：五洲传播出版社，2012.

[41] HEDMAN J, KALLING T. The business model concept: theoretical underpinnings and empirical illustrations[J]. European Journal of Information Systems, 2003, 12(1): 49-59.

[42] MALHOTRA Y. Knowledge management and new organization forms: a framework for business model innovation[J]. Information Resources Management Journal, 2000, 13(1): 5-14.

[43] SOSNA M, TREVINYO-RODRIGUZE R N, VELAMURI S R. Business model innovation through trial-and-error learning: the naturhouse case[J]. Long Range Planning, 2010, 43(2-3): 383-407.

[44] TIMMERS P. Business models for electronic markets[J]. Electronic Markets, 1998, 8(2):3-8.

[45] LINDER J C, CANTRELL S. Five business-model myths that hold companies back[J]. IEEE Engineering Management Review, 2002, 30(3): 26.

[46] VENKATRAMAN N, HENDERSON J C. Four vectors of business model innovation: value capture in a network ERA[M]//PANTALEO D, PAL N. From strategy to execution: turning accelerated global change into opportunity. Berlin: Springer Publishing Company, 2008: 259-280.

[47] MARKIDES C. Disruptive innovation: in need of better theory[J]. Journal of Product Innovation Management, 2006, 13(1): 19-25.

[48] MILES R E, MILES G, SNOW C C. Collaborative entrepreneurship: how communities of networked firms use continuous innovation to create economic wealth[M]. Stanford: Stanford University Press, 2005.

[49] CHAHARBAGHI K, FENDT C, WILLIS R. Meaning, legitimacy and impact of business models in fast-moving environments[J]. Management Decision, 2003, 41(4): 372-382.

[50] ZOTT C, AMIT R. Designing your future business model: an activity system perspective[J]. SSRN Electronic Journal, 2009, 43(D/781): 259-272.

[51] ZOTT C, AMIT R. Business model design: an activity system perspective[J]. Long Range Planning, 2010, 43(2-3): 216-226.

[52] WEILL P, VITALE M R. Place to space: migrating to ebusiness models[M]. Boston: Harvard Business School Press, 2001.

[53] VOELPEL S C, LEIDOLD M, TEKIE E B. The wheel of business model reinvention: how to reshape your business model to leapfrog competitors[J]. Journal of Change Management, 2004, 11(3): 418-419.

[54] OSTERWALDER A, PIGNEUR Y, TUCCI C L. Clarifying business models: origins, present and future of the concept[J]. Communications of the Association for Information Systems, 2005, 16(5): 1-25.

[55] 原磊．国外商业模式理论研究评介[J]．外国经济与管理，2007，29（10）：17-25.

[56] BOCK A, GERARD G. Business model innovation and strategic flexibility: a study of the effects of informal and formal organization[J]. Journal of Chemical Physics. 2010, 57(12): 5257-5265.

[57] DEMIL B, LECOCQ X. Business model evolution: in search of dynamic consistency[J]. Long Range Planning, 2010, 43(2-3): 227-246.

[58] RAPPA M. The utility business model and the future of computing services[J]. IBM Systems Journal, 2004, 43(1): 32-42.

[59] JOHNSON M W, CHRISTENSEN C M, KAGERMANN H. Reinventing your business model[J]. Harvard Business Review, 2008, 35(12): 52-60.

[60] WU X, MA R, SHI Y. How do latecomer firms capture value from disruptive technologies? A secondary business-model innovation perspective[J]. IEEE Transactions on Engineering Management, 2010, 57(1): 51-62.

[61] CHESBROUGH H. Business model innovation: it's not just about technology anymore[J]. Strategy & Leadership, 2007, 35(6): 12-17.

[62] CHESBROUGH H. Business model innovation: opportunities and barriers[J]. Long Range Planning, 2009, 43(2-3): 354-363.

[63] 欧晓华，余亚莉．国内外商业模式创新研究综述[J]．生产力研究，2013（6）：184-187.

[64] POHLE G, CHAPMAN M. IBM's global CEO report 2006: business model innovation matters[J]. Strategy & Leadership, 2006, 34(5): 34-40.

[65] DUBOSSON M, OSTERWALDER A, PIGNEUR Y. E-business model design, classification, and measurements[J]. Thunderbird International Business Review, 2002, 44(1): 5-23.

[66] HAMEL M. Leading the revolution[M]. Boston: Harvard Business School Press, 2000.

[67] 关鑫．企业商业模式创新研究[D]．沈阳：辽宁大学，2007.

[68] 刘潇．基于 TRIZ 与 DEA 的商业模式创新方法研究[D]．扬州：扬州大学，2015.

[69] WEIL V. Mentoring: Some ethical considerations[J]. Science and Engineering Ethics, 2001, 7(4):471-482.

[70] HAMEL G. Innovation as a deep capability[J]. Leader to Leader, 2003, 27(1): 19-24.

[71] AFUAH A, TUCCI C. Internet business models and strategies: text and cases[M]. New York: McGraw-Hill/Irwin, 2001.

[72] DANIELSON M G, PRESS E. Accounting returns revisited: evidence of their usefulness in estimating economic returns[J]. Review of Accounting Studies, 2003, 8(4):493-530.

[73] HAYES J, FINNEGAN P. Assessing the of potential of e-business models: towards a framework for assisting decision-makers[J]. European Journal of Operational Research, 2005, 160(2): 365-379.

[74] 高闯，关鑫．企业商业模式创新的实现方式与演进机理：一种基于价值链创新的理论解释[J]．中国工业经济，2006（11）：83-90.

[75] 方孜，王刊良．基于 5P4F 的电子商务模式创新方法研究[J]．中国管理科学，2002，10（4）：74-81.

[76] 赖国伟．基于模块化的商务模式创新：以 PC 产业为例[D]．厦门：厦门大学，2004.

[77] PORTER M E. Competitive strategy: techniques for analyzing industries and competitors[J]. Social Science Electronic Publishing, 1980(2): 86-87.

[78] STABELL C B, FJELDSTAD Y D. Configuring value for competitive advantage: on chains, shops, and networks[J]. Strategic Management Journal, 1998, 19(5): 413-437.

[79] BRANDENBURGER A M, NALEBUFF B J. Co-opetition[M]. New York: Doubleday, 1996.

[80] BELDERBOS R, ZOU J. On the growth of foreign affiliates: multinational plant networks, joint ventures, and flexibility[J]. Journal of International Business Studies, 2007, 38(7): 1095-1112.

[81] NORMANN R, RAMIREZ R. From value chain to value constellation: designing interactive strategy[J]. Harvard Business Review, 1993, 71(4): 65-77.

[82] MOORE J F. Predators and prey: a new ecology of competition[J]. Harvard Business Review, 1993, 71(3): 75-86.

[83] HEARN G, PACE C. Value-creating ecologies: understanding next generation business systems[J]. Foresight, 2006, 8(1): 55-65.

[84] 吴海平，宣国良．价值网络的本质及其竞争优势[J]．经济管理，2002（24）：11-17.

[85] ALLEE V. Reconfiguring the value network[J]. Journal of Business Strategy, 2000, 21(4): 36-39.

[86] 梁运文，谭力文．商业生态系统价值结构、企业角色与战略选择[J]．南开管理评论，2005，8（1）：57-63.

[87] ZEITHAML V A. Consumer perceptions of price, quality, and value: a means-end model and synthesis of evidence[J]. The Journal of Marketing, 1988, 52(3): 2-22.

[88] 张婷婷，原磊．基于“3-4-8”构成体系的商业模式分类研究[J]．中央财经大学学报，2008（2）：79-85.

[89] 余东华，芮明杰．基于模块化网络组织的价值流动与创新[J]．中国工业经济，2008（12）：48-59.

[90] BOISOT M, MEYER M W. Which way through the open door? reflections on the internationalization of chinese finns[J]. Management and Organization Review, 2008, 4(3): 349-365.

[91] BRESNAHAN T, YIN P L. Reallocating innovative resources around growth bottlenecks[J]. Industrial and Corporate Change, 2010, 19(5): 1589-1627.

[92] 刘红莲，高小蓉．戴尔模式唤醒传统 PC 产业[J]．中国商界，2008（11）：122-123.

[93] 三星行走全球的名片：垂直整合[EB/OL]. [2017-10-18]. http://blog.sina.com.cn/s/blog_7f3974e101018p7q.html.

[94] BRINCKMANN J, SALOMO S, GEMUENDEN H G. Financial management competence of founding teams and growth of new technology-based firms[J]. Entrepreneurship Theory and Practice, 2011, 35(2): 217-243.

[95] CARR J C, HAGGARD K S, HMIELESKI K M, et al. A study of the moderating effects of firm age at internationalization on firm survival and short-term growth[J]. Strategic Entrepreneurship Journal, 2010, 4(2): 183-192.

[96] 凌晓东．企业价值网的形成与模型分析[J]．世界科学，2007（8）：37-40.

[97] CASADESUS-MASANELL R, RICART J E. From strategy to business models and onto tactics[J]. Long Range Planning, 2010, 43(2-3): 195-215.

[98] CASSAR G. Entrepreneur opportunity costs and intended venture growth[J]. Journal of Business Venturing, 2006, 21(5): 610-632.

[99] CASTELLACCI F, ZHENG J H. Technological regimes, schumpeterian patterns of innovation and firm-level productivity growth[J]. Industrial and Corporate Change, 2010, 19(6): 1829-1865.

[100] CHITTOOR R, SARKAR M B, RAY S, et al. Third-world copycats to emerging multinationals: institutional changes and organizational transformation in the Indian pharmaceutical industry[J]. Organization Science, 2009, 20(1): 187-205.

[101] CHOWDHURY S. The moderating effects of customer driven complexity on the structure and growth relationship in young firms[J]. Journal of Business Venturing, 2011, 26(3): 306-320.

[102] CLARYSSE B, BRUNEEL J, WRIGHT M. Explaining growth paths of young technology-based firms: structuring resource portfolios in different competitive environments[J]. Strategic Entrepreneurship Journal, 2011, 5(2): 137-157.

[103] CLARYSSE B, WRIGHT M, VELDE E V D. Entrepreneurial origin, technological knowledge, and the growth of spin-off companies[J]. Journal of Management Studies, 2011, 48(6): 1420-1442.

[104] CLEMONS E. An empirical investigation of third-party seller rating systems in e-commerce: the case of buySAFE[J]. Journal of Management Information Systems, 2007, 24(2): 43-71.

[105] COAD A. Exploring the processes of firm growth: evidence from a vector auto-regression[J]. Industrial and Corporate Change, 2010, 19(6): 1677-1703.

[106] COLOMBO M G, GRILLI L. On growth drivers of high-tech start-ups: exploring the role of founders' human capital and venture capital[J]. Journal of Business Venturing, 2010, 25(6): 610-626.

[107] CORSINO M, GABRIELE R. Product innovation and firm growth: evidence from the integrated circuit industry[J]. Industrial and Corporate Change, 2011, 20(1): 29-56.

[108] DAMANPOUR F, ARAVIND D. Managerial innovation: conceptions, processes, and antecedents[J]. Management and Organization Review, 2012, 8(2): 423-454.

[109] 欧晓华，赵守国．移动互联网产业价值网络重构的模型分析[J]．中国商论，2013（30）：120-123.

[110] 现代信息服务业正在进行时[EB/OL]．(2008-06-10)[2017-10-18]．http://blog.sina.com.cn/s/blog_52dd44550100a0zk.html.

[111] 陈睿．移动互联网业务中若干关键问题的研究与实践[D]．北京：北京邮电大学，2005.

[112] 余晓玲．移动互联网的创新商业模式研究[D]．北京：中国科学院大学，2008.

[113] 李高广．电信运营商移动互联网商业模式研究[D]．北京：北京邮电大学，2009.

[114] 徐小雷．面向下一代网络的移动互联网策略思考[C]．武汉：第八届中国通信学会学术年会，2011.

[115] 鞠鹏．移动互联网产业价值链竞争合作研究[D]．南京：南京邮电大学，2012.

[116] 刘旭峰，耿庆鹏，许立群．运营商获取移动互联网用户价值的策略研究[J]．邮电设计技术， 2012（8）：9-12.

[117] OSTERWALDER A, PIGNEUR Y. Business model generation: a handbook for visionaries, game changers and challengers[M]. Chichester: John Wiley & Sons, 2010.

[118] 原磊．商业模式体系重构[J]．中国工业经济，2007（6）：70-79.

[119] 翁君奕．商务模式创新[M]．北京：经济管理出版社，2004.

[120] BAMBURY P. A taxonomy of internet commerce[J]. First Monday, 1998, 3(10): 1-11.
[121] 王育民．电信转型与商业模式变革[N]．中国电子报，2006-05-16.
[122] 鲁皓，方政．中国 IT 企业商业模式比较与趋势研究：以海外上市公司为例[J]．生产力研究，2010（10）：15-17.
[123] BJORKDAHL J. Technology cross-fertilization and the business model: the case of integrating ICTs in mechanical engineering products[J]. Research Policy, 2009, 38(9): 1468-1477.
[124] 纪雪津，陈荣秋，唐中君．PC 行业的模块化与整合研究[J]．中国工业经济，2004（10）：91-96.
[125] DANIS W M, CHIABURU D S, LYLES M A. The impact of managerial networking intensity and market-based strategies on firm growth during institutional upheaval: a study of small and medium-sized enterprises in a transition economy[J]. Journal of International Business Studies, 2010, 41(2): 287-307.
[126] DELMAR F, WENNBERG K, HELLERSTEDT K. Endogenous growth through knowledge spillovers in entrepreneurship: an empirical test[J]. Strategic Entrepreneurship Journal, 2011, 5(3): 199-226.
[127] DELMAR F, WIKLUND J. The effect of small business managers' growth motivation on firm growth: a longitudinal study[J]. Entrepreneurship Theory and Practice, 2008, 32(3): 437-457.
[128] DESAI V M. Constrained growth: how experience, legitimacy, and age influence risk taking in organizations[J]. Organization Science, 2008, 19(4): 594-608.
[129] DIELEMAN M, SACHS W M. Coevolution of institutions and corporations in emerging economies: how the salim group morphed into an institution of suharto's crony regime[J]. Journal of Management Studies, 2008, 45(7): 1274-1300.
[130] DIXON S E A, CLIFFORD A. Ecopreneurship-a new approach to managing the triple bottom line[J]. Journal of Organizational Change Management, 2007, 20(3): 326-345.
[131] FISS P C. Building better casual theories: a fuzzy set approach to typologies in organizational research[J]. Academy of Management Journal, 2011, 54(2): 393-420.
[132] 谢小轩，张浩，夏敬华，等．企业应用集成综述[J]．计算机工程与应用，2002，38（22）：1-5.
[133] HERMELO F D, VASSOLO R. Institutional development and hypercompetition in emerging economies[J]. Strategic Management Journal, 2010, 31(13): 1457-1473.
[134] LACOVONE L, CRESPI G A. Catching up with the technological frontier: micro-level evidence on growth and convergence[J]. Industrial and Corporate Change, 2010, 19(6): 2073-2096.
[135] IMMELT J R, GOVINDARAJAN V, TRIMBLE C. How GE is disrupting itself[J]. Harvard Business Review, 2010, 35(1): 123-135.
[136] NACHUM L, SONG S. The MNE as a portfolio: interdependencies in MNE growth trajectory[J]. Journal of International Business Studies, 2011, 42(3): 381-405.
[137] 刘明宇，芮明杰．价值网络重构、分工演进与产业结构优化[J]．中国工业经济，2012（5）：148-160.
[138] 波维特，玛撒，克雷默．价值网[M]．钟伟俊，译．北京：人民邮电出版社，2001.
[139] BARBARA T G, FIDELL L S. Using multivariate statistics[M]. New York: HarperCollins College Publishers, 2001.
[140] 张茜．移动互联网广告营销研究[D]．哈尔滨：黑龙江大学，2014.
[141] EVANS D S, SCHMALENSEE R. Failure to launch: critical mass in platform businesses[J]. Social Science Electronic Publishing, 2009, 9(4): 1-28.
[142] KLEMPERER P. Markets with consumer switching costs[J]. Quarterly Journal of Economics, 1987, 102(2): 375-394.

[143] 米尔格罗姆，罗伯茨．经济学、组织与管理[M]．费方域，译．北京：经济科学出版社，2004.

[144] NAGHAVI A, OTTAVIANO G I P. Outsourcing, complementary innovations, and growth[J]. Industrial and Corporate Change, 2010, 19(4): 1009-1035.

[145] 盛革．制造业价值网的系统结构与价值创新机制[J]．技术经济与管理研究，2014（3）：8-12.

[146] 欧晓华，陈志强．基于价值网络重构的 IT 企业价值实现机理研究[J]．中国商贸，2012（33）：77-78.

[147] 彭苏勉．基于价值网的软件企业商业模式创新研究[D]．北京：北京交通大学，2011.

[148] 邓龙安，徐玖平．基于技术范式转移的企业价值网络重构研究[J]．科学管理研究，2007（3）：46-49.

[149] 盛革，丁孝智．模块化价值网及其财务管理框架：基于虚拟化的协同网络视角[J]．技术经济与管理研究，2013（2）：64-68.

[150] MOLLER K E K, TORRONEN P. Business suppliers' value creation potential: a capability-based analysis[J]. Industrial Marketing Management, 2003, 32(2): 109-118.

[151] 昝廷全．系统经济：新经济的本质——兼论模块化理论[J]．中国工业经济，2003（9）：23-29.

[152] 刘东．企业网络论[M]．北京：中国人民大学出版社，2003.

[153] RAYPORT J F, SVIOKLA J J. Exploiting the Virtual Value Chain[J]. Harvard Business Review, 1995, 73(1): 35-51.

[154] 徐迪．商务模式创新复杂性研究[M]．北京：经济管理出版社，2005.

[155] 尉会丽．IT 业的竞争理论研究：美国司法部诉微软反垄断个案研究[D]．汕头：汕头大学，2001.

[156] 徐宏玲．模块化组织价值创新：原理、机制及理论挑战[J]．中国工业经济，2006（3）：83-91.

[157] 盛革，李国章．价值网模式的结构模型与管理框架研究[J]．管理评论，2010（4）：114-121.

[158] WU Y C. Unlocking the value of business model patents in e-commerce[J]. Journal of Enterprise Information Management, 2005, 18(1): 113-130.

[159] TSAI M H, LIN Y D, SU Y H. A grounded theory study on the business model structure of google[J]. International Journal of Electronic Business Management , 2011, 9(3): 231-242.

[160] CLEMONS E K, ROW M C. Information technology and industrial cooperation: the changing economics of coordination and ownership[J]. Journal of Management Information Systems, 1992, 9 (2): 9-28.

[161] HITT L, BRYNJOLFSSON E, 范国胜. 信息技术价值的三方面理论和依据[J]. 管理信息系统，1995（2）：43-54.

[162] 曾楚宏，林丹明．信息技术应用与企业边界的变动[J]．中国工业经济，2004（10）：69-75.

[163] 潘成云．解读产业价值链：兼析我国新兴产业价值链基本特征[J]．当代财经，2001（9）：7-11.

[164] STIGLER G J. The division of labor is limited by the extent of the market[J]. Journal of Political Economy, 1951, 59(3):185-193.

[165] 张鸿，张利，杨洵，等．产业价值链整合视角下电信商业运营模式创新[M]．北京：科学出版社，2010.

[166] 国务院关于加快培育和发展战略性新兴产业的决定：四大新兴产业十年后升级为经济支柱[EB/OL]. [2017-10-18]. http://blog.china.alibaba.com/article/i20842034.html.

[167] MCEVILY B, ZAHEER A. Bridging ties: a source of firm heterogeneity in competitive capabilities[J]. Strategic Management Journal, 1999, 20(2): 1133-1156.

[168] 赵林度，钱敬吉．开放的物资供应管理模式研究[J]．东南大学学报（哲学社会科学版），2000，2（4）：22-27.

[169] 杨隽萍，彭学兵，廖亭亭．网络异质性、知识异质性与新创企业创新[J]．情报科学，2015（4）：40-45.

[170] 余向平．供应链视角下集群式创新网络的构建[J]．科技进步与对策，2008，25 （5）：30-33.

[171] 蔡宁，杨闩柱，吴结兵．企业集群风险的研究：一个基于网络的视角[J]．中国工业经济，2003（4）：59-64.

[172] KUMARESAN N, MIYAZAKI K. “Integrated technologies as spillover infrastructures” understanding the hidden dynamics of knowledge distribution in an innovation system[J]. International Journal of Innovation Management, 2000, 6(1): 25-51.

[173] 魏江．基于创新项目组合的企业技术核心能力培育模式研究[J]．科技进步与对策，1999，16（6）：20-22.

[174] 塞巴斯蒂安诺・布鲁斯科．产业区的博弈规则[M]//安娜・格兰多里．企业网络：组织和产业竞争力．北京：中国人民大学出版社，2005.

[175] BERTOLA P, TEIXEIRA J C. Design as a knowledge agent: how design as a knowledge process is embedded into organizations to foster innovation[J]. Design Studies, 2003, 24(2): 181-194.

[176] THOMKE S. Enlightened experimentation: the new imperative for innovation[J]. Harvard Business Review, 2001, 79(2): 66-75.

[177] EL-FAR I K, FORD R, ONDI A. Suppressing the spread of email malcode using short-term message recall[J]. Journal in Computer Virology, 2005, 1(1-2):4-12.

[178] KWAN K K, BALASUBRAMANIAN P. KnowledgeScope: managing knowledge in context[J]. Decision Support Systems, 2003, 35(4): 467-486.

[179] RITTER T, GEMUNDEN H G. Network competence: its impact on innovation success and its antecedents[J]. Journal of Business Research, 2003, 56(9): 745-755.

[180] BONNER J M, KIM D, CAVUSGIL S T. Self-perceived strategic network identity and its effects on market performance in alliance relationships[J]. Journal of Business Research, 2005, 58(10): 1371-1380.

[181] BURT R S, MINOR M J. Applied network analysis: a methodological introduction[J]. Canadian Journal of Sociology, 1983, 63(3): 29-37.

[182] MARSDEN P V. Network data and measurement[J]. Annual Review of Sociology, 1990, 16(16): 435-463.

[183] BOASE J, WELLMAN B. Suggested question on social networks and social capital[R]. Report to the Policy Research Initiative, Ottawa, 2004.

[184] 冯丽，李海舰．从竞争范式到垄断范式[J]．中国工业经济，2003（9）：14-22.

[185] 邬爱其．集群企业网络化成长机制研究[D]．杭州：浙江大学，2005.

[186] 李海舰，原磊．论无边界企业[J]．中国工业经济，2005（4）：94-102.

[187] 杨锐，黄国安．网络位置和创新：杭州手机产业集群的社会网络分析[J]．工业技术经济，2005，24（7）：114-118.

[188] GHOSHAL S, BARLETT C A, MORAN P. A new manifesto for management[J].Sloan Management Review, 1999, 40(3): 9-20.

[189] JACKSON P, DUNCAN H. Mobile Communications in Europe: Current Status and Future Prospects[J]．European Microwave Conference, 1997, 2:1276-1288.

[190] 陈学光．网络能力、创新网络及创新绩效关系研究[D]．杭州：浙江大学，2007.

[191] 杨瑞龙，冯健．企业间网络的效率边界：经济组织逻辑的重新审视[J]．中国工业经济，2003（11）：5-13.

[192] 网络治理[EB/OL]．[2017-10-18]．http://wiki.ebusinessreview.cn/%E7%BD%91%E7%BB%9C%E6%B2%BB%E7%90%86(network_governance).

[193] BENGTSSON M, SOLVELLB O. Climate of competition, clusters and innovative performance[J]. Scandinavian Journal of Management, 2004, 20(3): 225-244.

[194] 陈东升．企业战略成本管理研究[D]．哈尔滨：哈尔滨工业大学，2001.

[195] BRUDERL J, PREISENDORFER P. Network support and the success of newly founded business[J]. Small Business Economics, 1998, 10(3): 213-225.

[196] KRAATZ M S. Learning by association? Interorganizational networks and adaptation to environmental change[J]. Academy of Management Journal, 1998, 41(6): 621-643.

[197] HALL R H, CLARK J P, GIORDANO P C, et al. Patterns of interorganizational relationships[J]. Administrative Science Quarterly, 1977, 22(3): 457-474.

[198] NAUDE P, BUTTLE F. Assessing relationship quality introduction and literature review[J]. Industrial Marketing Management, 2000(29): 351-361.

[199] CROSBY L A, EVANS K R, COWLES D. Relationship quality in services selling: an interpersonal influence perspective[J]. Journal of Marketing, 1990, 54(3): 68-81.

[200] 朱瑞博．模块生产网络价值创新的整合架构研究[J]．中国工业经济，2006（1）：98-105.

[201] KIM W C, MAUBORGNE R. Fair process: managing in the knowledge economy[J]. Harvard Business Review, 1997, 75(4): 65-75.

[202] PRAHALAD C K, HAMEL G. The future of competition: co-creating unique value with customers[M]. Boston: Harvard Business School Press, 2004.

[203] 郭毅夫，赵晓康．商业模式创新研究及发展展望[J]．区域经济评论，2009（3）： 96-98.

[204] 谢恩，李垣．基于资源观点的联盟中价值创造研究综述[J]．管理科学学报，2003，6（1）：81-86.

[205] 李殿伟．基于价值网理论的电信企业商业模式研究[D]．天津：天津大学，2007.

[206] 胡大立．基于价值网模型的企业竞争战略研究[J]．中国工业经济，2006（9）：87-93.

[207] 张继林．价值网络下企业开放式技术创新过程模式及运营条件研究[D]．天津：天津财经大学， 2009.

[208] 张利斌，张广霞．基于双边市场理论的苹果 App Store 模式研究[J]．计算机工程与科学，2012（4）：188-192.

[209] 王琴．重构网络规模对价值创新的影响[J]．中国工业经济，2011（1）：79-88.

[210] PORTER M E. Towards adynamic theory of strategy[J]. Strategic Management Journal, 1991, 12(S2): 95-117.

[211] HINES P, LAMMING R, JONES D T, et al. Value stream management: strategy and excellence in the supply chain[M]. Upper Saddle River: Prentice Hall Press, 2000.

[212] CRANDALL N F, WALLACE M J. Inside the virtual workplace: forging a new deal for work and rewards[J]. Compensation and Benefits Review, 1997, 29(1): 27-36.

[213] 张亚明，刘海鸥，朱秀秀．电子信息制造业产业链演化与创新研究：基于耗散理论与协同学视角[J]．中国科技论坛，2009（12）：38-42.

[214] PORTER M E. The competitive advantage of nations[M]. New York: The Free Press, 1990.

[215] RUGMAN A M, D'CRUZ J R. The “double diamond” model of international competitiveness: the Canadian experience[J]. Management International Review, 1993, 33:17-39.

[216] MOON H C, A M RUGMAN A M, VERBEKE A. A generalized double diamond approach to the global competitiveness of Korea and singapore[J]. International Business Review, 1998, 7(2): 135-150.

[217] 才华．基于自组织理论的黑龙江省城市系统演化发展研究[D]．哈尔滨：哈尔滨工程大学，2006.

[218] 贾雷．江苏林业产业链可持续发展评价与对策研究[D]．南京：南京林业大学，2008.

[219] 包彦明．基于复杂性科学的高新技术园区生命周期研究[D]．北京：北京信息控制研究所，2006.

[220] RAJKUMAR B, BUBENDORFER K. Market-oriented grid and utility computing[M]. New York: Wiley Press, 2009.

[221] GEREFFI G, KORZENIEWICZ M. Commodity chains and global capitalism[M]. Westport: Praeger.

[222] WOODRUFF R B. Customer value: the next source for competitive advantage[J]. Journal of Academy of Marketing Science, 1997, 25(2): 139-153.

[223] 莫谢拉．权力的浪潮：全球信息技术的发展与前景（1964—2010）[M]．高铦，高戈，高多，译．北京：社会科学文献出版社，2002.

[224] SULTAN N. Cloud computing for education: a new dawn[J].International Journal of Information Management, 2010, 30(2): 109-116.

[225] 郑称德，许爱林，赵佳英．基于跨案例扎根分析的商业模式结构模型研究[J]．管理科学，2011，24（4）：2-13.

[226] 波特．竞争优势[M]．陈小悦，译．北京：华夏出版社，2005.

[227] 赵振堃，季建华．从面向产品的价值链到面向服务的价值链[J]．上海管理科学，2003（3）：34-35.

[228] 马秀丽，孙友杰．信息时代企业价值链重构分析[J]．商业经济与管理，2004（2）：32-35.

[229] DOUGLAS M L, TERRANCE L P． Supply chain metrics[J]. The International Journal of Logistics Management, 2001, 12(1): 11-19.

[230] 柴金艳．基于耗散结构理论的循环经济产业链优化[J]．中原工学院学报，2006（6）：12-16.

[231] 刘志迎，赵晓丹．产学研结合技术创新体系的复杂系统理论透视[J]．科技与经济，2006，19（1）：11-14.

[232] 夏维力，孙晓菲．高新技术企业的产业创新路径研究[J]．中国软科学，2006（11）：151-155.

[233] CARTWRIGHT S D. Supply chain interdiction and corporate warfare[J]. Journal of Business Strategy, 2000, 21(2): 30-35.

[234] 青木昌彦，安藤晴彦．模块化时代：新产业结构的本质[M]．周国荣，译．上海：上海远东出版社，2003.

[235] 胡晓鹏．从分工到模块化：经济系统演进的思考[J]．中国工业经济，2004（9）：5-11.

[236] 朱瑞博．模块化、组织柔性与虚拟再整合产业组织体系[J]．产业经济评论，2004（2）：119-133.

[237] BILLINGS K. Oracle takes you through the four phases of achieving big data insight[R]. Intel IT Center, 2012.

[238] 李海舰，聂辉华．论企业与市场的相互融合[J]．中国工业经济，2004（8）：26-35.

[239] 奥瑞克，琼克，威伦．企业基因重组[M]．高远洋，译．北京：电子工业出版社，2003.

[240] HOWE W, TECH M, REVIEWS P. Rise of crowdsourcing[J]. Wired, 2006, 14(6): 2-6.

[241] BOVET D, MARTHA J. Value nets: reinventing the rusty supply chain for competitive advantage [J].Strategy & Leadership, 2000, 28(4): 21-26.

[242] 王坚强．动态联盟的合作伙伴选择及优化模型研究[J]．科技进步与对策，2001（7）：114-117.

[243] 钱碧波，潘晓弘，程耀东．敏捷虚拟企业合作伙伴选择评价体系研究[J]．中国机械工程，2000，11（4）：397-401.

[244] 陈学猛，丁栋虹．国外商业模式研究的价值共赢性特征综述[J]．中国科技论坛，2014（2）：143-149.

[245] 张燕．价值网：一种新的战略思维组合[J]．价值工程，2002（2）：14-17.

[246] MAHADEVAN B. Business models for internet-based e-commerce: an anatomy[J]. California Management Review, 2000, 42(4): 55-69.

[247] 唐守廉，郑丽，王江磊．电信产业价值链的演变和价值网络[J]．电信科学，2003（9）：1-4.

[248] 梅军．基于产业价值链模式的电信运营研究[J]．通信世界，2003（25）：31-32.

[249] 张丹．基于价值网的苹果公司商业模式研究[D]．郑州：郑州大学，2013.

[250] 毛蕴诗，郑奇志．基于微笑曲线的企业升级路径选择模型：理论框架的构建与案例研究[J]．中山大学学报（社会科学版），2012（3）：162-174.

[251] 苹果的商业模式创新[EB/OL]. (2011-12-14)[2017-10-18]. http://wenku.baidu.com/view/ f20b63c35fbfc77da269b1ef.

[252] 毛蕴诗，温思雅．基于产品功能拓展的企业升级研究[J]．学术研究，2012（5）：75-82.

[253] 史贤龙．商业模式如何引领企业进步[J]．销售与市场，2012（10）：42-47.

附录　调 查 问 卷

您好！非常感谢您花宝贵的时间填写此调查问卷。此问卷的调查结果只用于学术研究，请您放心表达个人见解，感谢您的配合！

联系方式：电话__________　　　　　　　　　　E-mail___________

一、量表信息

请您对以下问题表述您的意见，并在对应方框内打勾。

1. 宏观环境

测评项目	测评指标	测评尺度				
		1 非常不同意	2 不同意	3 不确定	4 同意	5 非常同意
宏观环境	市场结构与市场中企业的竞争程度及市场需求对宏观环境有显著影响					
	国民经济增长、居民收入的提高和人均消费支出对宏观环境有显著影响					
	在不同产业技术发展阶段，信息和通信技术的演变对宏观环境有显著影响					
	政府对产业发展及企业发展的政策调控对宏观环境有显著影响					
	资本市场上资本流向与风险投资关注的重点对宏观环境有显著影响					

2. 企业资源能力

测评项目	测评指标	测评尺度				
		1 非常不同意	2 不同意	3 不确定	4 同意	5 非常同意
企业资源能力	企业拥有的独特资源，如技术、人力及网络资源对企业资源水平有显著影响					
	企业内部资源（专用性资产、企业外部联系的工具和技能）配备及积累的知识与技能对企业资源水平有显著影响					

续表

测评项目	测评指标	测评尺度				
		1 非常不同意	2 不同意	3 不确定	4 同意	5 非常同意
企业资源能力	独特的企业文化对企业资源水平有显著影响					
	企业通过掌控、利用和开发其网络关系，在较大范围内搜寻到较为合适协作伙伴，嵌入企业关系网络之间的实际及潜在资源总和对企业资源水平有显著影响					

3. 价值网络重构

测评项目	测评指标	测评尺度				
		1 非常不同意	2 不同意	3 不确定	4 同意	5 非常同意
价值网络重构	价值网络上与企业直接相关联的创新伙伴数目代表企业可以动员和整合的企业外部资源的可能性大小，对价值网络重构有显著影响					
	网络成员对价值网络所创造的规模效应和成本优势的依赖对价值网络重构有显著影响					
	价值网络上的利益共享机制、企业激励水平、网络成员角色的评价及调整等对价值网络重构有显著影响					
	价值网络上不同组织间互动中的联结力量，包括强联系和弱联系（也可表示组织间行为一致和默契程度）对价值网络重构有显著影响					
	价值网络上与企业直接相关联的创新伙伴合作交流的时间跨度对价值网络重构有显著影响					

4. 价值创新

测评项目	测评指标	测评尺度				
		1 非常不同意	2 不同意	3 不确定	4 同意	5 非常同意
价值创新	企业准确定位目标客户，准确定位自己在价值网络中的价值创新环节和位置对价值创新有显著影响					
	企业通过产品交付，如何从整个价值网络的总盈利中获得更大的份额，如何降低成本，提高效率对价值创新有显著影响					
	价值支撑或隔绝机制，防止竞争对手的迅速模仿而造成价值流失对价值创新有显著影响					

5. 商业模式创新

测评项目	测评指标	测评尺度				
		1 非常不同意	2 不同意	3 不确定	4 同意	5 非常同意
商业模式创新	赢利性对移动互联网企业商业模式创新有显著影响					
	顾客价值的实现对移动互联网企业商业模式创新有显著影响					
	适应性对移动互联网企业商业模式创新有显著影响					

二、基本信息

1. 您的学历

（1）专科；（2）本科；（3）硕士；（4）博士；（5）其他。

2. 您所服务企业的行业性质

（1）通信及相关设备制造业；（2）计算机及相关设备制造业；（3）通信服务业；（4）计算机应用服务业；（5）互联网应用服务业；（6）其他。

3. 您在贵企业的岗位

（1）管理人员；（2）技术人员；（3）营销人员；（4）行政人员；（5）其他。

4. 您的企业属于下列哪类企业

（1）应用层类移动互联网企业；（2）应用层企业；（3）信息服务类企业；（4）其他。